王伟 著

# 看懂世界格局的第一本书

THE FIRST BOOK OF INTERNATIONAL POWERS AND TRENDS

上海交通大学出版社
SHANGHAI JIAO TONG UNIVERSITY PRESS

**图书在版编目（CIP）数据**

看懂世界格局的第一本书 / 王伟著. —上海：上海交通大学出版社，2013

ISBN 978-7-313-10116-7

Ⅰ.①看… Ⅱ.①王… Ⅲ.①国际关系—研究 Ⅳ.①D81

中国版本图书馆CIP数据核字(2013)第168366号

**看懂世界格局的第一本书**

王伟 著

上海交通大学出版社出版发行

（上海市番禺路951号 邮政编码200030）

电话：64071208 出版人：韩建民

上海交大印务有限公司印刷 全国新华书店经销

开本：787mm × 960mm 1/16 印张：18 字数：244千字

2013年9月第1版 2013年9月第1次印刷

ISBN 978-7-313-10116-7/D 定价：38.00元

---

# 序言
# 不能快意恩仇，那就奉陪到底

江晓原

在一张叫做“地球”的大餐桌上，西方列强已经开怀享用很久了。他们的这种享用，是建立在对第三世界长期压迫和剥削的基础之上的。现在他们看到中国人也坐到了这张大餐桌旁边，而且他们已经不敢公然强行将中国人赶走了，于是他们恐慌起来。

现在，桌边那些老牌列强们摸了摸腰间的手枪，悄悄交换着会意的眼神，准备在这张大餐桌上做好新的局，来陷害这个后来者。

餐桌上是有基本游戏规则的，即使发起一场革命，也不能掀翻桌子。这个后来者应该怎么办呢？他腰间也有手枪，但这不是拍摄《英雄本色》的片场，他不能像周润发的小马哥那样拔出枪来快意恩仇。所以他必须沉着冷静，艺高人胆大，与桌边的老牌列强们耐心周旋。要玩是吗？我可以奉陪，让我们玩到底，看谁最终出局！

就在这戏剧张力十足的时刻，有人写了一本书。

这本书的题目看上去有点大。《看懂世界格局的第一本书》——在此之前就没有一本书能让人看懂世界格局吗？不过我们确实没有必要这样咬文嚼字，因为在一本通俗著作中，将当今世界格局及其百年渊源娓娓道来，既能雅俗共赏，又能言之成理，以前确实几乎没有人能够做到。特别是，作者是一个此前尚无盛名的年轻人，就更让人刮目相看了。

更重要的是，当此中国快速崛起之际，弄明白今天的世界格局究竟是什么光景，这种格局又是依据什么条件而形成的，正在变成一件迫在眉睫的事情。

在中国闭关锁国、遭列强封杀的年代，这件事情固然不像今天这样迫切；即使在已经改革开放的年代，如果中国尚未在经济上崛起，在国际上尚属被边缘化的角色，这件事情也不像今天这样迫切。可是到了如今，这件事情真的已经迫在眉睫了——因为中国正在大步走出亚洲，走向世界。我们已经坐到列强俱乐部中的那张大餐桌旁了。

到了这个时候，对于当今世界的格局及其来龙去脉，不仅我们的政治家和政府官员需要弄明白，我们正在奔向世界各地的商人——不管是国有的还是民营的——也需要弄明白，还有我们千千万万怀抱着理想的年轻人，同样希望弄明白。进而言之，所有关心祖国的中国人，都希望弄明白。

这么说夸张吗？一点也不。因为这件事情和我们每个人都有关。

按照本书作者的观点，形成今日世界格局的背后动力，一言以蔽之，就是经济。政治的背后是经济，军事的背后也是经济，政治、军事都只是服务于经济目的的手段。

已经有相当长一段时间，我们习惯于这样一种说法：西方列强在世界各地侵略靠的是工业发达船坚炮利，只是到了20世纪下半叶，列强才从军事征服改变为经济侵略了。但是本书用富有说服力的分析和论述告诉读者，几百年来，无论是列强之间的争霸，还是列强对第三世界的侵略，从来都是从经济角度出发的。所有那些船坚炮利的故事背后，都有一本经济账。美国在今天世界上的霸权，归根结底就是经济霸权。近年美国发起的每一场战争，都是为延续它的经济霸权服务的。

列强们之所以能够在这张大餐桌上开怀享用那么多年，就是因为他们全都是极端务实的、彻头彻尾的经济动物。而被许多人盲目崇拜的诸如人权理论、言论自由、市场经济等等，其实和列强们的航空母舰或导弹潜艇一样，都只是为他们的经济霸权服务的工具而已。第三世界的人们经常愤怒责问西方列强，为什么你们要在某些问题（比如人权问题）上搞双重标准？其实列强们从来都只有一重标准——那就是他们自身的经济利益。为了这个利益，其他任何东西都可以朝秦暮楚云雨翻覆。

今天的世界格局，完全是在各方实力的较量与平衡中建立起来的，它也必将随着各方实力的消长而改变。中国之所以能够有今天的局面，几十年来的奋斗，比如抗美援朝、“两弹一星”、普及教育等等，实际上起了某种决定性的、影响深远的作用。所以中国的崛起，虽然任重道远，却已曙光初现。现在我们别无选择，只有在隧道中奋力前行。

明天，在这张叫做“地球”的大餐桌上，我们需要一个属于中国的新格局。

为了这个新格局，我们今天就要认真做好准备。

# 前言

之所以对这本书做了不小的修改，一则是因为对一些问题有了新的认识，二则也是为了改善读者的阅读感受——能够读得更轻松一些。相对于之前的版本，这一版的结构更加“模块化”，每一章节基本上都可以单拿出来阅读。

新版本删掉了一部分内容，同时对已有的部分做了细化。社会科学领域中的很多“创新”和“发现”，其实可以看做是对我们过去记忆的“唤醒”——不考虑气候的话，承载人类文明的地理要素基本没有变化，人类社会的政治、军事、经济基本规律也没有什么变化，翻来覆去就那么几条。我们这里与其说是在说历史，不如说是就着历史来理清其中的几条道理，顺带陈述一下笔者对一些事情的认识。

我并不期望所有读者都能接受书中的所有观点。相对于书中的材料和结论，我倒是觉得其中的思维方式更有价值——这也是新版中刻意淡化主观情绪的原因。读史说史，最终还是为了当今和未来，从这个角度说，在看待历史问题时：路径重于细节，功过重于是非，大势重于个人，公利重于私利，技术重于感性。因此论述一段历史，最好是能以一个个实实在在的“因为”、“所以”来搭建起一个基本框架，然后再把每一个事件放在其中来看。如此，或许我们对古事对今事都能发现一些新鲜的东西。

# 目录 Contents

## 起于化外之地——话说美国崛起



## 二分天下——战后格局大洗牌

## 经略中东



## 朝鲜战争



## 郁闷的年代

## 重塑“山巅之城”



## 蝙蝠效应——话说苏联解体



## 统一与分裂——话说印度



## 战国时代

# 起于化外之地——话说美国崛起

美国的崛起一方面得益于其先天的地理上的优势以及历史机遇，另一方面这也是美国历代政治精英决策与意志的结果，特别是它的决策层在南北战争时期及大萧条时期先后完成了两次国家内部的大调整，由此最终为美国登上“宇宙之巅”铺平了道路。

美国的崛起过程给了我们很多启示。中美两国拥有相似的地缘环境，因此两个国家在发展过程中必然会存在某些相通之处。只不过，“现在”的中国并不等于是“现在”的美国，中国现在所面临的许多问题其实都可以在19世纪到20世纪初的美国身上找到可以对照的影子。

# 背叛不列颠——美国作配角的独立战争

北美独立战争的起因，简单来说，就是英国的殖民地经济政策严重损害了当地利益集团的利益。

和在亚非地区的殖民地不一样，美洲远离亚欧大陆，在16世纪大航海时代来临前夕，中美洲文明还处于城邦混战的阶段，也就相当于苏美尔文明或殷商早期的水平。南美洲稍微好一点，在西班牙人到来之前刚刚形成了第一个松散的帝国——玛雅帝国，文明程度比牧野之战时的中国商朝或许强一点。北美干脆还处于原始部族社会，连轮子都还没被造出来。在殖民者的火枪和传染病的双重进攻下，当地人的数量很快减少到了欧洲人到来前的五分之一。后来的"美洲居民"，基本就是从欧洲过去的移民。北美地区的英国殖民地情况自然也不例外，对移民者来说，英国应该被称为"母国"而非外来殖民者。所以把北美独立战争看成是民族解放战争有点勉强，这更像是一场政治分离运动。

虽说是"自己人"，但"母国"在剥削的时候可是一点没有手软过。根据英国政府制定的《航海和贸易条例》规定，殖民地的某些商品只能销往英国。这个"某些"包括什么呢？在独立战争前，只有一样东西不在这个"某些"范围之内——咸鱼，剩下的统统只能销售给英国一个国家。而对于从殖民地过来的棉花、烟草、皮毛之类的初级产品，英国又制定了一套极其严格的标准以及分级制度。这和现在发达国家给发展中国家出口产品设高门槛是一个道理，并不是对消费者有多强的责任心，而是为了最大限度地压价。好不容易把东西卖出去以后，事情还没完。在关税以外，你的商品还得再向英国派驻的殖民政府缴纳一遍“出口税”。

与此同时，英国的工业品大肆倾销到了殖民地，这其实就是后来我们常说的“剪刀差”。而英国又不容许当地铸币，这就进一步加剧了北美殖民地的资本流失。为了进一步保证工业品的垄断地位，英国政府还严格限制本国的技术人员（工匠）进入殖民地。同时通过立法，限制殖民地发展自己的工业——除了磨面、酿酒、制蜡，其他任何制造业都不许涉足。

1763 年，英国最终赢得了七年战争的胜利。但政府之前筹措军费所发行的公债，还本付息需 1.3 亿英镑。战后法国被迫割让了加拿大，可接管新殖民地需要大量的政府人员和军队，这笔费用只能英国人自己出，这又需要一大笔钱。为了解决钱的问题，英国政府针对北美殖民地颁布了《糖税法》和《印花税法》，再之后又以更加严苛的《汤森法案》取代了《印花税法》，希望以此来增加税收，填补政府财政的漏洞。至此，原本严重的剥削最终超过了北美移民的忍受极限，于是便发生了诸如波士顿倾茶事件之类的抗英事件，反叛者们开始秘密囤积枪支、火药，而亲英势力也纷纷北上，去投靠加拿大的英军。到了 1775 年，以莱克星顿村英军和北美民兵发生交火为标志，北美殖民地对“母国”的反抗演化成了一场独立战争。

这后面的历史和我们在科教书上学到的历史可能有所出入。事实上北美大陆军在和英军的对抗中并没有占到很大的便宜，甚至在整个战争中所起的作用也并非是决定性的。原因很简单，北美地区十三个州人口共计不到三百万——这里面还包括近半数“吃里爬外”的亲英派，工业基础薄弱，财力匮乏，完全没有海上力量。而英国当时仅本土人口就六七百万，算上殖民地人口则超过三千万，国家财力雄厚，已经开始进行工业革命，并且拥有世界上最强大的海军，对北美十三州掌握着绝对的制海权。这种悬殊的实力差距单靠一句“正义必胜”是抵消不了的。

另一个需要注意的问题是，在独立战争爆发时，北美的居民事实上还不能被称之为是“美国人”——那个时候大伙还没有国家和民族的观念呢。这一点也不奇怪，自古以来，“国家”这个东西能够存在，从来都是被“逼”出来的。压力可以把泥土夯实，同样也可以聚人成国。一个自然灾害、一个外敌入侵，这两个外部压力迫使一个区域内的人必须要结合起来，并且要接受一定的等级分工，如此便出现了国家。一般而言，越是生存压力大的地方，越会强调国家意志，道理便在这里。而北美偏偏是一块难得的“风水宝地”，自然灾害和外敌入侵都极少，当地土著被杀光之后，留出的生存空间足够当时的移民们折腾，这种少有外部压力的环境孕育出了后来美国人特有的个人主义和自由主义，但却难以产生很强的国家主义和民族主义，所以美国历来特别强调爱国主义教育，但凡大的集会大伙都要自发唱国歌。美国历史上有三次民族主义特别强势的时候：第二次独立战争英国人扩进后的一番烧杀劫掠，一把火烧了白宫、珍珠港事件，以及“9·11”恐怖袭击事件之后；都是老百姓明显感觉到外部压力的时候。

而就独立战争前夕而言，虽然英国政府的苛捐杂税让人感觉到肉疼，但这个压力怎么说也和外敌入侵、自然灾害不能相提并论，真正被侵犯到的其实是当地“不干涉别人也不被别人干涉”的个人主义。当然，也不是一点国家的概念也没用，原本北美殖民地是作为英国的一个外延存在的，所以要说国家认同感，移民们首先想到的还是英国，美国众多地名干脆就是在英国地名前面加了一个“新”字（new）而已——所以独立战争爆发时半数人会是“亲英派”。名不正，则言不顺，独立战争时期大陆军的士兵是靠高额军饷才募集来的，这和后来中国老百姓自发打日本鬼子完全是两个心态。1776 年以后，受财力的限制，大陆兵力逐年递减，从最高峰的 4 万多人一直减少到最后的 13 000 多人。这里多提一句，这种募兵制[1]一方面需要巨大的财力才能支撑，另一方面军队的士气和军纪往往都不会很好——所谓吃粮当兵，如果命没了自然就没得吃了；至于军纪，在这种金钱雇佣关系下同样难以保持，驻海外美军走哪都必须要治外法权，为的就是尽可能减少麻烦，如今日本韩国时不时爆出来的美军强奸案便是一个佐证。后来

[1] 募兵在西欧国家其实非常普遍，当时的英国陆军做得更绝，要参加必须倒给政府钱，不同驻地不同军衔都是明码实价童叟无欺，当然战场上军人的一切劫掠都归个人——英军就靠这个激励“士气”，后来英法联军火烧圆明园其实就是这个缘故。

过了两百多年以后的2003年，由于电脑系统问题导致当时正在伊拉克作战的美机步三师防空营的工资没能即时到账及结果引起了战场上的美国大兵的骚动，无奈之下，军方高层只能临时开通一条卫星通信线路让前线士兵查银行转账记录，这才平息了骚动。

回到正题。由于战争爆发前英国政府对北美殖民地的形式估计严重不足，战争初期完全是大陆军有心而英军无心。战争爆发时英国在北美十三个州总兵力不过6 000多人，正是在这种局部劣势下，英军在邦克山战役中惨败收场。不过“美独势力”的好运气也就到此为止了，这之后大陆军北上进攻加拿大的英军便被打了回来，1776年回过味的英国人开始向北美增兵，在纽约击溃了华盛顿率领的1.8万多大陆军，大陆军撤至特拉华河畔时，华盛顿带出来的士兵不过4 000余人。

需要继续说明的是，大陆会议推选年轻的华盛顿为大陆军总司令，其实和其个人威望没有什么关系，而是因为华盛顿是独立派高层里唯一一个有军事素养的成员。而且这个位置在“系统内部”也不是很受欢迎——当时大伙都知道输的可能性比赢的可能性要大得多，而一旦事败，“总司令”必然是要上英国人的绞刑架的。

好在天无绝人之路，1776年北美独立派在英军剿杀下即将支撑不足的时候，英国人的老对手——法国和西班牙开始向美国提供财政上的支持。原因很简单，当时的历史大背景是：欧洲各国正在争夺欧洲霸权和海外殖民地，英国正处于欧洲众矢之的的位置。来自法国和西班牙的资金援助使得大陆军在当年从2.73万余人扩编到了4.6万多人，之后荷兰和俄国也加入到了援助美国的行列，荷兰向美国提供了700万英镑的金币，而俄国的叶卡捷琳娜二世则派遣俄国舰队为来往于美国与欧洲之间的“中立国”商船护航。他们的目的很简单，都是要打击英国，扩大自己的地盘。

回过头来看这段历史，“北美独立战争”中真正的主角应该是英国和法国。对法国而言，北美独立战争其实是其同时期在全球范围进行的英法战争的一部分。法国仅直接在北美十三州参战的陆军就超过1.65万人（1 000名军官和1.5万名士兵）。法国皇家海军参战人数则达7.5万人（7.25万名水手和 2 500 名军官），其中仅直接参加约克镇战役的法国海军官兵就超过了 1.5 万人，这个数字已经超过了同时期北美大陆军的总兵力。除此之外，在同一时期，法军和英军在西印度群岛也正打作一团，英军因此始终没法向北美增兵。到了 1778 年，西班牙海军也加入了北美战场，至此英军在北美已经完全处于劣势。

独立战争情形其实非常像 20 世纪 50 年代的朝鲜战争，法国在其中扮演了中国加苏联的角色。当然，法国人的目的是为了和英国人争夺殖民地，至少不能让英国人得到它。独立战争的最后一个大战役，约克镇战役结束后，在受降书上签字的三个人里两个是法国人——法国陆军中将罗尚博伯爵、海军中将德格拉斯伯爵，剩下一位是华盛顿。而法国人把没有任何爵位的华盛顿拉进来，其实还是为了在谈判桌上最后羞辱一把英国人。

最终以 1783 年美法英在法国巴黎签署的《巴黎条约》为标志，独立战争宣告结束。历时八年的战争，最大的受益者自然是美国。它基本摆脱了英国的控制，成了美洲首个获得独立的国家。之所以说基本，是因为美国当时还处于欧洲的阴影之下，时常会被英国和法国粗暴地“干涉内政”。在战争结束后，英国在美国的领土上仍旧占领着不少据点。此外，英国还在加拿大设立基地，训练和武装印第安人，不断对美国西部的白人定居点进行“恐怖袭击”——这和后来在苏阿战争中美国人训练本·拉登们袭击苏联人基本是一个套路。

英国自然是输家，不但失去了北美十三州的殖民地，受北美战争的拖累，在西印度群岛以及斯里兰卡地区和法国人的战争中，英国人也吃了败仗。

而法国最终的结局也同样不妙。虽然使英国失去了北美十三州的殖民地，但疲弱的法国已经无力吞下这个战利品，只能成全了美国。由于直接参与包括北美战争在内的一系列大战，并且给予美国大量的援助，原本在七年战争后已经一团糟的法国财政至此彻底宣告破产，并最终导致了 1789 年法国大革命的爆发。革命的最初缘起与 17 世纪的英国资产阶级革命如出一辙，由于天灾而导致法国出现大面积饥荒，而国王和贵族对饥民们不闻不问，于是老百姓揭竿而起，资本家们也就跟着趁势而起了。大革命中，路易十六被资本家们推上了断头台，前文提到的罗尚博伯爵在雅阁宾派执政期间被丢进了监狱，所幸最后捡了条命，活到了拿破仑时期得以善终，而德格拉斯伯爵则丢了性命。持续的高强度革命也让法国错过了工业革命的先机，在后来与英国的竞争中，法国在经济上始终慢了半拍。

当然，之所以写这些并非是要在历史问题上去揭谁的短，事实上美国人自己并不避讳这段历史，独立战争中法国所起的作用我们可以从美国的许多历史文献中看到。一个国家的自豪感说到底是来自于它的现状而非历史。

# 二元经济——为何无人能做美国的国王

关于华盛顿，在很多文章中都有类似这样的描述：在独立战争胜利后，华盛顿没有利用自己的权力和威望摇身一变为“华盛顿一世”，而是在连任了两届总统后，恬淡心安地回到弗吉尼亚的佛农山庄，在平静中走完一生……如此这般。

不过问题恐怕没有这么简单，一位生活在两百多年前的古人的心思，笔者自然是没有办法去揣测的，但仅就当时的政治态势来看，换做任何一个人，恐怕都没法把自己变成“×× 一世”。美国自身并没有主导独立战争的胜负，因此没有哪一支政治力量通过战争建立起了属于自己的绝对权威，更遑论出现单个的强势政治人物。而更重要的是，在美国政治群龙无首的背后，是美国经济存在明显的“二元制”。

战后（独立战争）美国国内的政治派系主要有两支：由亚当斯和汉密尔顿领导的联邦党，杰弗逊领导的民主共和党。联邦党人非常喜欢英国的王室体制，曾主张建立君主制，不过他们考虑的人选并非是华盛顿，而是从欧洲找一位根红苗正的“蓝血贵族”来做国王。最后因为联邦党缺乏权威性，没法“统一意见”，所以搞不起来。于是退而求其次，主张建立强势中央政府，搞精英政治。民主共和党人恰恰相反，他们反对中央集权，主张强化地方政府，最好搞邦联制才好。华盛顿自称自己是“中立派”，不过在具体行事上他更倾向于联邦党。美国独立伊始，中央的权力主要掌握在联邦党手里。这是因为汉密尔顿当时身为联邦的财政部长，手里有 2 000 多个位置可以作为回报送给选民[1]，而民主党的党首杰弗逊是国务卿，他管理的国务院没什么油水——当时外交对美国而言并不是特别重要的问题，提供不了多少有吸引力的职位，所以也就吸引不了选民。联邦党主张中央集权，民主共和党主张强化地方权力，根源恐怕就在这里——任何一件事情出来了，对于其初衷，从不同角度我们可以解释出很多种“道理”来，但对于身在其中的当事者而言，他们做某种选择，主观上往往不会有太多的所谓“深谋远虑”，他们肯定得先着眼于眼前的问题。对政治人物来说，“眼前的问题”肯定就是如何强化自己手里的权力，联邦党人主导着联邦政府，自然要强化中央集权。相应的，民主共和党肯定就要搞强枝（民主共和党）弱干（联邦党），以保证自己的权力。

而这两党的政治斗争背后，则是美国南北经济模式之争。联邦党的支持者主要是北方新英格兰地区的工商业资本家，当地气候寒冷，不适宜搞农业种植，所以只能搞工商业。对他们而言，加强中央集权有助于统一国内市场，政府有能力通过关税壁垒和财政补贴来扶持资本家搞工业。而搞精英政治则可以在话语权问题上把南边的土包子们排除出去，同时他们还希望国家建立强大的军队，为“资本主义事业保驾护航”；民主共和党的支持者则是来自于南部的农场主，人家大老远从欧洲移民到北美，追求的就是“桃花源”式（对他们来讲可能说“乌托邦”更合适）的田园生活，自然不会欢迎一个什么都管的强势政府，他们也不希望建立庞大的军队，特别是“烧钱”的海军，因为对他们而言这只意味着高赋税。

外交方面，联邦党比较“亲英”一些。原因很简单，仗已经打出结果了，后面该做的生意还是要继续做下去——西方式的实用主义，表现的就是如此直接。民主共和党则比较“反英”，原因一样很简单，对政客们而言，“敌人支持的，我们就要反对”。对他们背后的农场主而言，在独立战争期间英国人为了打击美国经济，以“正义”的名义，解放了不少南方农

[1] 美国一直以来实行的都是猎官制（spoil system），将政府职位作为回报给予自己的支持者是完全合法的。

场的黑奴，农场主们因此损失惨重——这一招后来在南北战争中又被北方资本家给学去了，继续用在南方“红脖子”们身上。除此之外，前面提到的印第安“游击队”袭扰，吃亏的主要也是南部的农场主。

在这种政治态势下，无论是谁，真要是头脑发热做了“×× 一世”，他的下场恐怕只会比中国的袁世凯更糟糕——国王的存在远不止是意味着一个家族可以世代无偿享受尊荣，对国家而言君主制的建立意味着国家拥有一个统一且一以贯之的利益取向。反过来说，一国内部完全相悖的有势均力敌的利益集团完全可以把台上的君主撕得粉身碎骨。拿破仑之所以可以在资产阶级革命后能成为法兰西皇帝，一是由于他通过军功在军内和民间积累了足够的威望；二则是因为法国经济是以工商业为主的一元制经济，国内不存在两种诉求完全相反、力量对比又相差不大的政治力量。

# 美式政治——不是谁都玩得起

如果站在美国国家利益的角度来看，显然当时北方的主张更靠谱一些。拿现在的话来说，它代表了先进生产力的发展方向。北方的政治主张，归结起来就是要搞工业，建立独立的经济体系，如果不这样，光搞种地之类的“低端产业”，那么美国经济只能一直依附于英国或是别的欧洲列强，继续给别人做原料产地和产品销售市场，说到底还是别人的“经济殖民地”，日后甚至在政治上被人家翻盘也未可知。美国能在内部松散的情况下维持统一和独立，完全得益于欧洲各国正打作一团，在这种情况下如果不去加强中央集权，那么日后一旦欧洲局势安定下来，以农业为主的美国就是一块没被瓜分的蛋糕，各国必然纷纷要向美国伸手，届时缺乏权力核心的美国只怕比中国的晚清时期还要惨，国家陷入分裂几乎就是必然的事情。

现在美国的政治体制根源，便始于其独立初期的政治态势。比如，其联邦制，就是主张中央集权和主张地方为大的两派几番斗争之后妥协的产物。除此之外美国政治体制里还存在一个基本特质，那就是这本质上是一种“赢家至上”的游戏。

人们通常看到的是：几派政治力量在一个大伙认可的原则之下进行选票竞争。姑且不论这里面资本的影响有多大，也不论靠煽动公众情绪上位的竞选人有多少真才实学[1]。只说基本原理，投票表决多数时候决定的不是

[1] 相对于“选谁上”而言，“选谁下”其实才更难糊弄，选上只要糊弄一时就可以，可是面对“选下”你没法连续糊弄几年，而美式政治的弹劾恰恰要比选举要麻烦和繁琐得多。

什么“对错”的问题，而是一个利益归属的问题。谁的票数多，就按照谁意志的来，完全可以不考虑输家的利益。那反过来说，谁都知道跟着赢家有肉吃，这就意味着赢得投票的一方可以在下一轮获得更多的支持，那必然赢的更多。如此我们便发现一个有悖于我们一般认识的问题，投票表决最后达成的竟然是“马太效应”，这显然和公平是扯不上关系的——什么是公平，“损有余补不足”才是公平。再功利一些说，就是投票可以在一段时间内平息争论，但它无法实现平衡，而失衡状态一直持续下去，系统必然是无法维系的。

我们再来看美国的政治结构。美国行政机制是总统集权制，而官员选拔则是猎官制。所谓总统集权，就是说竞选人一旦当选，那么行政权力将最大程度地集中在他的手里——美国不存在集体领导的概念，她的总统一直有“帝王般的总统”之称。而所谓猎官制，是指各级官员都是由总统委任，每一次总统大选结束之后，华盛顿换掉的都不止是一个总统，上千名政府官员要跟着搬家，而新的委任则是作为竞选中给予总统支持的回报——所谓的“支持”无外乎是提供资金或是政治上的交易。而在美国这是完全合法的且社会早已接受。这其中所掩藏的腐败或者是“合法的腐败”是显而易见。林肯就任美国总统之后曾一下子就把当时 1 639 个公职中的 1 457 个位置换了人。

1881 年第 20 任美国总统詹姆斯 · 加菲尔德因为无法满足猎官者的要求而被人刺杀了，这时候美国人才开始正视猎官制的缺点。在 1883 年美国国会最终制定了《联邦公务员法》，但这也仅仅是限制了猎官制的范围。时至今日，美国除军官以外，联邦政府各部的局长以上级别官员在总统离任后依旧会全部换人，这就意味着这些职位都将通过猎官制来产生新的人选。

除了“合法腐败”之外，总统集权加猎官制的体制更意味着在四年任期当中，白宫几乎就是完全由一个小圈子内的人来掌控，这就是“赢家至上”的含义所在。而在不同派系利益常常南辕北辙的美国，派系利益是如何调和的呢？答案是根本不存在调和。

独立战争结束后不久，美国就迎来了长达六十年的疆土扩张。先是不

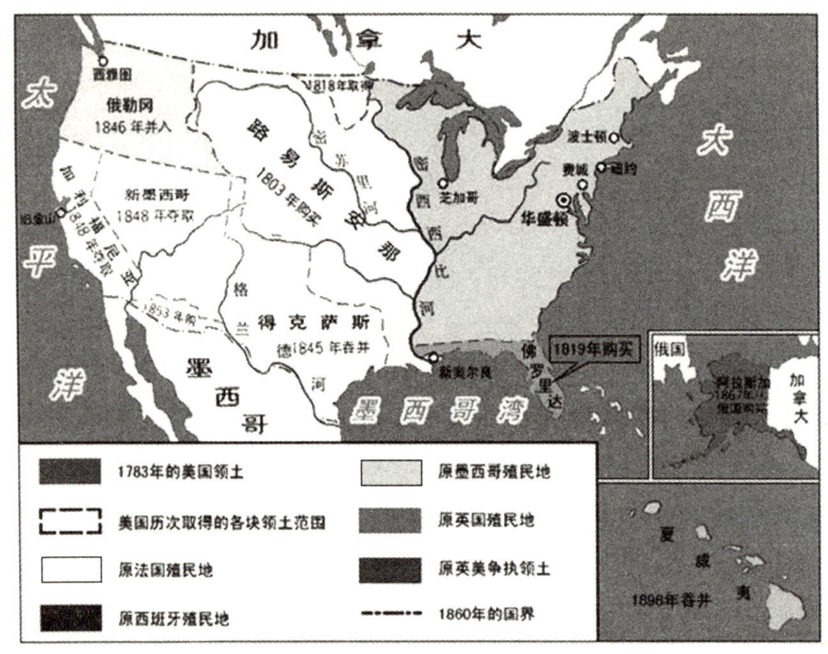


美国领土扩张

断向西部开拓，掠夺印第安人的土地；1803 年美国以 1 125 万美元从法国手里买到了自密西西比河到落基山脉的整个地区，其中包括现在的路易斯安那；1845 年，吞并了原属于墨西哥的得克萨斯州；1846 年美国向墨西哥宣战，并在 1848 年打败了墨西哥，战利品就是现在美国西海岸的各州，面积大概相当于当时墨西哥全境的三分之一；接着以“和平的方式”从英国手里获得了俄勒冈地区，到 1849 年基本上完成了美国本土的扩张……这就是美国人处理“赢者通吃”和派系利益矛盾的办法，通过不断的扩张让所有人都能获利，区别仅仅是谁多谁少而已。赢者通吃，但输者同样有利可图。

而当利益一旦无法扩张时，问题也就随之出现。1849 年领土扩张基本结束之后，美国迎来的就是南北间的矛盾升级，在差不多 10 年后这便演化成了南北战争。而最终真正消弭南北矛盾的并非是林肯，而是 1898 年开始的美西战争。看清了这一层，也就能够理解为什么美国历史上会对外征伐不断，同时也就可以理解为什么美国总统频频有人遇刺。

现在很多国家和地区，都接受甚至是原样照搬了美国的政治模式，不过他们非但没走上像美国那样国富民强的康庄大道，反倒内乱不断，有些干脆到了爆发武装冲突的地步——比如埃及，又比如菲律宾。这并非是因为南橘北枳，而是因为这些国家没有像美国那样的利益扩张空间，相反他们本身还面临着国际资本的剥削。这些国家的经济运行只能在本国范围内进行，而这根本就是一个封闭体系，利益没什么扩张余地，你多占一分必然就意味着别人多损失一分。在这种情况下，除了彼此斗得你死我活，又怎么可能有其他的释放途径？

而即便是对美国而言，一个国家怎么可能无休止地对外进行利益扩张呢？而一旦有朝一日美国无力再维系国外利益不断输送入美国，那么等待这个国家的又将是什么呢？

# 不甚光彩的启动资金

美国建国时的18世纪到19世纪是一个特殊到绝对无法复制的时代，文艺复兴和科技成果井喷式的爆发将西方国家带入到了文明时代，而种族主义、白人至上观念又让他们并不拒绝野蛮。距离现今最近的一次种族灭绝发生在美国，这颗星球上最后一个大规模的奴隶制经济体同样来自美国。而正是那个“青黄不接”的时代，使得美国在当时没有承受一丝道义上的压力。

土地是最基本的经济要素。任何一国的崛起，无不是以土地所有制的改变为起始。近现代时期，日本的“版册奉还”，中国的土地革命，印度废除柴明达尔制等等，无不是经历了激烈斗争。而美国人的“土改”却要轻松容易得多——直接把当地的印第安土著杀光了，它的残酷性远远要甚于欧洲“羊吃人”的圈地运动。

北美新大陆是一块被“上帝保佑”的拥有大量待开发资源的大陆。几乎一半的面积被森林覆盖，有超过500亿棵树，还有2万公顷的沃土有待开垦。肥沃的土地吸引了大量欧洲移民的到来，却给北美印第安人带来了灭顶之灾，在不到一个世纪的时间里，印第安人的人口从100万锐减到25万，幸存下来的则被迫离开富饶的土地，被驱赶到由政府设定的保留地，这个机制一直延续到现在。

任何经济模式当中，人都是永远无法被省略的、最基本的经济要素之一，自资本主义发端以来，通过压低工资、延长工时，甚至使用童工来压缩人力成本，对资本家而言并不是什么新鲜事。而由此带来的社会管理成本急剧升高同样不是什么新鲜事，1920 年代，英国工人就曾因不堪忍受资本家严酷的剥削，最终发起了席卷全国的“宪章运动”，这才有了延续至今的“八小时”工作制。而美国在资本原始积累对人力成本的经济方案同样简单，压缩人力成本最决绝的办法就是不把他们当做是“人”——美国南部的种植园经济基本上完全是靠黑奴来完成生产过程的。

在华尔街成为金融中心之前，曾是北美最大的黑奴交易市场。北美贩卖黑奴的血腥交易始于 17 世纪上半叶，到 1 800 年，被贩运到美洲的黑人达到 1 000 万至 1 500 万，死在贩奴路上的大约 7 500 万。严格说来美国曾是距离我们最近的一个奴隶制国家。

此外还需要提一下的是，众所周知，中国在近代曾饱受鸦片毒害，而美国其实是继英国之后又一个“国际毒贩”。据不完全统计，从 1805 年到 1837 年的三十多年间，美国共向中国输入鸦片 14 169 箱。1839 年虎门销烟运动中，仅 3 月份林则徐从美国商人手中收缴的鸦片就达 1 540 箱。

# 南北战争——崛起绝非是无代价的

如上所说，美国的这套政治体制能够良好运行的前提是能不断实现利益扩张：获得足够的利益——各个集团都有得分——各利益集团的胃口都被撑大了——进一步的利益扩张。不过和英国不同的是，美国存在经济二元制的问题，所以国内问题更容易爆发，一旦利益扩张的速度慢下来了，等不到工人们起来反抗，南辕北辙的利益集团之间就要先打起来了。

1790 年，南北两派达成了妥协。南方派将支持北方主导的联邦政府，但作为交换，南部各州必须由南方派掌控，首都则要从费城搬到波多马克河畔，也就是今天的华盛顿。因为那里处于马里兰和弗吉尼亚两个蓄奴州之间，属于南方派系的地盘。如此，美国国内搞起了“一国两制”。

1794 年，联邦政府和英国政府达成了一份协议，双方对独立战争以后的一系列遗留问题作出了妥协。在此之前，南方农场主一直要求英国政府赔偿在战争中“解放黑奴”给他们造成的损失。联邦党人出于工商业集团的利益考虑，为了尽快和英国关系正常化以便继续做生意，在协议中并没有提及这件事。这件事让很多南方农场主和联邦政府翻了脸。而同一年，联邦政府又要开征酒税[1]，南北的矛盾便进一步激化了，宾夕法尼亚的农场主们暴动了，华盛顿毫不含糊地颁布了《国家紧急状态法》，调集了 13 000

---

[1] 需要说明的是，由于白种人体质的特质，导致他们更容易对酒精产生依赖性，在毒品和艾滋病泛滥之前酗酒一直是西方最严重的社会问题，因此西方各国政府对酒类的管控从来都是异常严格，美国的酒类管理部门是和联邦调查局相当的暴力执法机关，而政府的严格管控也使得酒的利润异常高。

多名联邦军对叛乱进行了镇压，这个数目已经赶上独立战争后期时的兵员总数了。

在相对平静了一段时间以后，由于领土扩张导致南方种植业经济规模越来越大[1]，南方经济实力得到了加强，对北方派的政治压力也随即加大了。到了1801年，民主共和党的杰弗逊以59票对57票赢得了大选，出任美利坚第三任总统，一部分联邦党人随即准备让北方各州独立，成立新的联邦。这次政治分离运动最后由于汉密尔顿的反对而没有付诸实施，但代价是高昂的——由于这件事导致汉密尔顿和其副手布尔的关系急剧恶化，两个人决定用决斗来解决问题。在决斗中，汉密尔顿被自己的副手给干掉了，加之之前华盛顿已经过世，北方派至此没有了领军人物。

而与此同时，英国感觉到不断发展的美国在日后可能威胁到自己的霸权，同时英国人也一直惦记着再次夺回失去的殖民地，于是开始在海上对美国进行封锁，而美国为了继续扩大国土，也盘算着从英国人手里拿下加拿大等殖民地。到了1812年，美英之间终于爆发了“第二次独立战争”。战争历时三年，期间英国人曾打到华盛顿，一把火烧了白宫[2]，但最后战局还是陷于胶着，双方不得已只能罢兵言和，谁都没有如愿。不过这场战争还是彻底打消了英国人夺回北美殖民地的想法，也让美国人迎来第一次民族主义高涨期。美国现在的国歌《星条旗永不落》就是在那时被创作出来的。在这样的氛围下，联邦党由于一贯的亲英立场，被打成了“美奸”、叛徒、投降派，彻底宣告出局。美国由此出现了民主共和党一党独大的局面，民主共和党人安德鲁·杰克逊（Andrew Jackson）由于战争中积累的威望，成为美国第七任总统。在没有了英国这个后顾之忧后，民主共和党主导下的美国开始集中精力向西部和南部以及西班牙占据的佛罗里达地区扩张，以获得更多的土地来支持南方种植业经济。

---

[1] 在当时的条件下，土地面积增加对种植业更有意义，所以北方派对开疆扩土没什么兴趣，甚至有些抵触。

[2] 1815年修复总统府的时候，为了遮盖当初火烧的痕迹，用白涂料粉刷了整个外部，白宫（The White House）的名字便最初由此而来。

然而民主共和党在失去对手以后，很快也陷入了内部分裂，于是便有了后来的民主党和共和党。至于北方派，虽然联邦党彻底垮台了，但归根到底那只是一个政治上的代理人，北方的工商业集团还在继续发展。

北方工商业最初的发展模式，用一个词就能说清楚——“山寨”。虽然英国政府严加控制，但在发大财的诱惑下，大批英国的技术工人还是通过各种渠道来到了北美洲。当时美国平均每年进来三十万移民，大部分选择留在东北部搞制造业。那时的主要工业——棉纺业，开始在美国迅速发展壮大。就这样，通过“侵犯知识产权”，美国算是搭上了第一次工业革命的末班车，北方派的经济实力借着这股“东风”大幅提升，开始在势头上压过南方派。政治上的话语权自然也要跟上去，到了1854年，现今的共和党成立了，它在当时所代表的就是北方工商业集团。

在北方工商业集团实力不断壮大的同时，美国在1849年以后的领土扩张也基本到头了[1]。换句话说，再想通过抢别人把自己内部的利益分配问题混过去，这条路算是行不通了。用教科书里的话说，就是南北两边的“矛盾到了不可调和的地步”。在此期间，南北两派进行了几次妥协，1860年时终于“妥协”不下去了，共和党赢得了那年的大选，林肯就任美国第十六任总统。于是1801年的一幕又上演了，只不过主角换成了南方派，而且他们做得更绝，在林肯正式就职前，就已经有7个州宣布独立。最终南方15个州中的11个州宣布独立，剩下4个也处于观望状态。

这个“矛盾”具体地说，主要是两条：其一，新并入的州算是蓄奴州还是自由州？也就是最后一块蛋糕该放到谁的盘子里的问题；其二是关税问题，要实现工业化，要搞产业升级，这些光靠资本家搞“山寨”是不够的，政府必须提高关税，避免欧洲的廉价产品通过“自由贸易”冲击本国正在起步中的制造业。而这正是南方种植业集团所极力反对的，因为高关税会导致工业品价格提高，会增加他们的成本。同时，南方的棉花等作物大部

[1] 夏威夷和阿拉斯加都是以后的事情，而且这两块领土距本土太远，对国内政治影响可以忽略不计。

分是作为工业原料销往欧洲的，如果对方用高关税回敬美国，那么板子自然是要落在南方派的屁股上。

从这里我们可以发现这样一个问题：由低端产业向高端产业升级，并不是像一个孩子一步步长成大人那样“自然而然”。一个经济体要改变经济结构，做产业升级，最大的阻力不是来自外部的技术封锁或是别的什么干扰，而恰恰是来自其内部。搞低端产业和搞高端产业，对经济政策乃至社会构成等方面的要求都是不一样的，甚至可以说是南辕北辙的。如果低端产业已经做大，那么相关的利益集团的诉求和国家整体利益必然会产生相悖的地方，这些问题是不可能通过所谓“市场手段”来解决的，只能由外力强行调整。举个例子，一个国家要调整经济结构，从低端的出口加工升级到高端制造业，在关税政策上就会遇到前面提到的问题。除此之外，在社会分配方面也会产生不同的诉求——高端产业必须要求更全面的基础设施，要有钱投资必然就是要提高对加工企业的税率。此外搞高端制造业首先必须有一个稳定的技术工人群体，而要想让大伙能静下心钻研技术，必须要先保障工人的权益，待遇自然也不能低，更要进一步让工人获得较高的政治地位，不能让人觉得工人是弱势群体；而搞出口加工，获利大小主要取决于人力成本的高低，对工人素质要求不高。所以必然会更倾向于低工资低保障，这样两种完全相悖的诉求如何调和？归根到底只能通过市场以外的手段压一个扶一个。

把这个问题再往前推一步，把上面的问题倒过来，假如我已经有了比较高端的产业——比如说重化工业，那么返回头来想搞点轻工业之类的低端产业会如何呢？答案是会容易得多，重化工业对物流、电力等基础设施的要求比轻工业要高得多，这就是说先重后轻的模式下轻工业在基础设施方面基本就是吃现成的；而高端产业除了前期的高积累之外，也意味着步入正轨之后的高回报，这样一来社会财富的增加也就意味着福利的提高，这种情况下低端产业从业者的生活也就更有保障。而这还没有考虑重化工业对国防的支持这一外延价值。归结起来我们会发现，对于英法等第一批列强之后的后发国家而言，先重后轻的工业化路径看似困难，其实效率远高于先轻后重。改革开放后中国东南沿海加工制造业能够迅速发展，核心优势就在于有之前重化工业先行打下的基础。

回到正题上来。在当时，美国解决这个矛盾的方法是战争，也就是后来所说的南北战争。战争的具体过程这里不再多言，我们只说结果。四年内战，美国总共死了 62 万人——1860 年美国人口总共不过 3 100 万，这个数字超过后来美国历次战争的总和。论杀美国人的效率，后来的德国人、日本人恐怕都望尘莫及。谢尔曼将军对南方干脆采取了“三光政策”，他领导下的联邦军队，从佐治亚、北卡莱罗纳到南卡莱罗纳一路烧杀劫掠，把所到之处统统变成一片焦土。最后南方的白人青壮年在战争中损失了四分之一，家畜损失五分之二，农业机械、工厂、铁路损坏一半，财产损失近三分之二——总计约 50 亿美元，南方派就此彻底一蹶不振。一直到现在，南方的几个州仍旧是比较落后的地方。北方的战略目标非常明确，就是要彻底打垮南方的经济基础，你的经济垮了，日后对中央的依赖性才大，离心倾向才能被遏制。

这种解决方式残酷但确实有效。早在建国伊始，汉密尔顿等人就提出了搞工业化的设想，但在南北双方的反复“折腾”下，美国的整体工业化被拖延了近七十年。1863 年以后，美国工业化的障碍最终被彻底清除掉了，旋即通过关税壁垒以及增加国家补贴为本国工业发展构建起了“苗圃”——这也是后来各国搞产业升级的标准战术。美国的工业化建设由此迅速地展开了，就此迎来了一个长达 25 年的快速发展期。在以蒸汽机为标志的第一次工业革命中，美国算是赶上了一个尾巴。但在 1870 年以后开始的第二次工业革命，美国则是领跑者的角色，我们身边常用到的技术产品，除了互联网以外，大多数都是在那个时代被发明出来的，汽车、飞机、电灯、电报和电话等，伴随着技术革命，美国的铁路建设和煤炭、石油及铁矿开采也进入到一个大跃进的时代。美国的经济水平和英国达到了同一量级——不单单是说经济总量，而是两个国家“造东西”的能力。事实上到 20 世纪初期，美国的制造业规模以及技术水平都已经完全超过了英国。

另外值得一说的是，事实上南北战争本身其实也是对美国工业化的一种另类推动——正是北方联邦政府的军需订单造就了 J.P. 摩根、杜邦、阿莫尔、斯达德贝克等一批资本家，而资本的集中客观上的确为后来的工业化做了初始准备。当然，这几位的发家史听起来恐怕和“励志”是沾不上边的。《哈珀月刊》在 1864 年曾经记载：“（政府）本要的是糖，拿到的却是沙子；本要咖啡，结果却是黑麦；本要皮具，结果却是些比牛皮纸好不到哪去的玩意；要的是健壮的骡马，得到的却是病的快死的驴子。”——这很容易让人联想到朝鲜战争时期国内资本家用带菌棉花给志愿军做急救包，用变质牛肉做罐头，以及用薄铁皮做所谓“军用铁锹”。

# 美西战争——捏软柿子是一种智慧

19世纪中后期美国开始进入工业化大跃进的年代。在纯粹的自由市场经济环境下，资本的趋利性被最大限度地释放了出来。众多像爱迪生[1]、莱特兄弟[2]这样的发明家在那个时候疯狂地进行各种发明尝试，其中大部分最终都因缺乏实用价值而不了了之，但少部分仍旧是有价值的。然而一少部分有前途的东西被发明出来以后，大伙就一窝蜂地从银行贷款或是自行发债券，然后以最快的速度把钱扔进去，一个产业就这样发展壮大了。再往后，随着砸钱进来的人越来越多，产品的价格就会不断被拉低，高技术也就变成“成熟技术”了，于是众人又开始四下寻找新的项目……就这样，技术在利润的指引下，大踏步地把美国带入到了工业时代。现在美国的众多大财团，如洛克菲勒、福特、摩根等，都是在那个时代发展壮大的。而由律师、工程师等所组成的“中产阶级”也是在那一时期开始形成的。

而在技术高速发展的背后，美国企业的生产方式依旧是以压低工资、延长劳动时间——当时美国工人的平均劳动时间是14到16个小时，最长的甚至达到18个小时，连童工的工作时间都能达到10小时以上——没错，在1940年前美国企业一直在用童工。热狗、汉堡之类的东西之所以会在美国大行于世，就是因为这些东西吃起来省事、省时。严苛的剥削必然带来工人的反抗。1886年芝加哥工人掀起大罢工，这次大罢工留给后世的遗产，

[1] 除了灯泡之外，执行死刑的电椅其实也是爱迪生的发明。

[2] 遗憾的是，在第一代飞机发明之后，莱特哥俩的兴趣转到了依靠专利的模糊性，到处打专利官司赚钱上去了，而这在一定程度上反倒阻滞了美国航空工业的发展，从而一度被欧洲反超。

就是八小时工作制以及每年的“五一”国际劳动节。

一方面，贫富差距急剧拉大，工人在剥削之下消费能力严重不足；一方面则是私人资本无序投资造成产能严重过剩，也就是我们如今常会提到的投资过热。19 世纪末，随着工业化进程的加快，美国的采矿业随之开始兴盛，作为配套工程的铁路成为了当时最赚钱的“朝阳产业”。一夜之间大量的铁路公司冒了出来，1885 年到 1892 年，美国境内一共修了 7.5 万多公里的铁路，差一点占了同期全世界总里程的三分之一，它们所提供的运能远远超过了当时的需求。为了争夺一条线路的控制权，几家公司在老板的带领下常常会动刀动枪，打得血流成河，那架势与黑社会抢地盘没什么两样。在铁路沿线，中产阶级们购置了大批维多利亚风格的大房子，形成了新的城镇。

大批同类型企业跟风上马，其结局是可想而知的。最终大批铁路公司宣告倒闭，铁路沿线新兴的城镇由此变成了人烟稀少的“鬼镇”，最初给他们贷款的银行一下子多出了一大笔坏账。银行的坏账进一步引起了储户们的恐慌，于是大伙纷纷到银行挤兑，银行随之倒闭，进而引起更大的恐慌……由此，美国 1890 年经济危机宣告爆发了。到了 1893 年，一月到八月工业股票平均市值下跌近一半，一年内有 600 多家银行和信用机构破产，各类破产事件超过 1.5 万起。

与美国差不多同时起步的德国和日本，在这个时候也遇到了同样的问题。为了拓展自己的殖民地，德国人正在狂殴法国，日本则在 1894 年发动了甲午战争，之后又向俄国动手，发动了日俄战争。整个过程中德国一直受到英国的压制，而日本则一直被英国当枪使——此时亚欧大陆的战略格局是由英国所主宰的，任何新兴势力都自然要受到它的牵制。

而美国就要走运得多，它孤悬于亚欧大陆之外，而在它旁边正是西班牙统治下的南美洲。而当时的西班牙早已不复往昔的光荣，就连本土都曾几次被法国人占领，这使它成为美国的最佳目标——一颗不折不扣的“软柿子”。在这以后，专拣软柿子捏就成了美国对外战争一以贯之的原则。

1897 年，美国经济在危机之后开始复苏，但通胀的兆头随着也开始出现了。1898 年，以“缅因”号战列舰被炸为借口[1]，美国向西班牙开战。美西战争中的详情这里不再赘述，仅说结果：美国人从西班牙手里得到了古巴、波多黎各、关岛、夏威夷和菲律宾。1923 年门罗总统的《门罗宣言》，在 1898 年之后真正成为现实——美洲成为美国人的美洲，南美洲成为美国人的后院，美国可以独享这里的资源和市场。而获得夏威夷、关岛和菲律宾，其战略价值则相当于战国时期秦国获得函谷关。进，这些岛屿是美国兵进亚欧大陆（中原）的战略跳板；退，这些岛屿又构成屏护美洲本土（关中）的战略屏障。这样一来，对于亚欧大陆这一文明中心，美国就可以做到进退自如，多受其利，而不受其害。

以菲律宾为跳板，美国得以介入亚洲事务。1900 年列强瓜分中国，美国依托它的地缘优势，提出来“（中国）门户开放，（列强）利益均沾”。就是说，不管谁从中国身上割下了好处，大伙都要人人有份。再直白一点，就是不管谁在中国获得了好处，都要有美国的一份。这以后，在各列强的地盘上，美国人奉行的都是这种“利益均沾”的政策，也就是不去触及任何“地头蛇”的统治地位，只求分一杯羹。这样一来，在获得实利的同时，美国人无意间也在世界各地布下了众多“闲棋冷子”。在半个世纪以后，这个布局最终演化成了美国主导的经济全球化。

[1] 后来证明是美国人自己炸的，所以现在有人怀疑“9·11”事件是美国人自编自导的也不全是无事生非，谁叫她有“前科”呢？这就是一个标准的“狼来了”的故事。

# “软控制”——成本核算下的体制创新

从西班牙那里接手南美洲以后，美国并没有像过去那样，把这些地方作为新的州并入自己版图，也没有像欧洲列强那样，在被征服地区搞殖民统治，而是搞起了“体制创新”——通过软（拉拢）硬（武力）两手，在中、南美洲国家扶植亲美政权。

从中、短期来看，单纯扩大国土面积，对工商业发展的促进作用并不明显。相反，给新并入的落后地区搞基建，会占用大笔资金，延缓工商业特别是高端制造业的发展，而新增加的人口又会增加国内的就业压力，搞不好，这些以种植业为主的地区甚至可能把美国好不容易消除的经济二元制又给弄回来。在两德统一以后，德国其实就一直被这个问题所困扰，相对落后的东德地区拖了整个德国经济的后腿。

搞殖民统治，因为待在殖民地的不算是“自己人”，不用太负责任，所以成本能低一些，但还是要派驻军队和搭建殖民政府，来维持当地社会的正常运转。如果当地爆出饥荒之类的事情，为了维系统治宗主国终归也还是要管的，除此之外还要面对当地居民的反抗——就像当初美国人抵抗英国人那样。一旦经营不好，这些殖民地就会砸在手里，成为不良资产，不但不会带来赢利，还会从宗主国身上“倒吸血”。第二次世界大战之后英法等国的衰落，在一定程度上便是被手里的殖民地“倒吸血”拖垮的。

通过亲美政权，美国的资本家可以很顺畅地在当地进行资本扩张，不一定是完全排他的，但最起码肯定能给予美国资本最高的优先级别。而亲美政权本身及其背后的利益集团在美国的资本扩张中也是有利可图的，这就保证了双方“合作关系”的牢固性，后来把持中国政经大权的四大家族就属于这个性质的集团。与此同时，当地社会的运转、治安维持以及基础设施建设等等，大部分时候都不需要美国人操什么心，这些是由亲美政权来负责打理的，只有这些国家内部出现不利于美国的权力更迭时，美国才需要加以干涉。而一旦这些国家内部出现重大变故，情况到了无法挽回的地步，美国人也可以相对从容地抽身退出，比如1949年退出中国内地，只要它主观上不想纠缠，就很难被拖住出现“倒吸血”的状况。总结一下就是：多受其利，而不受其害。

美国的这种“软控制”模式对比英国式的殖民地模式，运行的成本和风险都要低得多。同时，对比英国人粗暴的殖民统治，美国的这种间接控制，在道义上的压力的确也小了很多，至少看上去要“文明”了许多。这样一种“文明”的模式，再通过“民主自由”、“人权”之类的概念加以包装，就使得殖民地的上层“精英”以及知识分子们很容易会对美国人产生好感，在主观上愿意拉美国人进来取代欧洲人，而这些精英阶层的人往往又会成为建立亲美政权的人选，如此在“利”和“义”上都和美国人达成了一致，后面自然是大家合作愉快，皆大欢喜了。

而在推行自己“新体制”的同时，对于特定的战略要地，美国依旧采取了直接控制——“软控制”的成本低，但却难以做到如臂使指，对战略要冲，在没有十足把握之前还是直接控制最保险。1903年，美国策动巴拿马脱离哥伦比亚，宣告独立。之后美国从巴拿马政府手中取得了巴拿马地峡的运河开凿权，1914年1月巴拿马运河竣工，除了经济上的好处之外，通过运河，美国海军的舰队可以快速地穿梭于两大洋之间，而无须分兵驻守两洋，这就等于是让美国海军的数量翻了一番。在运河竣工当年，美国立刻在运河区常驻重兵，先后建立了14座军事基地或要塞，并成立了“加勒比海司令部”，后来又扩大为“南方司令部”，巴拿马成为了美国的“保护国”。为了进一步强化对运河的控制，1915年美军又占领了海地，紧接着在第二年攻占了多米尼加，因为这两个国家都处于伊斯帕尼奥拉岛上，这个岛和古巴之间的向风海峡恰好是美国东海岸通往巴拿马运河东口的必经之地。

# 参加一战——美国的超级大生意

在美国人凭借美洲大陆丰富的资源和市场搞工业化大跃进的同一时期，处于欧洲的德国和奥匈帝国的发展已经到了“瓶颈”。他们同样正处于工业化的高峰时期，由于是后来者，海外资源和市场在这个时候已经被先崛起的欧洲列强们瓜分殆尽。这就是一场零和游戏，你的盈利必然是别人的损失，要解决这个问题，就只有战争一个途径，于是在 1914 年，第一次世界大战爆发了。英、法、俄和德、意、奥在欧洲大陆杀得血流成河，双方的工业基础都遭到了不同程度的破坏，受战争影响，正常的生产难以为继，而物资消耗却在与日俱增。

而在第一次世界大战爆发前夕，美国的经济总量已经达到了世界第一。截至 1914 年，全美共有工厂 27.5 万家，产业工人 700 万人，年工业产值 240 亿美元，其中钢产量占到了全球产量的一半。在欧洲杀得积骨成山的时候，美国依旧选择了保持中立，不去介入欧洲冲突，它暂时还没有必要为了亚欧大陆的那几块殖民地和欧洲的列强们对立。

开战之初，战争引发了美国国内的一片恐慌——普通人对战乱的恐慌很多时候是没有理由的，股市因此也随之下跌。然而这种情况只持续了几周而已，接下来的日子里，美国的资本家们很快就被来自欧洲的各种订单给“淹没”了——物资匮乏的欧洲国家只能向美国买东西了。1913 年时，美国出口总额是 15 亿美元，国内有 100 多万人找不着工作，而到了 1916 年，美国的出口总额竟飙升到了 38 亿美元，工厂不得不想方设法四处招募工人。这其中军火出口额从 1914 年的 4000 万美元骤增至 1916 年的 12.9 亿美元。

为了满足战争的需要，英法两国政府大批大批地从美国采购物资，从武器弹药、药品一直到钢铁、被服、粮食等等，这其中大部分都是用黄金直接支付的，少量才会用到美国自己发行的国债支付——欧洲发行的纸币美国人这个时候是不认的，由于是战时需求，美国资本家在这其中的利润高达100%~500%，个别生意能达到1 000%。要是一时实在支付不起也没关系，可以先欠着——1914年仅摩根银行就给法国政府贷款1亿美元，1915年摩根又给英法两国5亿美元贷款（按照协议只能用于购买美国产品）。同年美国对沙俄的贷款达到4.7亿美元（是1913年的17倍），到1917年美国给协约国的贷款达到23亿美元。可以说，大半个欧洲在借着美国人的钱互相打仗。在政府大举向美国借债的同时，大批欧洲资本则出于对战争的恐慌，纷纷流入了美国。

在战争开始的头三年里，美国就这样一面保持中立，一面大赚特赚。到了1917年，欧洲战场的胶着状态开始要被打破了，特别是11月7日俄国爆发了十月革命，新生的苏维埃政府受内外压力所迫，不久之后不得不在1918年3月与德国签订了《布列斯特和约》。这样一来，德国不但从苏联获得了一大片领土，还得以将在东线作战的德军主力调往西欧方向，战场上的天平于是开始向德国倾斜。在此之前，由于英国人始终控制着大西洋的制海权，所以虽然美国人宣称保持中立，但绝大多数生意都是和英法俄为核心的协约国做的。1914年到1916年，美国对协约国的出口额增加了400%[1]。与此同时，美国与德国的贸易额从1亿美元下滑到了100多万美元[2]。如果战争以德国的胜利而告终，那么美国就失去了巨大的顺差来源，此外之前借给协约国的贷款也就泡汤（很多贸易是靠贷款完成的）。因此，美国也就有了足够的理由加入战争并站在英法一边——100万与32亿放在一起，自然要选后者。

当然，原因不止于此，美国在参战前还从英法两国那里得到了大量政

[1] 从8亿美元增加到32亿美元。

[2] 德国人想买也运不出来。

治、经济方面的承诺。此外一直以来德国对南美地区的渗透也早已让美国对德国人不爽了——德国和拉美国家的渊源非常深厚，二战结束之后很多前纳粹军政官员为了躲避同盟国的清算，都纷纷躲到了智利、阿根廷、墨西哥等拉美国家，并在此过完了后半辈子。

1917 年美军正式参战，在此之前的 1916 年美国常备军人只有 13 万，此后一年之内扩充到了 400 万[1]。此外，除了通过私人银行继续给予协约国的贷款外，美国政府又提供贷款约 100 亿美元。协约国照例把这笔贷款主要用来购买美国的食品和军火。美国的农场和工厂至此打破了全部生产纪录。民用工业都做了适于战争用途的改造。原来制造暖气设备的工厂转为生产枪炮；至于制造钢琴的工厂则转为生产机翼；一切可能的工具都被用来建造海洋轮船，使得船舶从 100 万吨位增加到 1000 万吨位。为了满足需求，美国人在民用消费品上大幅压缩生产，愣是从女性胸罩里抠出 8000 吨钢，从儿童玩具里抠出 7.5 万吨锡。

参战之前，美国是在做生意，而参战本身，其实也是投资，是一笔大生意。这之后美国所发动的历次对外战争，基本上走的都是这样一个路数——打仗是在投资，投资就要讲低风险高回报，所以就要“专拣软柿子捏”。细想一下我们就会发现，美国人其实很少会在硬仗恶仗中占到什么便宜，真正让它得着好处的战争，都是在“捏软柿子”或者是等“硬柿子变软”以后再去捏。

在美军宣布参战 19 个月以后，德国于 1918 年 11 月签署了停战协议，第一次世界大战就此宣告结束。从战术角度看，这里面找不出太多出彩的战役，也说不上哪一方的士兵更神勇，不过就是两边在拼国力。打个不恰当的比方，就是两伙人呆站着不动，互相丢鸡蛋。在 1917 年时两边的鸡蛋都已经扔得差不多了，德国原本因为结束了两线作战，情况能稍好一点。而由于美国这个超级母鸡的加入，战场的天平急剧失衡，德国人在鸡蛋扔

[1] 从欧洲的战场记录来看，这些临时征召的美军士兵的战术素养并不高。

**约翰牛和山姆大叔**

三幅漫画反映了约翰牛（英国）和山姆大叔（美国）之间实力的此消彼长。

尽以后，不得不挂着满身的蛋液宣布投降了。[1]

在此次战争中，美国共伤亡 33 万人，其中死亡 11.5 万人（5 万人死在战场，剩余 6 万多死于各种疾病和事故），相比欧洲各国动辄上百万的伤亡数字，这点消耗可以说是微乎其微的。与这一“低投入”形成鲜明对比的是美国的高收益，按照米尔顿·弗里德曼和安娜·雅各布森·施瓦茨所著的《美国货币史》中记载，在 1914 年开战之前，美国长、短期债务共计 37 亿美元，是纯债务国，到 1919 年战后，美国成了最大的债主，拥有 40 亿美元债权。在战争带来的旺盛需求的拉动下，美国的制造业开始了又一轮大发展，其规模和速度都超过了之前被称为“镀金时代”的工业化大跃进时期，美国由此迎来了一个空前的繁荣时期。汽车和电器从这段时期开始在美国人的生活中普及，四通八达的高速公路和州际公路开始遍布美国的国土，美国人“汽车轮子上的”生活方式，便是由此而来。

在政治上，原本由以英国为首的欧洲集团所主导的世界格局，开始逐

[1] 相对于美国的资金和物资，美军在一战中的作用其实比较有限，美军实际作战的时间只有4个月，截止到停战时，有200万美军驻在法国，另外还有100万正坐着船在大西洋上。1918年期间，由美英法三国军队平均每打出 100枚炮弹，法国人发射了 51枚，英国人发射了 43枚，美国人只发射了 6枚。

步变成欧美“双核驱动”。在第一次世界大战后著名的分赃会议——巴黎和会中，起核心作用的是美国总统威尔逊。然而出人意料的是，美国退出了由自己发起组建的国联，也没有在《凡尔赛条约》上签字——按照《凡尔赛条约》德国将失去百分之十三的国土，并承担天量的战争赔款，军备发展将大大受限，这样一来欧洲大陆势必形成法国一家独大的局面，这是美国不想看到的，因此后来美国明着或暗着给予了德国不少帮助。也因为这一层缘故，虽然美国在战争后期加入了协约国，但和德国之间却谈不上什么仇怨，相反希特勒和美国商界、政界的关系都不错。

# 罗斯福新政——国家意志主导下的大转折

如果把国家看成是一个生命体的话，那么现代国家往往都带有那么一点“人格分裂”——同时具有资本意志和国家意志。这里所说的“意志”，是指做事情的根本出发点。所谓“资本意志”，就是做事情所考虑的是如何赚钱，其他的都只能算是工具和手段；所谓“国家意志”，即做事情所考虑的首先是如何维系现政权的稳定，进一步就是强化国家的行动力，再就是去如何开疆扩土，这中间经济就是实现这些目标的手段之一。哪个国家把这两个意志的关系处理好了，哪个国家就可以得到稳定和富足，反之则情况就会大大地不妙。

在 20 世纪初，自由资本主义的空前壮大并没有给相关国家的人民带来富足和安定，一方面是资本无节制的膨胀，另一方面则是社会贫富分化加剧，民众购买力日渐萎缩。面对由此而日益加深的社会矛盾，各资本主义国家又纷纷选择向外扩张来获得更多消费市场和廉价原材料来转移压力，于是各国间的利益碰撞此起彼伏，欧洲国家间的战火也此起彼伏。

然而总有一些国家无力向外扩张，而她们又不能再继续压缩底层的利益空间，面对这样进退维谷的局面，众多国家都不约而同地选择去强化国家意志、弱化资本意志。这其中最为彻底的就是俄国，通过十月革命俄国建立起了世界上第一个社会主义国家——苏联。在 1920 年代和 1930 年代欧美资本主义国家正处于经济危机带来的一片萧条之下，而与此同时苏联却顺利地完成了第一个五年计划，国家正处于一片欣欣向荣之中。除了对国际共运感到极度威胁之外，苏联以国家意志主导经济运转的各个环节使之有序运行的方式，也引起了众多资本主义国家政府的兴趣。当时英法等西欧国家以及日本都曾派遣代表团赴苏联考察，这其中也包括后来战后的日本首相岸介信[1]。这一段历史对日后西欧和日本的经济模式产生了深远的影响，二战结束后西欧各国和日本在重建国家的过程中，也重建了经济建设的思维模式——都不同程度地在资本主义市场经济中引入了社会主义的经济模式，即在经济运行中强调政府的引导、协调作用，避免企业间出现过度竞争从而导致内耗；强调产业工人权益和社会福利以缓和社会矛盾；强调战略产业国有、国管以保证产业体系的根基能够稳固；而与此同时，市场经济优化资源调控以及以竞争促效率的优势并未被削弱，相反由于有了一个相对稳定的平台，市场经济的优势有了更大的发挥余地。而正是这种"中和"后的经济模式，成就了战后西欧及日本的经济复兴与再次崛起。

1920 年代的美国，同样正面临着一系列社会危机。第一次世界大战结束后，由于各种大规模生产技术的普及，工人单位时间的劳动生产率提高了百分之四十以上。然而大量商品被生产出来的同时，社会上的购买力却因为薪酬增长缓慢而始终处于停滞状态——1940 年之前美国企业还一直靠大量使用童工来降低工资成本[2]。1929 年，布鲁金斯研究所的经济学家曾经计算过：一个家庭要获得最低限度的生活必需品，每年收入不应低于 2 000 美元，但当时百分之六十以上的美国家庭收入都达不到这个标准。需求和供应间的缺口越来越大，就形成了一个经济上的"堰塞湖"。与此同时，商人们则通过各种方式怂恿那些手头并不宽裕的顾客靠延期过长的赊账乱买东西，这就进一步增加了经济运行的风险，其实和 2008 年爆发的次贷危机是一个道理。

1929 年德国魏玛政府表示无力继续偿还战争赔款，而由于欧洲战胜国普遍都在美国银行有高额借贷，这一消息如同一根导火索，瞬间引发了美国民间的恐慌从而造成了挤兑。美国各家银行共计损失了 17 亿美元，总统

[1] 安倍晋三的外公。

[2] 1938年罗斯福总统签署了美国历史上第一份禁止使用童工的法案《童工综合法》。

胡佛和财长梅隆受到了极大的震动，为此政府开始采取货币紧缩政策。原本高速扩张的实体经济因此开始面临资金不足的问题，到10月股市出现“黑色星期四”……由此美国进入了著名的“大萧条”时期。截止1932年，股市一共蒸发了740亿美元，相当于美国当年GDP总和，也相当于一战美军军费开支的三倍。

具体过程这里不再赘述，仅从结果来看。威廉·曼彻斯特在《光荣与梦想》一书中记载：这一时期美国的经济规模整整缩小了三分之一，共有5 000多家银行倒闭，8.6万家商铺停业，截止到1932年失业人口达1 500万人，其中200万沦为无家可归的流浪汉，全美当年有3 400万人在这一年没有任

**美国股票市场崩溃**

1929年10月24日，美国股票市场崩溃，造成西方资本主义大恐慌，美国由此进入经济大萧条的时期。

何收入，大量年轻女性为了生计沦为娼妓，30万儿童失学，据纽约市卫生局报告，公立学校的小学生有百分之二十营养不良。在东部一些州的矿区，营养不良的儿童有时达总数百分之九十以上，纽约市当年有29人饿死。当时美元在部分州一度无法流通，人们通过以物易物来进行交易。而在中西部农业地区甚至爆发了民众暴动，有的州政府大楼一度被愤怒的民众占领。

在一片萧瑟中，美国第三十二任总统富兰克林·德拉诺·罗斯福登台了。在他之前，强调市场作用和资本意志的胡佛总统面对巨大的危机一直在强调私人慈善机构的作用，而上面的数字已经非常清楚说明成效如何。用继任者罗斯福的话说，他（罗斯福）要么将成为美国历史上最伟大的总统，要么将是美国最后一任总统。后面的历史正如我们所熟知的那样，他很幸运地做到了前一条——于是有了如今常被人们提起的“罗斯福新政”。

通常我们都习惯于把“罗斯福新政”和“凯恩斯主义”联系在一起，甚至将二者混为一谈。而事实上，当时凯恩斯和罗斯福总统的会谈并不愉快，基本上就是鸡同鸭讲，在会面后不久凯恩斯就离开了美国。真正忠实奉行凯恩斯主义的其实是希特勒治下的德国，只不过德国政府的投资项目不是修桥铺路搞基础建设，而是大规模扩军。纳粹给资本家们创造出了有效需求，于是经济循环得以重启，德国因此率先“摆脱”了经济危机的困扰。现在许多知名的德国品牌，都是在那时被保住的——梅赛德斯那时造的是战斗机，而保时捷当时最著名的产品是坦克和自行火炮，而大众汽车则干脆是产生于那个时代[1]。

当时的美国政府确实搞了不少以工代赈的国家投资项目，但这绝不是罗斯福新政的全部。罗斯福新政对美国历史最为深远的影响在于它造就了美国庞大的中产阶级，通过国家对经济运行的干涉，改善了工人权益并建立了社会福利保障制度，把社会的收入结构从“金字塔”状变成了“枣核”状。显然，罗斯福新政和同时期欧洲各国一样，都在一定程度上受到了之前苏联模式成功的影响——当时美国的保守派在抨击新政时，就曾指责罗

[1] 这个牌子的含义就是“让所有德国民众都能开上汽车”。

斯福总统搞的是“社会主义”。

第一次世界大战以后，美国多出了两万多个百万富翁[1]，老百姓的收入并没有增加，贫富差距不断拉大，国家的经济总量在扩大，可消费能力实际上是在不断下降。打个比方说，一个家产十万的中产阶级会买一辆汽车，但一个家产百万的富翁不可能“按着比例”去买十辆汽车，创造消费的主力应该是这些家产十万的人，而不是那些百万富翁。

而罗斯福推行新政的具体手段，则是强化政府权力，跳过议会和最高法院，直接以行政方式来推动，用当时美国人的话说，就是“独裁”。注意，在当时独裁并不是一个贬义词，那时意大利的墨索里尼也在搞独裁，在他的治理下，意大利的经济状况非常不错，因此还受到了丘吉尔的热捧。美国作家，最有影响的广播媒体人物托马斯就多次公开建言：要罗斯福敢于承担重任，做美国的墨索里尼——当时的美国公众同样也非常推崇墨索里尼，不过他们非常反感其盟友希特勒，因为后者和美国的银行家走得很近，所以被“恨”屋及乌了。

如果用现在的人物来类比，与罗斯福当时的形象最接近的可能就是俄罗斯的普京。只不过现在的俄罗斯尚处于衰落期，而当时的美国国势正处于上升阶段。普京在接管俄罗斯以后，对国内的寡头施以重拳，而罗斯福上任，对美国的财阀同样采取了打压政策。具体来说，受到压制的包括金融界的摩根财团、米隆财团、大通财团，企业界的杜邦、通用汽车、通用食品、美国钢铁、标准石油、高露洁、海因茨，等等。当时政府要推行社会安全计划，同时要对大企业的未分配利润进行征税。一时间众多学者教授纷纷对政府进行抨击，资本家则通过减少投资来和政府叫板，政府则通过媒体对资本家们还以颜色。1932 年密歇根州福特汽车厂的工人举行大罢工，联邦政府派来的军队干脆和前来镇压的州警以枪口相向，搞起了武装对峙。不仅如此，当时罗斯福在全美还掀起了“打黑”运动，通过联邦调查局和由退伍军人组成的民间组织狠狠地打击了美国的黑手党，社会治安

[1] 那时的百万富翁相当于今天的亿万富翁。

由此有了大幅的改观。

这两位之所以能如此强硬，也都不单是源于个人的性格。普京是克格勃出身，背后是俄罗斯强力机关的支持。罗斯福的根基则更为深厚，罗斯福家族除了大小罗斯福叔侄两位总统外，第六任总统亚当斯、第八任布伦、第十二任泰勒、第十三任费尔摩、第十四任皮尔斯、第十八任格兰特、第十九任海耶斯、第二十二及二十四任克里夫兰共计八个总统也都和罗斯福家族有血亲关系。和普京一样，罗斯福也非常倚重于强力机关，联邦调查局（Federal Bureau of Investigation，FBI）就是在他手里被推上了权力的巅峰——副作用是 FBI 和它的局长胡佛在后来由于权力过大变得尾大不掉，杜鲁门在其任上组建中央情报局，很大程度上就是以分权的方式制衡 FBI。

而从短期效果来看，对比单纯强调政府投资的德国和意大利，美国当时的经济情况其实并不算好，经济指标只是恢复到了 1929 年的水平——这里面还不包括就业率。到了 1937 年，美国又经历了一次不大不小的衰退，当年工业产出跌落了百分之四十，国家经济又回到了 1934 年的水平。对比德意模式，罗斯福新政更像是一剂中药——短时药效不明显，但却培本固原。到了 1939 年第二次世界大战爆发，美国迎来了一个和第一次世界大战一模一样的机会，而这个时候美国的社会结构已经发生了深刻的变化，即将涌入的财富不再是只让资本家们再发一笔横财，而是将造就一个新的霸主。

# 他山之玉

之所以要花这么大的篇幅写美国的崛起，是因为美国现在的很多体制以及决策中的思维方式，都是在这个阶段形成的，而这些东西又通过美国的霸主地位，影响着现在的世界格局。

除此之外，美国的崛起过程给了我们很多启示。从“硬件”上来说，中美两国的确有着许多相似之处：都有着幅员辽阔的国土和众多的人口；地缘上也都比较封闭——美国孤悬于亚欧大陆之外，中国虽然地处亚欧大陆，但核心区域的东面是太平洋，西面则被青藏高原和天山山脉所包围。相似的地缘环境，必然会使得两个国家在发展过程中存在某些相通之处，但是，“现在”的中国并不等于是“现在”的美国，中国现在所面临的许多问题其实都可以在19世纪到20世纪初的美国身上找到。

我们再次简单来梳理一下美国崛起中的几个关键性要素。先说先天条件：

美国人常喜欢自诩为“上帝的选民”，而假如真存在这么一位上帝的话，那么我们不得不承认，他的确非常偏爱美国。自这个国家出现在这颗星球上之后，它的先天条件就注定了它几乎必然是一个不俗的国家。

第一，从地缘上说，美国孤悬于亚欧大陆之外，由于太平洋与大西洋的屏护，大规模的来自亚欧大陆的外敌入侵对美国而言是一件概率极低的事情。而由于历史原因，美国周围最初都是欧洲国家的殖民地，在这些国家取得独立之后，没有任何一个从国力和军力上能对美国真正构成威胁的。到了如今，除了反恐、反偷渡和走私以外，美国的国土安全方面基本没什么压力。因此美国可以把她的大部分军事力量都部署在海外。

其次，就美国本身而言，其国土面积达962.9万平方公里，且与周边国家不存在领土争议地带，如此广袤的国土意味着对经济活动极强的承载能力。美国现运转的核电站有110多座，而由于国土面积大，决定了她面临的潜在安全问题远小于日本这样的国家。以自然资源而论，从农、林业资源到工业所依赖的各种矿产资源，美国几乎不存在明显的短板。她的煤、石油、天然气、铁矿石、钾盐、磷酸盐、硫磺等矿物储量均居世界前列，其他矿物有铝、铜、铅、锌、钨、钼、铀、铋等。煤总储量36000亿吨，原油储量270亿桶——是继沙特和俄罗斯之后世界第三大产油国，天然气储量56000亿立方米。森林面积205万平方千米。草地与山地牧场占全国总面积的28%，水力蕴藏量约13000万千瓦。以人均资源而论，美国要远

美国崛起的原因

远排在我们的前面。

第三，人的因素考虑。最初踏上新大陆的欧洲移民，几乎都是迫于生计而闯出来的。从人的性格来说，这样的人一般都会具有吃苦耐劳和敢于冒险的品性，这一点在我们过去闯关东、走西口的老百姓身上就能看出来。而就社会组成来说，因为所有的人都是初来乍到，迎接他们的是一大片蛮荒之地，没有现成的法律、规则，也没用成型的社会等级，一切在这里都需要从零开始，每个人至少在理论上都有上升的机会，所以人的积极性就高，社会也就容易形成货真价实的适者生存式的竞争，让真正的精英脱颖而出，整个国家的精神就蓬勃向上。

这一点是欧洲所不具备的，在欧洲资本主义革命之前，几个大家族的历史动辄就是几百年，社会上的各种资源都被这些根基深厚的精英集团垄断了，不同阶层之间很难流动。即便后来资本主义市场经济开始兴起，但人们并没有一条统一的公平的起跑线，因此欧洲的资产阶级新贵极少有平民出身的。这种阶层固化最终导致欧洲精英阶层少有新鲜血液补充，智慧如同血统一般都是在近亲繁殖、不断退化，而普通人因为“玻璃天花板”的存在，脑子里琢磨的基本都是如何维持而不是奋斗，这样一来西欧国家上上下下就都笼罩着一层暮气，和美国的一片生机相比，高下立判。

当然这是往好的一面说，而往坏的一面也可以说。简单说最初的美国就是一个“无法无天”世界——美国人与人的竞争中的内耗远比欧洲要残酷，直到现在也是如此。美国人的生活其实就是一场超大规模、无休止的“自由搏击”（Mixed Martial Arts，简称 MMA），丛林法则在这里不仅仅是处理国际事务的原则，同样也是处理人与人关系的基本准则。从理论上说，一个人周围所有的人都首先是他的对手，其次才是朋友、同事或是亲人。在这样的文化下，可以出现像爱迪生、莱特兄弟这样的发明家，同样也可以造就查尔斯·庞兹[1]这样胆大妄为的骗子，几家铁路公司之间为了争夺一段铁路的经营权可以像黑帮那样互相火并。

---

［1］ 制造了著名的“庞氏骗局”。

过度竞争带来的负面效应是所有人都始终生活在一种不安全感的笼罩之下，谁都担心自己在下一分钟被淘汰掉，那么除了拼命工作之外，使用其他手段挤掉竞争对手也就在所难免，这一点读者可以从大量美国影视剧中获得直观认识。如此一来必然会使人与人之间人情淡漠，缺乏信任——一个社会完全靠“契约”和“法律”来支撑信用，其实也就意味着情感和道德的缺位。

而这种 MMA 式的自由竞争所带来了汰弱留强的正面效果则是在递减的。这种人与人的竞争是无休止的，每一轮竞争的成绩都会影响到下一轮比赛，理论上说，如果没有任何外力影响，数轮“比赛”之后，起先优胜的个体所积累的“比分”优势就可以抵消掉后面竞争中其他选手的任何努力，如此靠竞争来提高个体积极性也就再无从谈起。到了这一步，一个人富裕的理由将不再是因为他聪明、勤劳或者是运气好，而是变成了因为他有钱所以他就会更有钱。

最后，而从历史机遇看。自近代以来，欧洲各国之间彼此打得昏天黑地，谁也没法分出太多精力去打美国的主意，相反屡屡为美国人做嫁衣：美国独立本身就是英法争霸的产物；后来法国人向美国出售路易斯安那，沙俄出售阿拉斯加，其根本目的都是为了给英国人搅局；美国能打赢美西战争，得到南美和菲律宾，也是因为西班牙在欧洲的混战中已经被打残了；后来在1900 年中国庚子之役后能在列强中间搞“利益均沾”，也是因为欧洲列强之间的分歧给美国人提供了活动空间；而两次世界大战则最终成就了美国的霸主地位。

上面这几条是美国自身所没法主导的，可以说是凭运气，但剩下的几件事则完全是凭借其决策和意志完成的：

其一，完成了自身内部的两次大调整。一次是南北战争，除了避免国家分裂以外，更重要的是解决了经济二元化的问题，为工商业发展扫清了道路。另一次是借经济危机，推行了罗斯福新政，让资本家们的贪婪有所收敛，分出部分利益使中产阶级得以壮大，优化了财富的分配结构，大大缓解了资本主义周期律的影响。两次调整，一次是通过内战，一次是通过独裁政治，都是靠强制力完成的，和美国人现在所鼓吹的“新自由主义精神”完全是南辕北辙。这是美国崛起最根本的因素。

其二，在国家发展的初期，经济和政治上都保持了一定的封闭性。经济上通过关税壁垒，避免处于强势地位的欧洲资本对本国工商业形成冲击；政治上奉行孤立主义，不参与欧洲各国的纷争，不“选边站”，甚至退出国联。总之那时的美国经常是做“不负责任”的大国。

其三，创新。落后者向领先者学习这种模式根本就不是竞争的常态。我们常说的所谓“后发优势”，也就是把领先者早就玩明白了的东西拿来玩，其实只是在自己特别落后的阶段才有效，比如美国最初“山寨”英国工业革命的成果，等到了“不太落后”的阶段，就只剩下面对人家“先发优势”的份儿了——就像德国面对英国。这里所说的创新，一个是指美国所引导的第二次技术革命；另一个是指在对待亚非拉国家时，美国“软控制”取代传统的殖民统治。

其四，对外战争中基本上都只“捏软柿子”，从不去赌国运。这其实也可以说是稳扎稳打，步步为营。美国的对外战争其实是在做生意，这种稳妥的战略保证了它在历史上多数的“投资”都做到了低风险、高回报，最不济最后也能全身而退，保证“低风险”。

其五，取得了夏威夷、关岛、菲律宾等一系列太平洋上的岛屿，同时开凿了巴拿马运河，使得美国通过海洋影响亚欧大陆事务时，获得了地缘优势，可以做到进退自如。

# 附章——话说凯恩斯主义

如果有一个普通人生活在1939年以前，而他又对共产主义不感兴趣的话，那他眼中最成功的领导人恐怕不是罗斯福，而很可能是希特勒或者是墨索里尼。在当时一片萧条的环境下，唯独这哥俩治下的地盘被搞得有声有色，工人们有活干，有面包吃。正文里提到过，当时德国的经济政策非常符合"凯恩斯主义"的主张——简单说就在老百姓买不起东西的时候，由政府代替老百姓来买资本家的东西。

经济危机的基本原理非常简单——对任何一件商品来说，产品售价＝利润＋成本，这其中成本＝薪金＋税金＋设备损耗＋物流成本＋……。这个等式对所有的产品都适用，那么也就可以用它来表示任何时间里市场上所有商品的总和，这其中能形成购买力的只有"薪金"部分，这样一来前面的那个等式也就可以演化为商品总供给＝利润＋社会购买力＋其他成本，也就是说一个经济体内的购买力必然时刻都小于总供给量。

当供需之间的缺口累积到一定程度以后，经济循环也就彻底搞不下去了，这就意味着经济危机来了。而在现实中，"钱生钱"式的虚拟经济由于不涉及实物生产，所以前面那个等式中"商品总供给量"不变，"利润"要提高，那么最后压缩掉的就只能是社会购买力，前面那个问题因此进一步加剧。现实中由于各类炒作几乎用不到几个人，也没用设备、物流这些成本，所以它们的利润率或者说是来钱的"效率"显然是最高，这也使得金融危机往往最先从虚拟经济部分开始爆发。

凯恩斯主义用最简单的话来说就是国家出面买下老百姓买不起的东西，

既然有政府来买富裕出来的东西，那么需求和供给之间的缺口自然就被填上了，经济也就该正常运转了。但细想会发现这个模式下国家所扮演的其实就是一个消费能力超强的消费者角色。工人的收入是工资，政府的收入是税收，都是记在“成本”里面的。所以前面提到的供需缺口不断拉大的问题其实并没有得到解决，唯一不同的一点是政府的信誉远强于一般老百姓，所以可以大量欠账来消费，而久而久之，政府的财政赤字就要越积越大。

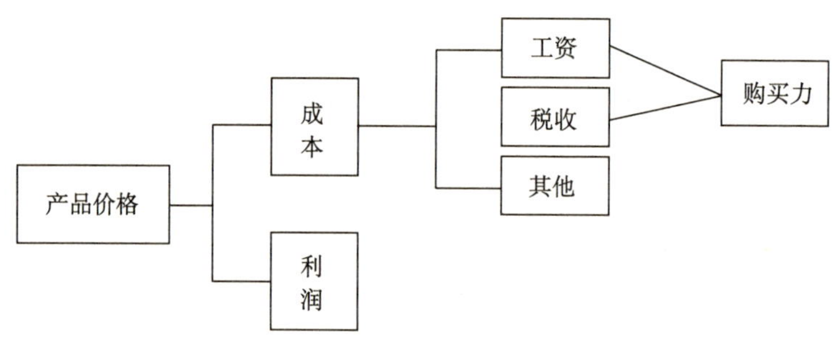


**经济危机的成因**

由于利润的存在，无论是来自于工资的民间的购买力，还是来自于税收的政府的购买力，都必然无法消化掉所有产品。

为了应付财政赤字，那么下一步就只能是印票子，而过量货币投入市场，引发通胀，又会让老百姓的购买力进一步压缩，一旦这个限度威胁到了普通人的生计，那下一步必然是社会秩序的不稳定……简单来说，凯恩斯主义其实就是把问题延后了，但在延后的同时，小问题不断堆积，最终就是一个大麻烦。

美国的罗斯福新政，解决方案是让富人让渡部分利益给穷人，以此来缓解贫富差距拉大的问题，虽然供需缺口的问题依旧存在，但确实缓解了许多。苏联搞的本质上其实一样，只不过做得更彻底一些，因为整个经济过程完全由国家来主导，上面那个等式在苏联被演化成了：产品总供给量 = 积累量 + 消费量 + 损耗量。

说到底，在 20 世纪早期，美苏解决的都是社会分配的问题，而后来恰恰是这两家取代了积重难返的西欧，成为国际格局新的主导力量。不去解决社会分配问题，单纯靠政府投资来拉动发展经济，解决失业问题，是缘木求鱼，甚至可以说是抱薪救火——经济发展越快，财富越集中，产能与消费能力的缺口越大，社会问题就越严重。

# 二分天下——战后格局大洗牌

从国际格局变化的角度说，二次世界大战其实是国际政治、经济秩序的一次重新洗牌。资本主义世界的驱动核心由“欧美”变成了“美欧”，美国由此成为资本主义世界的霸主。同时，苏联把势力范围扩展到了整个东欧。由英国所主导的殖民经济体系，自此正式被美苏两国各自主导的新的利益分配体系所取代。而美苏之间的争霸，也由此展开。

# 登临宇宙之巅——“欧美”正式变“美欧”

“不能设想从我身上可以找到任何条件，让大家来考虑把我从一个微不足道的普通人提到伟大的宇宙之王的崇高地位。”这句话是艾森豪威尔在就任美国第三十四任总统之前说的，他在表示谦虚的同时，顺便也把“宇宙之王”的头衔戴在了美国总统的头上。换句话说，在他的眼里美国就是“宇宙之巅”，而这么说在当时也确实不为过。

20 世纪 30 年代的美国还正处于萧条期，罗斯福总统的新政虽然对后来的美国社会产生了深远的影响，但就当时来说，还只是稳定了盘面，没有让情况继续恶化下去而已。在 1937 年，美国又经历了一场经济衰退——由此而产生的一个连锁反应是，当时美国拼命向外低价倾销工业品，结果严重冲击了日本经济，在日本掌权的军部为了转嫁危机，制造了“七·七事变”。直到 1939 年，美国的决策层顿时感到轻松了好多，因为在当年 9 月，德军入侵波兰，第二次世界大战爆发了，也就是说第一次世界大战时的美好时光又到来了。而且，对比第一次世界大战美国这一次的生意做得更大。

与后来美国“反法西斯战争核心力量”这个名号极不相称的是，在很长一段时间里美国恰恰是“法西斯们”的坚强后盾——美国一直在向德国和日本提供贷款、出口工业原材料乃至政治上的支持：1937 年，也就是“卢沟桥事变”爆发的那一年中，美国对日本出口额超过 28 亿美元，其中 60% 是石油、石油产品、废钢材和钢——为了满足对日钢铁出口，当时连纽约的旧电梯都被拆下来直接卖到了日本；1938 年，美国向日本出口的飞机总价值就达 1745.4 万美元——1939 年时一架零式战斗机的价格差不多合

7 万美元；日本侵华战争头三年中消耗燃油约 4 000 万吨，其中 70% 由美国提供。

不仅如此，1941 年 4 月，美、日签订《日美谅解方案》，该方案规定：1. 美国承认日本对“满洲”（东三省）的占有权。2. 迫使蒋介石政府与汪精卫政府合并。3. 如果蒋介石不同意，美国将停止对当时重庆国民政府的援助。

某种程度上说，日本的侵华战争在前期完全可以看做是美国支持下的“代理人”战争。而对纳粹德国的支持，基本也是一个道理，希特勒就曾是美国金融界的贵客。支持德国，是为了直接打击英、法；支持日本，则意在驱逐英、法、荷兰在东亚、东南亚的殖民势力，同时也压制了苏联在远东的势力。

说到底，在美国政界和商界眼中，这场战争其实是继一战之后美国的又一场超级大生意而已，压根谈不上什么道义、主义。其间美国政府的操作完全就是“华尔街式”的套路，前期对日、德的支持就相当于放水养鱼，之后，自然就该收割、抄底——1941 年美国开始在能源、橡胶等战略物资上对日本实现禁运，“收割阶段”由此开始。被釜底抽薪之后，日本到了走投无路的地步：前期美国给予的支持使得日本的侵华战争成了一个“超级大泡沫”，侵华战争全面展开以后意味着天量的资源需求，而美国的禁运则使得战争的“资源链”难以为继。此时摆在日本面前的只有两条路：要么向美国吐出此前吞下去的利益，这意味着日本军部势力将退出日本决策圈；要么就只能赌国运，对美发动战争，拿下东南亚地区以获取资源。对美国人而言，其实日本人做哪一种选择结果都不会坏。选第一条，美国的获利略小，但基本上没什么代价；选第二条，美国会付出代价，但两个国家的实力根本就不在一个重量级上，美国还拥有地缘上的优势，所以是一场必胜之战，而美国则可借日本之手接手英、法、荷在远东的全部利益。

这之后的历史我们就再熟悉不过了。日本人选了第二个选项，于是“珍珠港事件”爆发了，再然后就有了“中途岛”，有了“飞虎队”援华……最后有了广岛、长崎的两朵蘑菇云。然而它们只是历史必然中的一个个“偶然”而已，有或没有，都不会改变最后的终点。对德宣战，走的也是同样的路数，这里暂且略过。后面我们会发现，有美国参与其中的几场战争，绝大多数都是这样一种“经营”模式。

战争中，美国人强大的工业能力震撼了全世界。在电影《坦克大决战》里有过这样一个片段：一名德国军官拿着一盒从美军那里缴获的蛋糕，无奈地说：“他们（美国人）竟然可以把蛋糕空运到前线。”在当时，由于资源的极度匮乏德军士兵靴子的靴腰从最初高至接近膝盖一点被削减到仅仅高过脚踝，而美国人的燃料和飞机竟然富裕到可以给前线空运蛋糕。说到底，轴心国是被美国强大的生产能力加丰富的资源给活活压死的。

在遮天蔽日的B-29的地毯式轰炸下，欧洲和日本几代人积蓄起来的城

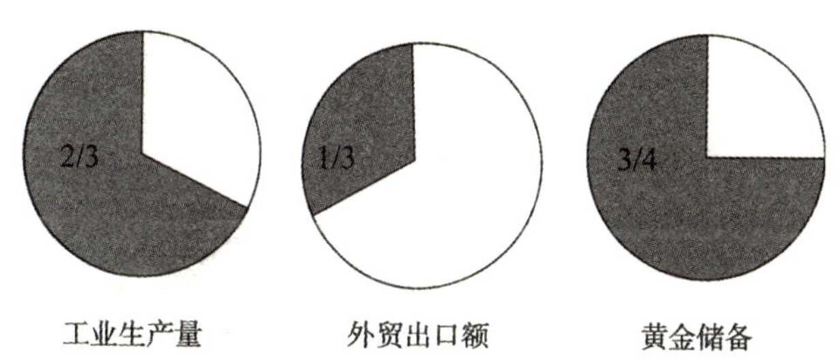


**战后初期美国经济在资本主义世界经济所占的比例**

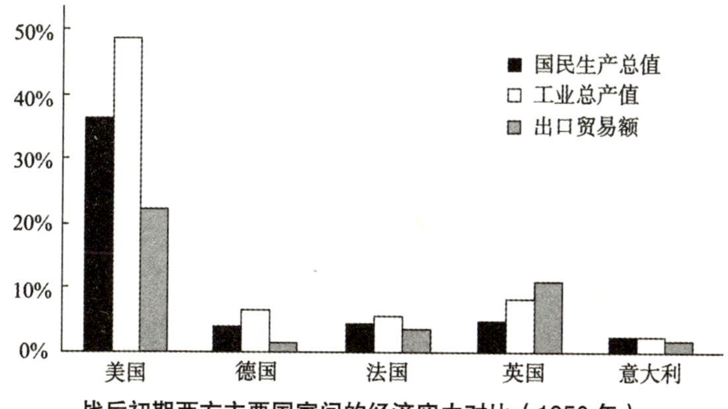


**战后初期西方主要国家间的经济实力对比（1950年）**

市和工业体系连同轴心国的法西斯政权一同被炸成了瓦砾，在战后寒风中瑟瑟发抖的人们发现，从“斯帕姆”午餐肉到道奇卡车，几乎所有的工业品乃至生活必需品都是“Made in USA”。同时，远离战火的北美大陆又一次成了财富的最佳避难所，战争期间西欧的资本再次大量涌入美国。

拿数字来说话，截止到1945年战争结束，美国的国民生产总值达到2 100多亿美元，国民现金储蓄1 290亿美元；截止1948年末，美国在西方世界工业总产值中所占的比重达到了56.4%，而同期英国只占到11.7%，日本更惨，仅仅占1.5%；同一时期，美国对外贸易额占西方世界出口贸易的32.5%，而英、法、日三国加起来还占不到15%；除此之外，美国的黄金储备占到西方世界总储备的66%以上。

从道义角度说，我们可以称第二次世界大战为反法西斯战争；而从国际格局变化的角度说，第二次世界大战其实是国际政治、经济秩序的一次重新洗牌。资本主义世界的驱动核心由“欧美”变成了“美欧”，由英国所主导的殖民经济体系，由此正式被美苏两国各自主导的新的利益分配体系所取代。德、意、日三国以国运为代价，最终打掉了戴在英国人头上的皇冠，然而它却落在了美国人的头上。

# 布雷顿森林会议——英镑已死，美元当立

一般认为，1945 年 2 月的雅尔塔会议奠定了战后国际秩序的基本框架，这个框架应该是指美苏之间的大框架。而在更早的 1943 年至 1944 年，美、英两国便确定了未来国际货币体系的方案，大致绘制出了战后的金融版图，日后西方阵营内部的国际政治格局的划分，在很大程度上便源于此。在战事正酣的 1943 年，美、英两国的“文斗”也已经全面展开，其标志物是战后资本主义世界货币体系的支配权——直白点儿说，就是有谁来垄断货币的“生产”。

当年 3 月，英国率先提出了“国际清算同盟方案”，由于这一方案由英国财政顾问、经济学家凯恩斯制定，故又称之为“凯恩斯计划”。其主要内容包含四部分：(1) 建立一个世界性的中央银行——国际清算同盟，以清算制为基础，各国间的债权、债务通过联盟账户进行转账结算；(2) 由联盟发行国际货币“班柯”(Bancor)，作为清算单位，“班柯”等同黄金，可由黄金兑换但不得以“班柯”兑换黄金；(3) 联盟会员国在同盟承担的份额以战前三年贸易平均额的 75% 来计算；(4) 不需要以黄金或外汇储备缴纳份额，只需开设往来账户，通过转账清算官方债务债权，国际贸易中顺差国需将盈余存入账户，而逆差国则可申请透支，各国透支总额度为 300 亿美元。

一个月之后，即 1943 年的 4 月，美国提出了由财长助理怀特制定的“国际稳定基金方案”，简称“怀特计划”。这其中的内容大致可归纳为四个方面：(1) 设立国际货币稳定基金，以基金制为基础，由各会员国以黄金、

本国货币及政府债券缴纳，认购份额取决于各国的黄金、外汇储备及国民经济收入大小；(2) 由基金发行命为“尤尼它”(Unita) 的国际货币，各国货币与“尤尼它”之间的比价不得任意调整；(3) 基金帮助会员国平衡国际收支，方式是由会员国向基金申请购买所需的外汇，而其数额不得超过它所缴纳的份额；(4) 会员国在基金组织中的发言权和投票权同缴纳份额成正比。

两份计划背后所包含的信息是：英国在国力衰退的情况下，企图通过一种国际多边清算体系，稀释美国由于大量资本流入而形成的经济优势，在国际金融领域与美国分享权力，最大限度地维持战前美欧双核心的局面。而美国则自恃有巨大的黄金储备，打算建立一个完全由美国占统治地位的战后国际金融体系。美英之间激烈的争吵从 1943 年 9 月一直持续到 1944 年4月。最终，问题在谈判桌之外，以一种原始而又直接的方式解决了——美军在战场上起到了决定性的作用，这关系到西欧各国的生存问题，最终英国被迫放弃了“凯恩斯计划”而接受美国的方案。同年 7 月，在美国新罕布尔州布雷顿森林村召开了由四十四国参加的“联合与联盟国家货币金融会议”，正式通过了以“怀特计划”为基础的《国际货币基金协定》和《国际复兴开发银行协定》，总称《布雷顿森林协定》。协定规定：建立永久性的国际金融机构——国际货币基金组织（IMF），确立“美元—黄金”本位制：美元与黄金挂钩，每 35 美元可兑换一盎司的黄金，其他各国的货币根据其黄金储备量和货币发行量确定其与美元的汇率，即所谓的与美元和黄金“双挂钩”；对于本国货币与美元的汇率波动，各国政府只有在百分之一的范围内进行调整的权限，否则 IMF 有权进行干预；哪怕是本国确实发生了经济危机，这个调整范围如超过百分之十仍必须经过 IMF 的同意，否则 IMF 有权停止其获得美元贷款的权利。而在当时美元几乎是国际贸易中的唯一流通货币，一个西方国家一旦被 IMF 停止借款，就意味着失去参与国际贸易的机会。由于第一次世界大战以后，各国实际上已经禁止了黄金的输出输入，所谓“双挂钩”事实上就是各国货币与美元挂钩，这实质就是美元本位制，各国只能靠储备美元来保证其货币的信用，美元实际就是等同于黄金的一般等价物——所以美元在当时能成为美金。美元体系就此确立，美国正式登上了“宇宙之巅”。

从货币霸权的角度看，第一次世界大战爆发至第二次世界大战结束的这段历史，其实就是一个铸币权从英国逐步向美国手中“移交”的过程。至“布雷顿森林”体系建立，美国完全接手了国际贸易的铸币权，美元成为各国主要储备资产。而此后这颗星球上的种种“故事”，很大一部分都将围绕这件事来展开。

# 经济形态与霸权模式

涉及国际格局，亦或说是国家间利益分配的问题，那肯定就要说到“霸主”和“霸权”。在这里，不妨暂时把“霸权”看做是一个中性词——霸主在世界利益分配体系中所扮演的其实是双重角色，首先是体系中最大的利益收割者，同时也是这套体系的“驱动核心”，负责构建体系，并维持体系的正常运转，这一点无需讳言。所以霸主做起来也不是一件容易的事情，一个国家从它成为霸主的那一刻起，它的国家决策中就会一直存在两种完全相反的趋势——“维护大局”和“自私自利”，或者说，是“养鸡”和“取蛋”的问题。霸主地位的价值在于可以通过自己主导的分配体系攫取超额利益，可一旦做得太过分了就会演变成“杀鸡取卵”，体系就会崩溃，霸主的地位也就跟着没有了。从历史上看，霸权国家的政策其实就是在“杀鸡取卵”和“大公无私”两个极端之间不断摇摆从而保持一种动态平衡，什么时候这种平衡保持不下去了，什么时候这个霸主也就该完蛋了，紧接着便是群雄逐鹿，历史进入到一个动荡时期。

那怎样才能算是“驱动核心”呢？从军事上说最好理解，谁的拳头最硬、力气最大，谁自然就是霸主。从文化和意识形态上说，霸主必须能对外输出自己的意识形态，让自己的意识形态成为别人也认同的行事准则——至于是不是真的适合别人另说。也就是说，要想搞霸权主义，你还得成为世界范围内的文化主导者。而从经济上说，成为霸主的先决条件是能主导经济体系的运转，在国际产业分工中，能对最高端的那部分形成垄断——换句话说，要做世界霸主，光有钱（经济总量）是不行的，你还必须是高新技术和尖端科技的引领者。

在古代农业社会，经济活动的主要内容非常简单，农耕或者是放牧。当时也存在商业和跨国贸易，但在一个相对独立的经济体里所占的比例终归是有限的，那个时候生产技术水平有限，不可能让多数人脱离土地去搞别的东西。谁要是想成为一个地区的霸主，就必须占领尽可能多的土地，有了土地才能获得当时最基本的财富——粮食。那个时代的国家，通过步兵和骑兵来占领并保卫土地，水（海）军的使用也是围绕着争夺陆地进行的，与现在所说的制海权没什么关系；驰道、驿道是那时国家的神经和血脉，中央权力能够影响的区域大小，取决于人、马的行动速度。距离太远的话，中央和地方之间信息交换的反馈时间就会过长，粮食从地方往国都运，没到地方可能就被运粮的人自己吃光了，这样的控制基本就是无效的，最多只能是名义上存在臣属关系。蒙古人曾征服过大半个欧亚大陆，但超越了当时控制手段所能达到的极限，所以最终也没形成一个真正意义上的“蒙古帝国”。当时经典的帝国，比如中国历史上的各个王朝，都只是控制亚洲的一部分，周围的小国和中土之间除了称臣纳贡以外，经济上没有太多的联系，也就谈不上利益分配的问题。同时期的欧洲在政治生态上更像是中国的春秋时期——其实现在也差不多，那里的霸主在性质上和“春秋五霸”比较接近，和大一统后的中国没什么可比性。

公元1500年地理大发现以后，西欧的工商业开始兴起，由此促成了资本主义的产生，最后又衍生出了帝国主义这个超级大怪物。当时欧洲的经济模式就是殖民地经济，受技术限制，虽然产业上分工细了点，但产业链还是比较短。所谓国际分工，就两个层级——宗主国和殖民地。葡萄牙、西班牙、荷兰，一直到英国，它们成为霸主的标准是看手里是否掌握了最多的殖民地。那时争霸的关键，一是控制殖民地，二是控制殖民地和宗主国之间的物流通道，具体说就是要掌握制海权。相对于同样人数的陆军，海军的价格要高得多，但它依托于海洋这种质地均匀的介质，可以得到更快的反应速度，即使是在风帆时代，到达另一个大洲也不过数月的时间，到了蒸汽机时代，则是用周来计算时间。一支舰队的控制范围可以覆盖全球，殖民地平时就不用部署太多兵力，因而这种帝国的运行成本要比过去的陆上帝国低得多。世界范围内的霸主也就是在这个时代产生的。

到了今天，由于技术的大跃进，产业链条大幅度延长了，能涵盖进来的人口也就多了，分工开始细化。现代经济体系从低到高大致可以划分成四个层级：原材料供应、低端制造业、高端制造业、金融。

人类的经济活动简单来说，就是去生产某种产品，然后消费掉它们，或是投入到更精密的下一级生产中去，而在生产→消费→再生产这个过程中，把各个环节连接起来的那个“→”，就是金融。对现代金融体系这里可以做这样一个比喻：市场经济体制下，货币就好比血液，各级金融机构则构成了循环系统，货币流通保证了商品的流通顺畅，就像血液循环系统保证了人体内部的物质输送一样。而在资本主义经济体系下，货币这种“血液”从某种程度上说，不是既有的，而是“无中生有”，是被创造出来的。现在经济体系的产业分工里，最高端的产业是负责“生产”货币。现在发达国家的经济模式，都由实体经济主导转变成了“虚拟经济”主导。谁在国际分工里垄断了货币的“生产”，谁就是这个时代的霸主。现在所说的“霸权”，实质是“货币霸权”。

## 回顾——货币视角下的20年代

让我们来换一个视角，重新梳理一下20世纪初的历史。

伴随着早期资本主义商业的发展，最早在荷兰和英国形成了现代意义上的货币金融体系，时间大致在19世纪。1816年，英国率先制定了《金本位制度法案》，金融产品的价值依附于信用而不是伸手可触的实物之上。与农耕时代不同的是，现代人可以在信贷体系下从银行贷款创业及维持运营，并且现在已经有了一套成熟的规则，所需自有资金并不用太多就可以滚动起来做出很大的生意。而古人要做这样的事就太不容易了，没有发达的信用体系，要做大生意就先得设法积累很大的本钱才可以推得动，有了商品，买的人同样需要先攒一笔钱。打个比方，这个时候，经济的发展就像是在地上推一只箱子，而金融的价值，就在于给这只箱子装上了轮子。

金融体系更为重要的一个进步在于后来由央行发行纸币，以国家政权而非贵金属作为信用保障，从根本上解决了货币的载体问题。相对金银，纸币的印制几乎是无成本的，理论上说，经济发展不再会因货币量不足而存在上限。央行对经济的宏观调控、统计以及通过数学建模进行预期，这些也都因纸币的发行而具备了可操作性或是过程被大大简化。当然，在最初，这一转变未必是建立在人们的主观意愿之上的。

传统上的金本位制是金铸币本位制，即以黄金规定货币所代表的价值，每一枚金币都有法定的含金量，不同国家的货币以含金量决定比价；金币可以自由铸造，任何人都可以把手头的金子交给国家货币铸造厂按法定含金量铸成金币；金币具有无限制的支付权利，在国际贸易中可以自由流通。

从 19 世纪 60 年代到 20 世纪初期，比较发达的资本主义国家陆续都实行了金币本位制。当时的经济规模对货币的需求量还没有超出贵金属货币的供给量，而由于金币可以随意铸造和熔解，使得货币的供应量可以自发地满足流通的需求，而自由兑换和自由流通则保证了币制稳定和国际金融市场的统一性。金币本位制货币体制所带来的稳定，在当时极大地促进了资本主义国家的实体经济和国际贸易发展。

只是在 1924 年至 1928 年之间，由于第一次世界大战严重地透支了国力，欧洲国家手里所剩的黄金已无力再维持之前的金币本位制度。为防止黄金继续流失到美国，黄金在贸易中的流通被禁止了。英国、法国、荷兰、比利时等欧洲国家转而实行金块本位制度，即以黄金储备为信用保障，在流通中以纸币取代金币；而在战后经济实力更为贫弱的德国、奥地利、意大利等三十多个国家则开始实行金汇兑本位制，在国内流通中同样以纸币取代金属货币，以金本位制国家的货币为依附对象，将本国货币与该国货币保持固定比价以此作为信用保障，并在该国金融中心储备黄金及外汇，作为外汇基金用于国际支付。换句话说，当时以英国为首的欧洲列强对国际信用体系的掌控能力下降了，美欧之间在金融力量上出现了第一轮此消彼长。

无论是金块本位制还是金汇兑本位制，在当时都是一种“残缺不全”的货币制度：黄金退出流通领域，使得它无法再起到自发调节货币流通的作用，对此市场在那时很难适应。而这两种货币制度都限定了纸币兑换黄金的最低数额，或是需要先兑换外币方可间接兑换黄金，这进一步削弱了货币的稳定性，而金汇兑制国家将本国货币依附于美元、英镑或是法郎之上，就使得发生在几个金本位制国家的任何一点危机都会迅速扩散开来。

正是由于两种货币制度的不稳定，在 1929 年经济危机袭来之后，西方国家的货币体系很快便完全崩溃：1929 年 10 月，纽约证交所发生危机，由于股价暴跌，导致原材料价格暴跌，以出口原材料和初级产品为主的南美国家及澳大利亚等国遭受重创，最终不得不宣布放弃金本位制。1931 年初，金融危机使奥地利信用银行倒闭，进而影响到德国，至 1931 年 7 月，德、奥两国的金融危机波及英国，由法国带头各国纷纷向英国兑换黄金，9月英国被迫放弃金块本位制，依附于英镑的各国也相继放弃金汇兑本位制，1933 年 3 月，受伦敦影响美国再次出现货币信用危机，黄金大量外流，在第一次世界大战中未受波及的美国此时也不得不放弃金币本位制改以美元纸币进行流通……截至 1936 年，资本主义国家全部放弃金块本位制和金汇兑本位制，国家货币体系就此完全崩溃。而这，则为第二次世界大战的爆发提供了最为基础的背景和理由。

# 苏联——“第三种选择”下的新型大国

此处我们需要先把时间略微拨回去一些……

1917年，阿芙乐尔巡洋舰上一声炮响，俄国十月革命爆发，人类历史上出现了一种全新的社会制度和社会组织形式。这场革命并非是从天而降的，而是此前世界历史发展的必然产物。

在20世纪初叶，以规模而论第一次世界大战绝对是一场空前（但不绝后）的浩劫——战争涉及亚、欧、非三大洲，波及15亿人。不过就对历史影响而言，它只能算是一个标志性事件，历史的改变不是在这四年里完成的，而是在这之前“积蓄、发酵”了好几十年。而这也正是十月革命的大背景。

在第一次世界大战之前的19世纪到20世纪初这段时间里，战争其实就从来没有断过，而且密度越来越大。其根本原因还是前一章说到的问题：商品总供给 = 利润 + 社会购买力 + 其他成本。

供大于需在一个封闭体系内是必然存在的，如果不加以控制，再放大到一定程度以后经济循环便搞不下去了，这就意味着经济危机来了。在当时，资本主义国家解决问题只有两种方法：要么对内搞“大鱼吃小鱼”，譬如通胀；要么对外去抢别人，通过战争获得廉价资源和海外市场，通过压低原材料成本以及给过剩商品找到购买对象来平抑前面那个矛盾。

在20世纪初期前后这段时间里，人类先后搞了两次工业革命，生产效率大大地提高了，而与此同时各国搞得都是无节制的自由主义市场经济。所以在当时，生产效率提高的速度远高于社会购买力提高的速度，需求和供给之间缺口拉大的速度随之成几何数量级增加。于是便呈现了这样一幅景象，各个资本主义国家的工业化程度和技术水平越来越高，经济总量迅速膨胀，而与此同时贫富差距也越来越大，经济危机出现频率越来越高，而战争出现的频率也越来越高，规模越来越大。一战在这其中，则是一个最终的超级产物。

在当时，沙皇俄国面临的是两种方法都走不通的困局：去抢外人，却打不过人家——先是日俄战争战败，接着在一战战场上和德国打成了胶着状态；战场上空耗财力却没有些许入账，而对内又无法抑制贵族和资本家的贪欲，最终压力只能全部压在穷人身上，而当时老百姓的承压能力已经到了极限。两条路都走不通，那么社会压力就只能如同堰塞湖里的积水一

十月革命

样越积越高，整个系统最终走向崩溃就只是一个时间问题了，而 1917 年的一场饥荒最终恰恰成为了压垮骆驼的最后一根稻草，崩涌而下的“洪水”在顷刻间便吞没了沙俄的贵族和资本家。十月革命的具体过程我们这里不加赘述，只是来看看最终的结果。

在革命胜利之后，迎接布尔什维克党人的考试才刚刚开始。刚刚经历了大规模灾荒的俄国此时还是一个典型的农业国家，GDP 仅相当于美国的十分之一，德国的八分之一，全国只有不到三万辆拖拉机，百分九十九的耕种要靠人畜完成，全国百分之五十的人口是文盲。

而就在苏联正式建国不到十年之后。1933 年 1 月，苏联第一个五年计划提前完成，全国已经建成 1 500 多个现代化技术装备的大型工业企业，苏联已经具备工业化基础，国民收入也增长了百分之六十八。改变并不仅限于此——在第一个五年计划之后，苏联几乎消灭了卖淫、赌博现象，犯罪率由 1919 年的十万分之三百七十五，下降为十万分之三十九；全国普及七年义务教育，识字人口达到百分之九十；苏联人的社会保障也走在世界前列，免费医疗，免费教育，普通家庭也拥有了单门独院的房子（house）以及小汽车，苏联社会甚至没有“失业”这个词。

需要注意的是就经济运行模式而言，苏联经济运行中工人所得同样是小于所劳的，按照教科书式的说法就是苏联经济也是存在剩余价值的。但这个剩余价值并非是作为利润，而是由苏维埃政权来统一调配的，通过行政指令的形式，这些剩余价值被用于公共事务或是投入到扩大生产中去，这其中很大一部分最终以国有资产的形式被固化了下来。正是这一特质解决了此前沙俄时代国民经济所面临的死结。而在国与国之间的贸易往来中，苏联并没有由于制度不同而与欧美国家之间产生什么障碍。而在日后西方国家与苏联自身的背叛者不遗余力地推动联盟解体，他们所觊觎的也正是七十多年来积淀下的苏联人民所创造的价值。

与美国不同，二次世界大战对苏联而言既是国运的转折点，也是一场深重的灾难。卫国战争中苏联共损失人口 2 700 万（1990 年公布数据）——苏联战后人口总数不过 1.67 亿，此外无数的工厂、城市都在战争中化为瓦砾。

在承受了巨大损失的同时，二战后苏联的地缘环境却也发生了巨大的变化：波兰、捷克、匈牙利等东欧纷纷被纳入到了苏联的控制范围之内，为苏联构建起了客观的防御纵深，历史上俄国核心地带直面法德等欧洲传统强国威胁的问题得以根本性解决[1]，苏联面对西欧国家就此从守势一跃变为攻势；日本的战败，苏军南下出兵中国东北，这使得日俄战争中沙俄丢给日本人的利益又连本带利补了回来；历史上俄国与英国在中亚地区一直是明争暗斗不断，后来为了应付一战，英俄两国以俄国不入新疆、英国不入西藏为条件达成妥协；二战后英国势力的迅速衰败，使得苏联在这个区域有了可乘之机。显然，后两条对于战后的中国而言可不是什么好消息，这便是后话。

[1] 由于纵深比较浅，作为首都的莫斯科两度受到来自西欧的威胁，一次是拿破仑带领法军，最终逼得俄方统帅库图佐夫自己火烧莫斯科，用坚壁清野来对付法国人；另一次是二战中德军兵临莫斯科城下，当时苏联动用了150万节车皮将各个工厂迁往东部，莫斯科城内所有桥梁都安置好了炸药，其实就是准备在最后时刻再学一次库图佐夫的做法。

# 怀璧其罪——想不打都不行的冷战

让今人可能很难想象：十月革命胜利之后的很长一段时间里，布尔什维克党人对国家经营并没有一个长远的规划。在列宁这批领导人对未来的最初构想中，资本主义在几十年以后就该入土为安了，届时全世界进入共产主义时代是水到渠成的事情，天下大同之后当然也就不存在什么国家的概念了。对布尔什维克党人来说，俄国作为一个国家，只是一个过渡性的工具，或者说，他们是为了共产主义而选择了俄国。

我们不应以现在已有的信息来嘲笑前人，在 1916 年前后说资本主义制度将在几十年后灭亡很多人都会相信。十月革命出现在沙俄并非是有多特殊，只不过是同样的问题在俄国要更糟糕一些，而这些问题在当时的资本主义国家是普遍存在的，顺着这个脉络想下去，也就可以理解为什么那一代革命者会如此的乐观。

但后面的历史并没有按照列宁等人的预想去发展，他们所没料到的是，在这之后的几十年里，世界上又出现了两次技术革命，资本扩张的空间又增大了——一度即将决堤的“堰塞湖”，由于容量的增大水位又慢慢降下来了。另一个让人始料未及的问题是，恰恰是因为苏联这个社会主义大国的诞生，让后面资本主义世界的游戏规则改变了。

由于出现了这么一个颠覆自己制度的模板，几个大国间的关系开始缓和了。第一次世界大战结束以后，彼此杀得尸山血海的列强们能坐到一起搞一个国联出来，首要原因就是由于俄国十月革命。换句话说，即便苏联什么都不做，她所奉行的社会制度本身就已经被西方国家看做眼中钉了。

而如果进一步追溯，即便在沙俄时代，俄国也始终受到来自西欧的威胁。拿破仑的入侵就曾逼得库图佐夫不惜火烧莫斯科，以坚壁清野来抵抗法军的入侵。所谓“楚人无罪，怀璧其罪”。俄罗斯的地缘战略价值以及广袤的国土、丰富的物产决定了她永远无法躲开他人的觊觎，而东正教基础下的文化在西欧诸国眼力同样是“异类”[1]。而这一点，在苏联解体之前忙于改旗易帜的改革派们，恐怕没有谁会想得到。也正因为此，在苏联解体之后，叶利钦治下的俄罗斯一再对欧美国家做出单方面让步，而换来的除了来自欧美的嘲讽和羞辱，就是北约东扩以及支持俄境内分裂势力。最终，俄罗斯才不得不调整最初对西方一边倒的荒唐的外交政策。

很多人对冷战的认识都是美苏之间针锋相对，然而无法忽略的是：两德分裂始于美国率先策动西德建国，朝鲜半岛南北分制始于美国首先策动南朝鲜建国，北约建立（1949 年）早于华约六年之久（1955 年），古巴导弹始于美国率先在希腊和土耳其部署可覆盖苏联腹地的中程弹道导弹……事实上在冷战的大部分时期，基本都是美欧首先发难，苏联被动应对。

苏联看似是当时世界第二超级大国，可它所面对的西方阵营却涵盖了世界工业生产能力的三分之二强，而在 1948 年美国又牵头建立起了“输出管制统筹委员会”，也就是“巴黎统筹委员会”（简称“巴统”），专司对苏联等一切社会主义国家进行技术禁用和贸易限制，以此进一步拉大两边工业能力的差距。这种悬殊的差距导致苏联不得不集中资源发展重工业特别是军事工业，最终导致经济结构严重不合理，人们日用生活物资匮乏。在计划经济完成工业化任务之后，过于单一的所有制结构和高度集中的经济体制不能适应社会生产力进一步发展需要。

---

[1] 二战中德国人对待苏联战俘远比对待美英法等国的战俘残酷，甚至有将俄国人钉死在十字架上的例子，因为前者在德国人眼中是“野蛮人”。西方人称呼哪个民族是野蛮人，可不仅仅是鄙视的问题，他们的文化中对杀戮“蛮族”始终是没什么心理负担的。

# 铁幕降临——意识形态先行

在战后，美国的对外战略决策大致可分为两部分，通俗地说，一部分是考虑如何对付苏联人，一部分是考虑如何对付英国人和法国人。西欧在战后已经彻底衰败，美国要接手他们的势力范围，这自然不会是一个很愉快的过程；苏联如前所言，对美国具有双重威胁，既是意识形态上的威胁，更是争夺全球统治地位的竞争者。反过来，从苏联人的角度来看，苏联的对外战略决策同样也是这样的两部分。在笔者看来，第二次世界大战后的历史，与中国历史上的楚汉之争倒是有着几分神似——如果剥去表象看本质，历史其实没有太多新鲜的东西，秦失其鹿，天下逐之，捷足者得之，仅此而已。秦帝国崩溃之后，起事的各路诸侯先是分食秦的遗产，然后形成了两个阵营，最终在一番混战之后，一方获胜，天下重新统一。

美苏之间的争斗在第二次世界大战尚未结束时就已经开始，以苏联出兵中国东北为例。起初为了减少消耗，苏联在对日宣战问题上一拖再拖，而在美国向日本投下原子弹以后，苏军立刻出兵东北，甚至来不及和当时的国民政府签订一份协议。因为这时候日本投降就是朝夕之间的事情，苏联必须抢在美国人之前，把尽可能多的地方划入自己的势力范围。更早些时候，美国迟迟不肯开辟欧洲的第二战场也是同样的道理——说白了就是苏美都要抢地盘，但又都想尽量避免自身实力的损耗。

杜鲁门接任总统伊始，美国政府就开始酝酿对苏联采取“强硬”政策。从战后的历史发展看，美国决策层对战后世界性质和美国对策的看法，应该在 1945 年底至 1946 年初基本形成。巴顿将军曾多次对苏联大放厥词，要“进攻苏联”，这不是没有背景的。只不过，罗斯福总统时期所执行的对苏“怀柔政策”还存在一定的惯性，所以这些言论给巴顿招来了麻烦。1946 年 1 月 5 日，杜鲁门当面指责国务卿贝尔纳斯对苏不够“强硬”，明确表示“我已厌倦于笼络苏联人”，而要用“强硬的抗议”和武力的“铁拳”对付苏联。杜鲁门把这一举动称作“我们政策的转折点”。

1946 年 3 月，卸任后的丘吉尔应杜鲁门的邀请来访，在密苏里州的富尔敦发表了一篇反苏反共演说——也就是著名的“铁幕演说”。这一举动，可以看做是美、英两国决策层对国内舆论的一次试探。演说内容被公布以后，美国舆论一片哗然，很多政府官员也纷纷表示不同看法。杜鲁门由此感觉时机尚未成熟，赶紧举行记者招待会，矢口否认自己与丘吉尔的演说有任何关系——按照外交常识，这么敏感的内容，在事前美方不知情是根本不可能的。

美国民众的这种反应，一方面是源自老百姓最淳朴的感情——就在几年前，两国人民还在并肩抵抗法西斯；而另一方面这也是因为当时美国民众对社会主义在某种程度已经开始认同，社会主义在当时对资本主义国家的意识形态构成了严重的威胁——战后初期苏联真正占优势的并非是军事而是意识形态。和现在我们的印象不太一样，在 20 世纪 70 年代之前，西方国家宣传的语境中极少会出现“民主”这个词，他们宣传的立足点是“自由”，老电影里国民党一方一开口肯定说“自由世界”，在朝鲜和越南当时东方阵营都提出搞投票选举来决定这些国家的走向，但美国都拒绝了，归结起来还是那个时候自己心里不踏实。很多前华约国家的国名全称中都带有“民主”这个词，这其实是当时东方阵营意识形态上处于攻势的一个反映。20 世纪 70 年代以后，随着东西方的攻守易位，对“民主”的解释权也顺势转到了西方阵营手中，但西方国家说得最多的，还是“新自由主义”。

而在当时，爱因斯坦在 1950 年 3 月 16 日写给纽约大学的信中热情称赞“苏维埃制度在教育、公共卫生、社会福利和经济领域的成就无疑是伟大的，而全体人民已从这些成就中得到很大益处”。在当时的语境下，“自由”的含义是我可以给你最大限度的空间让你来折腾，释放个人的能力，但我不能保证最后的结果对所有人都是公平的——放到经济层面就是无干涉主义，源自法语词汇“laissez-faire”（“让他做、让他去、让他走”），意思就是政府放手让商人自由进行。简单说就是开了一个“盘口”，没人拦你进去，但你要进去就必须“愿赌服输”。

题外话，20 世纪 80 年代开始，新自由主义能够广泛被接受，倒也不光是西方国家高层加媒体就能引导得出来的。随着时间的推移，两次世界大战以及历次经济危机所带来的困窘已经在社会福利的浸淫下逐渐为人们所遗忘，这个时候“自由”对人们的吸引力往往会更大——虽然多数人不会承认。久赌必输、庄家至大这些赌场潜规则早已为人们所熟知。而另一方面，“吃得苦中苦方为人上人”这句话几乎是所有寒门子弟从小听到大的，而一旦有朝一日面对可以做“人上人”这个高额回报时，在输到要跳楼之前，几乎所有的“参赌者”都会更愿意相信自己会是最终的赢家，而当持这种观点的人达到一定比例以后，所有人不管想不想，就都必须参与到这场“自由竞争”中来。人民书写了历史，这其中包括历史的所有部分。

而在 20 世纪 50 年代，大萧条的记忆还并未从人们的记忆中消失：1932 年 9 月的《幸福》杂志估计，美国有 3 400 万成年男女和儿童没有任何收入，此数近于人口总数的 28%。而这还是在 1 100 万农村人口没有计算在内的情况下。同样在 1932 年这一年，美国的 65% 的工业掌握在 600 家公司的手里；仅占全国人口 1% 的人拥有全国财富 59%。这种情况下你让多数人“愿赌服输”，人家肯定是不干的，由此使得众多知识分子最终成为左翼人士，《国际歌》成了那时的流行歌曲，某些州的左翼政治力量甚至提出过要从美国独立，建立社会主义共和国。事实上时至今日，美国文化界总体上依旧偏左者居多。

二战结束后，美国随即出现了严重的产能过剩，战后一年的时间里，全美共发生了 3.47 万次罢工，共有 450 多万工人走上街头。

意识形态上的压力必然要引起欧美上层的强力反弹，英国学者帕克曾说道，“美国许多第一流的知识分子，其中有些是罗斯福的朋友和顾问，对于他们的私人企业经济感到失望，开始对苏联的实验发生兴趣，并且在某些情况下还十分热心：重实效的经济学家、工人领袖、社会活动家、政治家和工程师们，都称赞他们访问苏联时看到的东西。大经济衰退的时期出现了依靠施舍度日的穷人队伍和施汤棚，到处是一片艰难困苦的景象，从那时的美国来看，20世纪30年代的苏联并不像现在从丰裕的处境回顾时那样阴暗和令人生厌。但是，在有势力的保守阶级中，对于社会主义的敌意非常强烈”。

在这样的背景下，美国国内在20世纪40年代末50年代初由官方掀起了一场反共政治运动，现在美国的舆论动辄把共产主义和纳粹等同起来就是从那个时候开始的。杜鲁门政府从1947年12月17日起开始对联邦政府、武装部队和国防订货承包商实行所谓“忠诚调查”，到后来，发展到几乎人人都要过筛子的程度。在帕萨迪纳，有个三岁的小女孩要为商店当广告模特，结果她的母亲接到通知书：小姑娘必须签署忠诚宣誓书才能领取报酬。据统计，在“忠诚调查”期间，总共有2 000多万美国人受到了不同程度的审查，而到1950年时，美国人口一共才1.5亿。在当时，教社会科学的老师要是不在课堂上大骂苏联和共产主义就会被解雇，“辛辛那提红色棒球队”因为沾上了“红色”，也被迫更改了队名，连参加美国小姐选拔的候选人都必须先陈述她们对马克思的看法。

到此还没完，这场运动的真正高潮在1950年到1954年。在1950年2月12日林肯诞辰纪念日，威斯康星州参议员麦卡锡发表了他那篇著名的“炮打国务院”的演说。在共和党全国委员会的安排下，麦卡锡参议员从华盛顿飞往西弗吉尼亚州的惠林，在俄亥俄县的共和党妇女俱乐部发表了题为“国务院里的共产党”的演讲，声称在他手中有“一份205人的名单”，“这些人全都是共产党和间谍网的成员”，“国务卿知道名单上这些人都是共产党员，但这些人至今仍在草拟和制定国务院的政策”。一时间，美国国内上下都开始抓“叛徒”、抓“特务”。1949年8月苏联原子弹试验成功，紧接着在次年，“洛斯阿拉莫斯”[1]的科技人员挨个接受调查（前面提到过，美

[1] 美国核研究中心的代号。

国知识分子偏左的居多），被称为“美国原子弹之父”的奥本·海默成了嫌疑犯而受到迫害，埃塞尔·罗森堡夫妇则在 1953 年 6 月 19 日，在证据不足的情况下被以所谓“原子间谍”的罪名双双送上电椅处决了。

到 1953 年 4 月，麦卡锡在两名年轻助手的协助下，开始为美国设在海外的大使馆藏书目录进行清查。在这次清查中，美国共产党领袖威廉·福斯特、左翼作家白劳德、史沫特莱等 75 位作家的书籍全被列为禁书，甚至连施莱辛格和马克·吐温的作品也被列入“危险书籍”之列。被剔除的书籍总数有近 200 万册。在此影响下，美国国内城市和学校的图书馆也被纷纷查禁，焚毁“任何可疑的书籍和杂志”，这基本就是美国版的“焚书坑儒”。美国国务院、国防部、美国之音、美国政府印刷局这些要害部门也不得安宁，仅 1953 年一年，麦卡锡的委员会就举行了大小六百多次“调查”活动，外加 17 次电视实况转播的公开听证会。

到 1954 年，麦卡锡运动总算是停下来了，原因很简单，因为国内上下都熬不住了。麦卡锡参议员除了受到“谴责”以外什么事也没有，到 1957 年因为饮酒过量死了。从为政的策略看，这应该属于一招“矫枉过正”：先做到十二分，再往回退一退，但还能剩下十分。麦卡锡主义被“谴责”了，但美国国内的左翼在这段时间里遭受了重创，作为政治力量从此一蹶不振。后来到 80 年代美英带着全世界掀起新自由主义，一直到现在美国经济危机爆发，和这段历史都有着密不可分的联系[1]，这是后话。就当时而言，这其实是美国的精英阶层面对苏联在意识形态上的压力，对国内思想进行的一次肃清，说白了就是“防止和平演变”——美国精英层对意识形态安全或者说阶级斗争的关注一直以来从未放松过，就连奥巴马在其就职演说中还在把共产主义和法西斯相提并论。

---

[1] 奥巴马在第一个任期企图推进医改时，媒体一句“总统是要搞社会主义”就让老百姓开始动摇了，对多数美国老百姓而言，在几十年如一日的“狂轰滥炸”之下，“社会主义”已经和“邪恶”画等号了，至于为什么则没几个人会去想。

# 两德分裂

在美国国内反共运动搞得热火朝天的同时，苏联其实并不打算和西方世界彻底决裂。苏联同样是二次世界大战的胜利者，但它并没有美国那么走运，战争是在它的国土上打的，虽然胜利了，但这个胜利没法直接带来财富，相反大量的工厂和基础设施都毁于战火，更糟糕的是战争中损失了2 700万人口，这对战后总共只有1.67亿人口的苏联来说是最严重的损失。苏联硬实力上的强大在此时不过是指它那部只能消耗资源的战争机器而已。想要恢复元气，除了尽快拿到德国100亿美元的战争赔款外，就得依靠苏联储量丰富的油气资源，和西欧国家做能源生意来获得生产设备和原材料——其实和现在的俄罗斯是一样的思路。

当然，美国人并没有给苏联这个机会，而是拉起了所谓的“铁幕”，一来由于前面提到的苏联的“双重角色”，二来美国也需要给西方世界“制造”一个敌人，一个可以迫使西欧和日本必须唯美国马首是瞻的敌人，而苏联恰好是最佳的选项。

雅尔塔会议期间，苏联和英国曾存在一个严重的分歧，就是战后如何对待德国。英国提出要肢解德国，在战后成立所谓“北德”和“南德”两个国家，而苏联则坚决反对。为此斯大林和丘吉尔发生了激烈的争执，最后是在罗斯福的协调下才得以化解。最终的协议中规定，德国投降后，苏、美、英三国武装力量总司令在各自占领区内行使德国的最高权力，有关德国性质的一切问题应由中央管制委员会（后称“盟国对德管制委员会”）解决。斯大林之所以如此激烈地反对肢解德国，是因为一旦德国分裂，仅凭苏联控制的那部分将很难兑现对苏的战争赔款。而且“中央管制委员会”的存在，也会给苏联提供一个和西欧保持接触的平台，那么苏联向西欧出口能源也就有了可操作性。

后面的历史自然是无法让斯大林满意的，1949 年 4 月北大西洋公约组织成立，同年 8 月英美在自己的占领区内宣告成立“德意志联邦共和国”，冷战的帷幕就此拉开了。苏联为了应对，只能无奈地在 9 月仓促建立“德意志民主共和国”，并在 1955 年成立了华沙条约组织以应对北约日益增大的威胁。

原本该由整个德国承担的战争赔款，只能由民主德国一家来承担了。而在第二次世界大战爆发前，德国东部的工业基础原本就比西部要差不少，战争中东部遭受的破坏比之西部也更为严重。如此一来，就注定了民主德国在成立之日就不会有好日子过。物资匮乏迫使苏联对德国苏占区搞起了“三光政策”：一共拆迁了 1 900 多家工厂的设备，其中绝大多数是整厂搬走，同时就地“改造接收”了 200 多家大企业，对苏占区的设备、人员一律无偿征用，最后连民主德国境内的复线铁路也都统统拆了半边去，这一拆就拆了 13.5 万多公里。经济上的问题，又迫使民主德国政府不得不始终对内采取“斯大林主义”式的高压政策，以维持国内稳定，即便是后来赫鲁晓夫开始批判斯大林时，民主德国政府的这一高压政策也没有改变。这也就难怪在冷战期间，民主德国老百姓会不断地逃往联邦德国。现在很多前民主德国的人士，包括一些政界领袖，在主观上极度仇视一切和共产主义沾边的东西，与这段历史也不无关系。

# 别了，司徒雷登——解放战争撬开了两强格局

第二次世界大战结束后一直到20世纪50年代，世界的主题是破旧立新。旧有的国际格局被彻底击碎，随之终结的还包括西欧的殖民地经济模式。美苏忙着接收西欧的势力范围，亚非拉地区“民族解放运动风起云涌”。一个新的国际大格局慢慢成形了。

在二战中签署的、对近现代历史影响最为深远的国际协定有两个：一个是关于资本主义世界铸币权的《布雷顿森林协定》，一个是地缘政治上的《雅尔塔协定》。在以后者为基础所建立的雅尔塔体系下，在美苏眼里中国很难说是被看做一个独立的国家，相反倒是更像是两个超级大国用了瓜分的众多标的物中的一件—— 虽然得了一个联合国安理会常任理事国的席位，而从实利而言，更多的却是有损无得。在美国的推动下，国民党政府与苏联签署了一份《中苏友好同盟条约》，这实际等于承认了外蒙古的独立，长春铁路、大连以及旅顺的实际控制权也尽归于苏联，新疆在苏联的渗透下，形势也极为不利。

此外，西南方向美英还在怂恿西藏地方势力寻求独立[1]。而国民政府内部，虽名为一国，可各地之间的贸易壁垒比国与国之间都不差多少。各路“诸侯”也都纷纷和美国暗通款曲。整个国家此时不过是一种有“合”无“统”的状态。

---

[1] 不仅仅是西方人所谓的“香格里拉”情结，从地缘上说，控制了青藏高原，就可以影响印度、缅甸乃至中亚地区。

更危险的是，中国被推到了美苏对抗的最前线。当时，按照美军的作战构想，远东地区有两个前进基地计划将在战时用于对苏联进行核打击，一个在冲绳，另一个在中国青岛。这就是说，如果某一天苏美之间开战了，那么中国的青岛将会成为对苏联威胁最大的目标之一，那么苏军必然就会尽全力去轰炸青岛。而对美军而言，那时苏联进入太平洋地区最好的深水港是中国的旅顺和大连，一旦开战，美军为了封锁苏联海军，阻止其南下，也会全力地攻击这两个地方。这种情况其实就是晚清时期日俄战争的翻版，当时沙俄和日本的战争还只是局限于中国的东北地区，而此时美苏间的军事对抗则是全球范围内的。一旦冷战变成热战，那么整个中国都会被卷进去。

再进一步从经济角度来看那时中国的境遇。众所周知，甲午战争战败之后，日本向中国勒索巨额的“战争赔款”。这个赔款数额是当时的清廷根本拿不出的，怎么办呢？只能向列强们“贷款”[1]。从那以后中国的民脂民膏就被清廷以税收的形式搜刮一空，然后作为“战争赔款”的债务的本利每月在上海汇丰银行交割分配到列强手中，中国工业化资本积累的途径由此完全被掐断了。这种贷款其实和民间俗称的“驴打滚”账别无二致，你根本不可能还清，中国成了列强的一台提款机。资本不断外流，无法在国内积累起来，中国民族资产阶级革命和中国工业化现代化道路就都被堵死了。后来清朝被推翻了，可北洋政府继承旧债；北洋政府被推翻了，蒋介石政府

[1] 1895年俄法与清廷签订第一个甲午赔款贷款，为期36年的4亿金法郎贷款，同时附带俄国在东北铁路路权和法国在云南的铁路路权。1896年3月14日英德与清廷签订第二笔甲午战争赔款贷款，1600万英镑，以清朝关税做抵押，其中850万英镑为日军驻扎威海卫的军费。1897年第三笔甲午赔款贷款由德法俄比提供，1600万英镑，用盐税和厘金抵押，但是俄国要求东北权益太多，法国要中国缅甸铁路权益，列强无法妥协，拖至1898年，由英德提供贷款，为期45年，这个贷款条件是德国占领胶州湾，法国占领湛江，俄国租借辽东半岛，英国租借香港新界99年。三笔甲午赔款贷款总值4300万英镑(加上几年后的庚子赔款则总值达6750万英镑)，盐税、厘金、关税统统都被抵押上去了，清廷实际等于是在替洋人收税，这直接导致了后来的义和团运动。袁世凯上台后的“民国二年大借款”实际就是把前清铁路贷款的旧债重组由新政权继承了下来，于是这个新政权就得到了西方国家的承认。后来北洋政府参战第一次世界大战，俄国十月革命后放弃了沙俄的债权，德国战败后协约国看在中国派劳工参加欧洲战争的面上，免除了部分庚子赔款，但是，免除部分不由中国支配，而是由列强支配用于中国，建立了清华大学和香港大学——用于培植亲西方的知识分子。

接着继承——这是列强承认你的先决条件，截止到1949年，国民党政府外债总额超过30.68亿美元，注意，当时每35美元合一盎司黄金。所以中国工业化也就遥遥无期了。

然而最终的结果却出乎这些人的意料，中国共产党仅用了三年的时间就取得了全国政权，之后又解放了新疆和西藏，大大小小的土皇帝一个个都被轰了出去。1949年中华人民共和国成立，彻底改变了远东的战略格局。美国在中国内地的势力被彻底驱逐了出去——美国政府提出承认新中国的先决条件是，人民政府必须承认美国在华的特权，并且要替南京国民政府还欠美国人的债[1]。这显然是不能接受的，于是对司徒雷登就只能说“别

---

[1] 抗战结束后，除了与苏联签署了极不平等的《中苏友好同盟条约》之外，1946年11月4日，国民党政府“外交部长”王世杰与美国驻华大使司徒雷登在南京签署了后果更加严重的《中美友好通商航海条约》。《中美友好通商航海条约》共计三十条，六十八款。这里仅摘录其中两条：“三、缔约此方对缔约彼方之任何种植物、出产物或制造品之输入、销售、分配或使用，或对输往缔约彼方领土之任何物品之输出，不得加以任何禁止或限制；但对一切第三国之同样种植物、出产物或制造品之输入、销售、分配或使用，或对输往一切第三国之同样物品之输出，亦同样加以禁止或限制者，不在此限。”这一条看似平等，然而中美生产力在当时存在天壤之别，这就相当于让刘翔和一个幼儿园小班的孩子同场“公平竞技”，最终的结局必然是美国货充斥市场，民族工业荡然无存。

再来看这一条：“五、倘缔约此方之船舶，由于气候恶劣或出任何其他危难，被迫避入缔约彼方对外国商务或航业不开放之任何口岸、地方或领水时，此项船舶应获得友好之待遇及协助，以及必须与现有之供应品及修理器材。本款于军舰及渔船以及第二十一条第二款所规定之船舶亦适用之。”这和上面一条道理一样，中美实力严重不平衡的情况下把两者放在一条起跑线上——美国军舰及民船在中国海港可以想来就来想走就走，你‘中华民国’海军拿什么漂洋过海到美国去？更严重的是，旅顺大连驻扎着苏军，青岛驻扎着美军，而美苏争霸的局面业已形成，未来如果美苏开战则日俄战争期间旅顺大连的惨剧将在整个中国重演，即便美苏是冷战，哪个商人又敢在这样一个火药桶上投资呢？届时不要说外商，本国资本家也会尽可能把产业转移到更为安全的国外去。

上面这些条款好歹还是在玩弄文字游戏，到了《中美青岛海军基地秘密协定》，干脆明说“中华民国”修建的青岛海军基地，没有美军允许，他国任何船只不得随意停靠。除此以外，国民党政府在1945年11月21日签署《美国在华空中摄影协定》，1946年9月是《中美三十年船坞秘密协定》，10月8日《中美警宪联合勤务议定书》，12月20日《中美空中运输协定》，1947年1月《中美青岛海军基地秘密协定》，9月3日《中美同意美军驻华换文》，12月8日《中美海军协定》。对比“一战”结束后山东主权从德国人手里转到日本人手里，不客气地说，南京国民政府对比之前的北洋政府并没有什么区别，而后者好歹还依靠“华盛顿九国公约”收回了青岛和山东的主权。

除《中美友好通商航海条约》等之外，国民政府尚需偿还1942年向美国借贷的贷款5亿

了”。这里需要注意的是，在不承认外债的同时，人民政府却承担并最终还清了国民政府欠国内民族资本家的内债，同时兑换了当时遗留在民间的金圆券。所谓“既无外债也无内债”，其中“内债”指的就是这个。

美苏等国既定的战略构想都因为一个新棋手的加入而被彻底打乱了，由此开始，中国的事务只有中国人说了才算。正是解放战争，才真正确立了中国在第二次世界大战后新格局中的战胜国地位。中国的民族解放战争应该是八年抗战加三年解放战争。中国的胜利不在于战争期间赢得了多少财富，相反十几年的战争极大地破坏了国民经济的基础，并付出了数以千万计的生命，但中国最终赢得了真正意义上的独立自主，为日后的发展开辟了一个最大限度的、不受限制的发展空间。任何“复兴”或是“崛起”都不是无代价的。

---

美元，按购买力约合现在500亿美元以上，而1945年国民党政府全部的黄金储备也就约合 5 亿美元，直到 1952年中国国民生产总值也才刚刚到50亿美元。除了旧债以外，国民党政府还曾在美国发行过不少国债，募集大量资金用来打内战。这两笔债加在一起中国是还不起的，按照西方国家惯常的手段，还不起账它们必然就会让你借新账还旧账，结果就是越还越多，越多越还不起……这笔“驴打滚”的债务将使得中国再次由于资本流失导致无法完成资本积累，无法实现国家工业化。

# 算钱不算人——从技术角度说国民党政权的失败

中国史家自太史公司马迁以来就有一个很不好的毛病，关于历朝历代的王朝兴废，偏好于评论领导者的有道无道、有德无德，却鲜有从技术角度梳理历史脉络。而不去考虑天下经略，空谈道义，且不说立场如何，最终都难免执著于小德而不见大道，也让“以古鉴今”无从谈起。

在迄今为止我们的绝大部分历史时期，任何一个相对完整的权力体系，当然也包括国家这个最大的体系，无论具体构成如何，在社会结构上其实都大同小异——都大致可以分为三个层级：最上层的权力核心，过去很简单，就是君王，到了现在由于权力的分散，界定起来比较困难，但还是可以划分出来；中间的精英阶层，包括官僚集团、知识分子，农耕时代的地主豪强，工商时代的资本家；下层则是普通民众。理论上说，只要信息的传递与处理存在“时间差”，中层就是连接上层与下层，组织社会力量从事生产必不可少的环节。国家管理可能离我们的生活比较远，但企业管理大伙还是不陌生的，由于精力有限，且随着买卖越做越大涉及的专业只是越来越多，作为决策层的董事长和其他大股东肯定不可能事必躬亲，正在管理企业运作的是 CEO 和他下属的各个部门经理所组成的管理层，如果这个“企业”叫做“国”的话，那么这个执行层就是我们前面提到的精英阶层。

中间阶层必然有其自身的利益诉求，而其所处位置与构成又决定了这个阶层相对于上面一层有数量优势，而相对于下面一层，又在人员素质和资源控制上有质量优势。一旦社会体制对中间一层的自我膨胀失去控制，则社会结构便会趋于畸形。回到上面的那个例子，在大企业里，决策层和管理层间的博弈往往是一个贯穿始末的主题，而众多企业的衰败，也恰恰是由于决策层失去对管理层的控制所致。而国家说到底也是这个道理。孙权和张昭的故事相信大伙都不会陌生，再通俗点就是“县官不如现管”，张昭们的“现管”的位置决定了，即便孙权这个“县官”被曹操替代了，于他们而言利益基本也是无损的，甚至改朝换代还能带来额外的收益。

因此从“治人”的角度说，居于权力高层的领导者最明智的取向应该是联合下层民众，以其对中间的精英层进行监督，以此达到整个权力架构的均衡。但如果以“算钱”的角度来说，则你会得出一个截然不同结论：从成本角度说，收买数量较少的中间阶层，由他们代为管理民众，显然要比“收买”民众的成本要低得多。而进一步说，尽可能控制这些支持者中“核心成员”的数量，同时保有一部分外围“候补成员”，则可以进一步降低成本，同时给“核心成员”以压力，以保证其忠诚度。于是乎，我们便看到了四大家族，看到了国民党内派系林立相互倾轧。这既是国民党政权的弊端，可又是它能得以存在的保障。如此我们也就可以理解为什么1948 年国民党政权的存亡已在旦夕之间，而蒋经国在上海的铁腕“打虎”不过 70 天就无果而终。不仅对于中间精英层如此，对待基层依旧如此——将基层管理“承包”给地方豪强从成本核算上说同样是合算的，蒋介石在其所著的《中国之命运》中便对“绅宗自治”夸赞有加。如此当时的中国基层就形成了“包税制”，即国家力量不接触基层，而把管理权交给地方豪强，上级管理者只负责定时定量向基层管理者收取税款，这本质上就是一种权力的“承包制”，承包工厂是为了赚钱，承包权力自然也不会例外，在定量上缴数额之外，多收一块，自己便多拿一块，由此往下想，基层平民的境遇也就可想而知。由上至下层层“承包”，也就意味着即便只考虑国家运作的正常财政需求，最初的所需数额在这个过程中也会层层加码，最终重重地压在老百姓身上，并将他们推到自己的对立面去。

如前文所说，20 世纪初是左翼思潮席卷全球的年代，当时比利时国王利奥波德二世甚至早于美国半个世纪允许工人用罢工权，经济上强调国家意志主导和财富均衡分配并非只是苏联的专利，美、意、德、日、法、英等国其实都在搞，无非是步子迈得早点晚点、大点小点的区别。北伐时代的秉承新三民主义的国民党，其经济思维基本也是这个框架的影响下。所以国民党才会接受到苏联的大部分援助，同时才会在苏联的牵头下实现第一次国共合作——共产党人加入国民党，对其最大的作用就在于强化了国民党的基层组织能力。“4·12事变”之后，国民党不光屠杀了大量共产党员，也干掉了自己超过百分之八十的基层组织[1]。而从经济思维角度说，蜕变后的国民党政权的思路便走到了上面那个模式上来，而这和当时全世界的总体潮流完全是相悖的。

1930年以后，随着北方战事的逐步平定，民国进入到了平稳建设的所谓“黄金十年”。本着“收益最大化”的原则，南京国民政府的经济精英们把绝大部分资本都投入到了东部沿海一线。而对于国家根本的中西部特别是农村地区却少有顾及，这就又丧失了一个强化国家政权控制力的机会。而自甲午战败之后，中国东部早可以说是“有海无防”，从战略安全角度说，这就像一个人的心脏长在身体外面一样危险。1937年日本侵华战争全面爆发之后，日本人曾叫嚣“三个月灭亡中国”。当时“灭亡”所指的就是中国的工业基础和经济命脉，而这些当时又都集中于沿海的那么几个地方，所以说日本人的这个“海口”夸的其实没有人们想象的那么大。1937年8月一场淞沪会战，国民党“黄金十年”的成果便损失殆尽（当时大部分工业设施都未来得及迁走）。

而宋子文那句“外国进口的盘尼西林（青霉素）用都用不完，中国何必要自己生产？”说到底这就是一种“算钱不算人”、“算钱不算国”的思维模式。

1948年8月19日，国民党政府为了维持战争开销，开始发行金圆券，强行兑换老百姓手中的金银外汇，结果“尽收天下之财，皆失天下人心”，随着金圆券无节制的滥印，国统区物价飞涨，国家信用体系实质上已经宣告破产。

---

[1] 从这一点看，国民政府根本不可能破除包税制。

在同一年的12月，中国人民银行在石家庄开始发行人民币，当时人民币不与金银本位制挂钩，也不与任何国家的外汇挂钩，而以人民政权的信用为担保。而在此之前，1948年4月30日至5月7日中共中央书记处扩大会议（即城南庄会议）在河北省阜平县城南庄召开。会议的议题归结起来就是毛泽东主席提出的那句著名的口号：“军队向前进，生产长一寸，加强纪律性，革命无不胜”。而这其中的“加强纪律性”，实质主要是指强化财政纪律，适度缩小地方政府权力。而这可以看做是为人民币发行在做前期准备——强化财政管理，减少财政赤字才能尽可能避免倒逼造成货币滥发，如此人民币的币值才能保证稳定。到战争后期，由于人民币事实上是和粮食挂钩的，且币值较为稳定，为了吃饭，众多国民党地方政府都必须储备人民币。战场上决战已经展开，而在金融上，胜负早已分晓。后来所谓“共产党军事上一百分，政治上八十分，经济上零分”，说这话的人对经济的理解恐怕才是真正的“零分”——精其术，却不得其道。不是零分，又能是什么呢？

# 日本战后经济崛起

可能和很多人的印象不一致，第二次世界大战刚结束时的日本并非是“一穷二白”了，它的工业底子还是保留了很大一部分的，更重要的是还保留着庞大的产业工人群体和社会动员体系，这是国家工业化的种子。不过当时的日本的确是经历了很长时间的经济萧条期，这主要是由于日本自甲午战争开始形成的殖民地经济体系完全崩溃了——原材料与农产品来源地随着战败被剥离掉了。

美国最初曾有把日本改造成一个农业国的想法，果真实现的话，今天的日本经济充其量也就是新西兰或澳大利亚的水平。但是，后面的历史显然没有随着美国的愿望而发展，因为冷战开始了。为了在远东地区应对苏联和中国，美国不得不选择重新武装日本，使其重新工业化，于是就有了“道奇路线”[1]，这是战后日本经济得以重启的根本原因。我们常常提到的朝鲜战争的因素，起到的其实只是一个“激活”的作用。

美国不但给日本人松了绑，在资金技术上还加以扶持，连日本的国土防卫也用驻日的方式由美军代劳了——在很长一段时间里，美国政府其实一直希望日本人加大国防上的投入，以减轻美国的负担，但日本政府就是不干。有了这样一个合适的大气候，日本先前留下的“工业化种子”很顺利地就开

[1] 早在1945年日本还没有签署无条件投降书的时候，美国在美苏冷战迅速激化和共产主义红色政权的迅速扩张的压力下，认为有必要在亚洲建立一个基地，以遏制红色政权的发展，所以在东京大审判过程中，美国就做好了与日本合作的计划，开始准备战后扶持日本，这个计划在经济上的直接表现就是著名的“道奇路线”。

始“生根发芽、茁壮成长”了。1956 年“神武景气”的到来，正式标志着日本战后经济开始腾飞。这里还要说一句题外话，某些媒体经常会拿 20 世纪 50 年代的中国和日本加以比较，说当时中日经济相差无几，而后人家日本却开始腾飞了云云。问题是这个所谓的“相差无几”仅仅是指几个纸面数据，实质上日本战后留下的现成的各类设施、产业工人、组织体制等等都是中国从未具备过的，是需要那时的共产党白手起家去建立的，而那时日本所处的外部环境也是中国无法比拟的——中苏关系破裂后中国要举国勒紧裤腰带还苏联的债，而日本对华的战争赔款，美国政府一施压，退到台湾的国民党当局就宣布放弃了[1]。

言归正题。凭借已有的底子和优良的外部环境，从 1956 年开始一直到 1973 年第一次石油危机爆发之前，日本经济以年均 9.8% 的速度连续 19 年高速增长。1955 年日本 GDP 为美国的 6%，联邦德国的 56%，到 1966 年就超过了英国，1967 年超过法国，1968 年超过联邦德国——从那年开始一直到 2009 年，日本的 GDP 一直居于世界第二。

不仅仅是经济总量在增长，在劳动生产率上，1951 年到 1979 年法国与联邦德国劳动生产率年均增长是 4.5%，美国是 3.2%，而日本高达 8.9%。这个数据背后反映的是一国在技术上的进步程度——在 20 世纪 80 年代之前，日本一共用了 15 亿美元就从欧美获得了如果自行从头研究需要花费 1 500 亿至 1 800 亿美元的技术，这同样得益于冷战，对如今的中国而言，这种好事是想都不要想的。

除了基础和外部环境这两个“硬件”之外，日本的经济腾飞还得益于其“软件”。在大批引进国外技术的同时，日本政府针对外国的同类工业品建立了极为森严的非关税贸易壁垒——也就是说，不再通过税收等经济途径间接限制外国商品，而是直接动用行政或法律手段。在经济体制方面，

---

[1] 日本对华战争赔款和外蒙“独立”原理上差不多，之前回旋余地都已经被国民党政府给弄没了，两盘死棋到中共手里后，前一个换来了日本对华无息贷款，后一个则促成了苏军撤出东北。

日本经济其实搞的是一种“举国体制”，在效果上和社会主义国家搞的国家资本主义是比较接近的——都是“全国一盘棋”，资本家们在政府的协调下抱团去和欧美“鬼畜”们竞争。在技术领域，还可以集中力量在重点方向搞攻坚。当然在具体机理上两者是完全不同的，日本的举国体制是通过大公司间交叉持股以及公司和银行交叉持股来实现的，这等于把资本家们的利益连到了一块，一损俱损，一荣俱荣。

除此之外，在生产组织中日本搞起了“有日本特色的资本主义”——逐步在企业里建立终身雇佣、年功序列与企业工会三项制度，亦成为“三神器”。这三项制度加上成熟完备的福利体系最大限度地维护了工人的利益，在保障了社会稳定的同时，也极大地调动了工人的生产积极性。在笔者看来，日本或许应该算是最“像”社会主义国家的资本主义国家。而之所以会这样，一方面是由日本所处的地缘政治环境决定的——它正好处在社会主义阵营和资本主义阵营的交界处，挨着苏联和中国两大社会主义“辐射源”，再加上大批在华的战犯被改造后重新回到日本，一里一外使得当时的日本社会“向左偏”的趋势可能还要大于欧美，譬如日本前首相菅直人就是日本红卫兵出身，《机器猫》的作者之一藤子不二雄也是日本著名的左翼，除了《机器猫》之外他还有另一部在日本很有名的漫画作品《毛泽东传》。那个时候左翼青年们举着毛主席的画像上东京大街上游行并不是什么新鲜事，当时留下来的照片里要是背景里没有日文，一不留神就会当成是在中国拍的。换句话说，这种“有日本特色的资本主义”出现的原动力来自于左翼政治力量的斗争，这和美国罗斯福新政产生的背景是一样的。

另一方面，从历史渊源上说打明治维新之后日本的经济发展其实就一直有着浓厚的国家资本主义的味道，非常强调整体性和计划性——不这样的话，让一群“散户”资本家自个去和西方老牌帝国主义竞争，那不出一个回合，要么被“市场规律”淘汰掉，要么就得被人家收编成买办。都说日本人善于学习他人，在经济运营模式上当时日本的学习对象一个是普鲁士（联邦德国），另一个就是苏联，他们的经济发展模式和苏联一样，都是走的重工业先行，有余力后轻工业跟进的路子。日本战后前首相岸信介以

**日本战后经济的崛起**

日本二战后在一片废墟上发展为世界第二经济大国，被视为经济奇迹。然而“奇迹”也只能是建立在客观条件的基础之上的，而这些条件中有一些则是日本所无法左右的，这就决定了它后面的宿命。

反共著称，但他却又是这套“苏式”经济模式的主要倡导者——侵华战争时期岸信介曾负责伪满洲（东三省）的经济[1]，他的主张曾一度让同在伪满的东条英机怀疑岸信介是“赤化分子”，并下令叫关东军特务机关特别留神这个家伙，而从日本的角度说，岸信介当时在伪满的经营确实比较成功，这一点从后来东北成为新中国工业摇篮也能看出来。这是题外话。

把日本经济的崛起（而非日本的崛起）放到同一时期的世界大格局里来看，这其实是欧美国家产业输出的结果。资本越来越国际化，各个国家在分工体系里开始变得日趋专业化，欧美国家开始主攻“钱生钱”的虚拟经济，把实物生产这种脏活累活都抛给日本人去干了，这是这套资本主义

[1] 这也是岸信介位列甲级战犯的原因。

经济体系发展的必然结果。但这说的是大势，在具体的时间，对具体的人或集团而言，这个过程并不一定是一件轻松的事情。这种产业转移是金融资本所乐于见到的，但对当时欧美制造业的从业者来说则是一场灾难。

后来到了20世纪六七十年代美国正处于战略收缩阶段，由此不得不进一步放松对日本经济的压制，以此为契机日本先是实现了对美国的贸易平衡，进而在80年代彻底在美国本土击垮了美国的家电业，正式对美国建立起了出口优势。到1986年日本泡沫经济开始前，日本在家电、汽车和半导体生产领域都在世界市场上获得了有利地位，当时日本的GDP占世界总额的15.3%，相当于美国的一半，超过了欧洲第一、第二经济大国——联邦德国与法国的总和。至1983年，日本在当时决定未来产业发展方向的159项技术领域中，同时领先于美国和欧洲的有39项，与美国相当的有38项，落后于美国与西欧的技术仅为19项。当时世界十大银行中有八家是日本银行——其中前三位都是日本的。世界五百强企业中日本企业占了244家，比如住友、三菱、丰田、松下、索尼、全日空、新日铁、新干线等都是世人皆知的。从尖端的特种钢、特种材料、半导体、大型电子计算机到传统的汽车、轮船、钢铁、电子产品、精密化工产品，到处都是日本制造的天下。光看经济指标的话，超越美国在当时的日本人眼里确实是一个可望亦可及的目标，石原慎太郎的《日本可以说不》就是在那个背景下写出来的。

在日本产品的冲击下，美国制造业不断地丢城失地（当然这里面也有美国奉行强势美元政策的因素），大批产业工人丢掉了工作，更多的人则是人心惶惶，议论着即将来收购自己公司的日本新老板。美国乃至整个西方舆论一片哗然，他们把日本再崛起看做是“第二次偷袭珍珠港”。美国国会议员公开骂日本人是“可耻的剽窃者”，高呼“爱美国就要买美国货”，甚至还当着电视新闻记者面当众砸毁日本汽车以示决心。那一时期西方国家不少文艺作品里都有嘲讽日本人的桥段——就像早先时候嘲讽犹太人那样。笔者印象比较深的是路易·德·菲奈斯主演的《夫妻市长》，里面的日本人具备了西方人眼中所有的关键词——剽窃、诈骗、偷窃等等，但是路易·德·菲奈斯扮演的市长兼资本家还得把他们奉为上宾，因为日本人有钱

（购买力）。当时欧美国家看待日本基本上就是这样一个心态——非常不甘心，但还非常无奈。如今他们看待中国同样还是这种心态，而且是有过之而无不及。

# 经略中东

对于亚欧大陆而言，中东地区既是重要的能源基地，同时还是连接亚洲、欧洲及非洲的咽喉要地。这一地区能否形成完整独立的、不受制于他人的经济体，首先取决于中亚至西亚一线掌握在谁的手里。某种程度上可以这样说——得中东则得亚欧大陆，得亚欧大陆则得全球。

# 得中东者得天下

提到中东，多数人都会很自然地联想到一样东西——石油。这是现代工业体系和军事体系都不可或缺的战略资源，任何关于经济的乐观估计，都必然是建立在石油供应不出问题的假设之上的；而随着人口的不断增加以及人们对口腹之欲要求的不断提高，土地的自身肥力已经难以持续支撑人们对粮食种植的需求，化肥成了保证粮食产量的必需之物，而化肥的生产同样有赖于石化工业——20 世纪 60 年代铁人王进喜带队去东北荒原参加石油大会战时对工人说：只要找到石油，全国人民就不会再挨饿了。说的就是这个问题。

然而和其他化石燃料相比，石油的生成对地质条件的要求却异常的苛刻，因而它在这颗星球上的分布非常不均匀。连接亚非两块大陆的那片中间区域恰恰近乎完美地具备了生成石油的一切地质条件，不光储量丰富，而且开采成本极低。这里拥有全球原油探明储量的三分之二，科威特的面积和北京市差不多，可它的石油探明储量和全中国相当。在俄罗斯冻土区域同样有着丰富的石油资源，按照 2005 年的数据，生产成本每桶约为 20 美元，而同期中东沙漠地区只要 5~7 美元，近海地区也不过 25~30 美元。

中东地区的价值还远不止于此。要知道，在人们尚不知石油为何物的古代，这里就早已成为一片繁华、富庶之地了。从地缘上说，中东是连接欧亚两大文明体系最便捷的陆上通道。在历史上，阿拉伯商人们把香料、昆仑奴贩运到中土，再将中国的丝绸、茶叶转手销售到欧洲去，由此赚取了大量的财富，顺便也保留了大量古希腊的典籍，为后来欧洲的文艺复兴提供了种子。奥斯曼帝国崛起以后，最终吞并了整个中东地区，开始对过往的商旅征收超高额的过路费，丝绸之路由此被阻断，这才逼着欧洲人去海上另寻商路，结果弄出一个大航海时代。但西方世界对中东的念想却从未断过。

第一次世界大战期间，为了再次打通东西之间的陆路通道，英国和俄国开始插手奥斯曼帝国统治下的中东地区，英国人许诺帮助阿拉伯人建立自己的国家，这最终导致了奥斯曼帝国的土崩瓦解，土耳其人的疆域退回到了原先起家的小亚细亚半岛。直至 1919 年，由穆斯塔法·凯末尔（凯末尔·阿塔图尔克）领导的民族抗战运动，击退外国势力，方才阻止了国家的进一步崩溃。电影《阿拉伯的劳伦斯》就是以这段历史为背景的。至此，中东地区沦为了英国的势力范围。美国人则按照利益均沾的原则，在中东地区以合资、参股的形式依附于英国的石油公司，从而分得一杯羹。

战后，中东地区成为美国从英国手中接管的第一笔“财产”，而最初替美国人打开局面的却是苏联人：1945 年，为了获得达达尼尔海峡控制权，以打通到达西欧的海上石油通道，苏联政府照会土耳其，要求废除 1925 年苏土两国的中立及互不侵犯条约，重新分割海峡的控制权；1946 年，为了获得与阿塞拜疆接壤的伊朗北部地区的石油开采权，苏联拒绝按时从伊朗撤军。

这两件事情最早给了美国直接插手中东的机会。1945 年，苏联政府向土耳其提出共管黑海海峡和割让卡尔斯 - 阿尔达罕地区的要求，遭到土耳其拒绝后，苏联在苏土边境集结兵力，土、苏关系开始趋于紧张，土耳其的国家安全面临着严重威胁，而这为美国人创造了机会。很快，美国对苏联的这一举动便有了回应：1946 年 3 月 12 日，美国总统杜鲁门在国会发表演说时宣称，为了遏制苏联“共产主义颠覆”的威胁，应向土耳其和希腊提供大规模的军事和经济援助。由于国力枯竭，原先控制中东的英国此时已经无力再继续援助和苏联对峙的希腊、土耳其两国。1947 年的 3 月，美国开始向希、土两国提供援助，这也就等于从英国人手里“接手”了这一地区的控制权。1947 年 7 月，美、土签订关于美国援助土耳其的协定，美国向土耳其提供 1 亿美元的援助，紧接着美国军事代表团抵达土耳其，改组并控制了土耳其军队，攫取了海、空军基地。这样，美国的势力渗透到土耳其，实现了把土耳其纳入美国的全球战略体系的目标。

而在更早一些的1946年1月，因为和纳粹有勾结而本已被英、苏两国废黜的伊朗礼萨王室，在美国的支持下将苏联拒绝撤兵伊朗的问题提交到了联合国，最终迫使苏联无法染指伊朗北部的石油资源，巴列维国王借此重新上台。紧接着，礼萨 巴列维国王在1949年、1953年接连发动两场“保守主义政变”，逮捕了首相摩萨台，完全控制了伊朗的军政权力。这之后，包括美金和美式武器装备在内的各式“美援”便随之滚滚而来，作为回报，原本被收归国有的石油公司又重新归还给了“外商”。

就地缘因素而言：土耳其地跨欧亚两洲，其欧洲部分位于巴尔干半岛的东南部，亚洲部分位于小亚细亚半岛，是欧洲进出亚洲的咽喉，而土境内

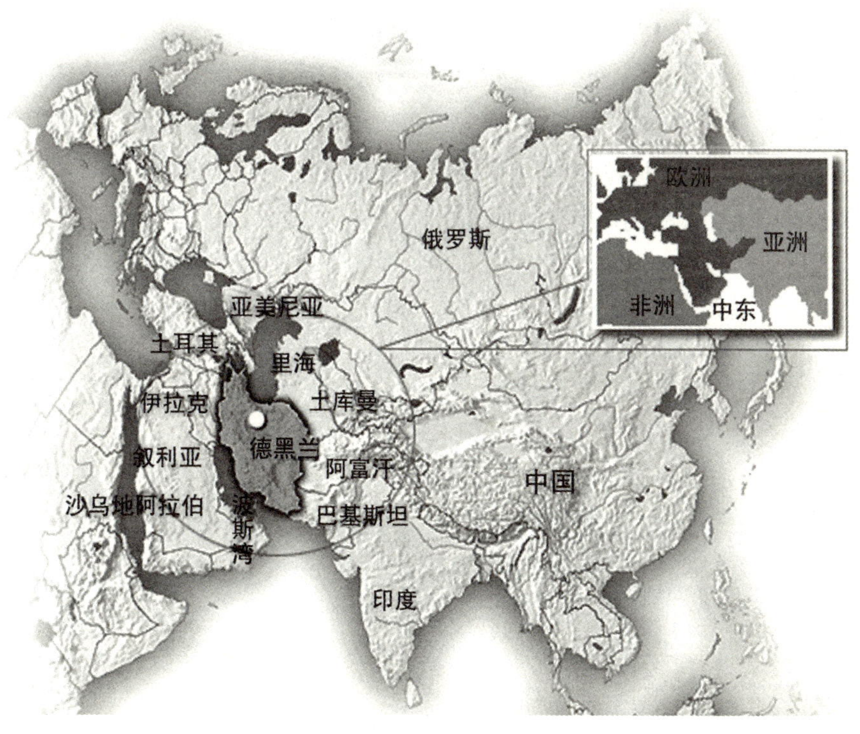


中东地区的战略位置

的博斯普鲁斯海峡和达达尼尔海峡则扼着黑海和地中海通道的咽喉；伊朗高原，或者称波斯高原，则像一个楔子一样，夹在阿拉伯板块和印度板块之间，站在高原上环视四周——西边以扎格洛斯山脉俯视富裕的两河平原，北边以里海和科佩特达格山脉俯视中亚草原，南边是阿拉伯海和波斯湾，东边则连接上兴都库什山脉延伸到喜马拉雅山脉。美国人把手伸到这两个地方，就可以随时掐断西欧与东方的联系，同时可以对苏联的西南方向形成严重威胁，即便是航程较短的战术飞机，从土耳其的机场起飞，理论上也可以轰炸苏联的高加索地区以及乌拉尔工业区。

到了1953年，美国又进一步提出了“杜勒斯计划”，即在中东组建“北层防御集团”，由与苏联为邻的伊朗、土耳其、阿富汗和接近苏联的伊拉克和巴基斯坦组成军事联盟；西方国家和“北层防御集团”诸国分别开展军事援助协定，通过这种双边军事协定，控制“北层防御集团”的武装力量；这之后，再由“北层防御集团”诸国与中东其他国家签订双边军事协定，进一步形成中东军事集团——即1955年成立的巴格达条约组织。巴格达条约组织（后改为中央条约组织）作为中东的一个区域性军事集团，它将北约和东南亚条约组织这两个军事联盟紧密地连接在一起，形成了针对苏联和其他社会主义国家的环形大包围圈。

# 巴以棋局

美国在中东至此算是完成了“登陆”，后续的扩张随之展开。1947 年 11 月 29 日，联大通过决议：终止英国对巴勒斯坦的“托管”，对这一地区进行划分，分别建立以色列和巴勒斯坦两个国家。所谓的“终止英国托管”，其实就是终止英国对此处的控制。

最初，在巴勒斯坦建国问题上有两种方案（当时阿拉伯联盟自己也搞过一套方案，但声音太小，没起到什么影响）：英国主张，由回归的犹太人和阿拉伯人共同组建一个联邦制国——从历史角度说，犹太人原本就是长期和阿拉伯共同生活在一起，彼此也相安无事，所以这套方案是合理的。从英国人的角度说，这样最有利于中东的稳定，也就意味着能最大限度地保住自己在这一地区的利益；美国的方案则是让犹太人和阿拉伯人分别建国，这在历史上是从未出现过的，一旦这么搞，因为土地分配问题中东必然会乱。然而最终通过的是美国的那套“不合理”的方案，原因无他，实力使然。

占巴勒斯坦地区总人口不到 11% 的犹太人最终却分得了这里 59% 的土地！这就注定了以色列自建国伊始，就肯定是美国先天而生的“盟友”。1948 年 5 月 14 日，也就是以色列宣布建国的第二天，愤怒的阿拉伯联盟军队便向以色列发起进攻，第一次中东战争爆发了。综观战争初期的形势，阿拉伯国家处于十分有利的地位，以色列刚刚建国，正处于一穷二白的状态，以军在阿军的攻势下节节败退，以军将领惊呼“以色列军队无法抵挡阿拉伯国家军队的进攻，全军已处于崩溃边缘”。为扭转战局，以色列总理本古立安急电以色列驻联合国代表埃班说：“以色列急需几周的时间来重新组织和装备军队，以色列需要立即停火。”

5 月 17 日，开战后的第三天，以色列的要求得到了满足，美国代表向联合国安理会递交了议案，建议安理会命令战争双方在 36 小时内停火。苏联代表支持了这一提案，要求安理会立即表决，并指责阿拉伯国家发动进攻，要求它们停止行动。之所以如此，一来是苏联尚对与西方合作存有一丝希望，二来驱逐英国的势力，让中东乱起来同样也会给苏联带来插手这一地区的机会。不甘心失去中东的英国则极力反对美国的建议，并声称继续给予阿拉伯国家援助。但不久，英国又同意了美国的建议，并撤走了阿拉伯军团的英国军官，停止向埃及、伊拉克、外约旦提供武器。——对于“百废待兴”的英国，获得美元才是最紧要的问题，其他的问题，都只能“服从大局”了。

阿拉伯国家被迫同意停火四周，这期间，以色列被美国重新武装了起来。最终，这四周时间使阿拉伯人转胜为败，战争以一种令美国人和以色列人都满意的方式结束了。除加沙和约旦河西岸部分地区外，以色列占领了巴勒斯坦 80% 的土地，共计 2 万多平方公里，比联合国分治决议规定的面积又多了 6 700 多平方公里。而巴勒斯坦国的建立永远停留在了纸面上，96 万巴勒斯坦人沦为难民。英国在战争中态度的前后不一，也使得它在阿拉伯国家中的影响力大为削弱。这以后，巴、以和平问题便被成功地制造了出来，冲突、和谈、再冲突、再和谈……在一届又一届美国政府的反复张弛之下一直延续至今，只是各种协议、路线图在不断翻新花样。

# 二次中东战争

1952年7月，以加麦尔·阿卜杜拉·纳塞尔为首的“自由军官组织”发动军事政变，推翻了英国扶植的法鲁克王朝，废除了君主制。1953年6月，建立了共和国。从1953年3月起，埃及新政府和英国就英军撤出苏伊士运河等问题开始进行谈判。1954年10月，双方签订协定，英国同意分批从苏伊士运河撤军，1956年6月之前英军全部撤离埃及。1956年7月26日，纳赛尔总统宣布将苏伊士运河公司收归国有。[1]

埃及的这一行为触动了西欧的“核心利益”，失去了苏伊士运河，西欧的海军就失去了从地中海到达东方最便捷的通道，这就意味着将无法在亚非等地形成有效控制。10月29日，英、法两国为了夺回运河，联合以色列军事入侵埃及，由此挑起了第二次中东战争。

苏伊士运河危机同样给了苏联插手中东的机会：在1955~1956年间，苏联和埃及关系密切了起来，苏联政府开始向埃及提供军事援助。1956年8月苏共中央作出决议，强调“将在解决中东问题上起积极作用”。第二次中东战争爆发后，苏联政府随即发出最后通牒，表示如果英法不立即撤军，苏联“将采取必要的军事行动”支援埃及。有意思的是，当时作为盟友的

[1] 当时纳赛尔政府提出的对苏伊士运河的主权要求其实是非常有限的。埃及方面的要求只是介入运河管理，并允许埃及在靠近红海一侧的港口有驻军权力。在此之前，英埃之间旧有的条约规定除了英国以外的所有军舰，在这个港口停泊必须由英国人批准，这显然是极度不平等的。所以英国人在此事件中除了丢掉帝国主义的面子，实际损失不大。在第二次中东战争结束后，埃及人收回的权力事实上是很有限的，但英法在战争中却失去了对中东的支配权，对它们来说，这场战争是极其得不偿失的。

美国也对英法的军事行动提出抗议。显然，美国人也不欢迎英法两国继续呆在这里。在苏美两国的压力之下，最终在 11 月 6 日，入侵者不得不宣布停火。同年 12 月，英、法军队便早早撤出了埃及——以军撤出西奈是在次年的 3 月。这标志着英国人已经彻底地失去了中东。除此之外，第二次中东战争还让美国获得了一个非常有用的结论：以军可以在几个小时内占领苏伊士运河北岸的西奈半岛，进而控制这条世界运输动脉，这一点使得以色列在日后美国的中东战略中占据了核心的位置，而这又使得以色列慢慢有了反过来影响美国高层决策的能力，这是后话。

前两场中东战争，战火烧在中东，而真正心痛的其实是英法。后来西欧乐于接纳“巴解”之类的阿拉伯组织，也正是缘于这个原因。

# 朝鲜战争

“二战”结束后，旧有的国际格局被彻底击碎，随之终结的还包括西欧的殖民地经济模式，美苏忙着接收西欧的势力范围，一个新的国际大格局慢慢地成形了。

而在这个过程中，中国共产党在短短三年内击败国民党，并在1949年成立了新中国，这彻底打破了美苏对远东格局的最初设想。由此构成了朝鲜战争爆发的大背景，而在“三八线”上朝鲜南北两边的交战，则更像是历史上的一些偶然因素。朝鲜战争始于中共的“出人意料”，而其结局对世人而言同样是“出人意料”的。中国人民和中国共产党在朝鲜半岛的胜利，不只是改变了远东地区的格局，整个世界的格局也因此而随之改变了。同时世人也由此知道了，后面的历史将不再仅仅是由美苏两个超级大国来书写的。

# 缘起

1948年11月6日，华东野战军按计划于当天夜间发起淮海战役，各部队向预定目标开进，发现国军正在收缩，当即转入追击。而黄百韬第7兵团由于一系列匪夷所思的错误，一直拖延至7日才开始按照国民党参谋部的计划向西撤离。粟裕随即抓住这个稍瞬即逝的时机，迅速歼灭负责殿后的国民党第7兵团第63军、第100军83师。11月8日，防守运河一线的第3绥靖区四分之三以上官兵，在中共地下党员、绥靖区副司令官何基沣、张克侠率领下起义，黄兵团最终在11日被华野围困在了狭小的碾庄地区……

也正是在这关键性的几天，在位于西柏坡的窑洞中，毛泽东作出了一个战略性的抉择，根据华野总前委的意见，将战役范围由原计划的两淮（淮阴淮安）和海州，扩大到淮河下游、黄海之滨的广大地区，以一战聚歼国民党军主力于长江以北。这就是军史界众所周知的“小淮海”到“大淮海”。

就在决定被作出的这一刻，整个世界接下来的历史都被改写了。淮海战役结束之后，军事上国民党军主力尽失，江南地区多数都只剩临时征调的乌合之众，解放军在质量和数量上都已占据优势；地缘上解放军在江淮以北站稳了脚跟，国民党军虽然数量庞大，但被动防守，沿江布防，军队的密度被长江大大稀释，而越过长江之后，作为国民党政权根基的东南地区便再无地理屏障可以依托；经济上，为了应付战事带来的开支，国统区滥发金圆券导致物价飞涨，国民党政府的货币信用彻底破产，而1948年12月，第一套人民币开始在石家庄发行，由于人民币实行与粮食挂钩，且币值稳定，众多国民党地方政府都纷纷储备，国民党政权在金融领域也已完败。由此引发的一系列连锁反应，使得最初估计应该在50年代初结束的解放战争仅用了三年时间就基本结束了。

在此同时，随着二战的结束，过去由英法等传统列强主导的国际格局也随之宣告土崩瓦解。从这个角度来说，第二次世界大战中一个国家实际上的胜败不能仅仅去看它分属哪个阵营。德、日在战场上彻底失败了，它们的国家工业体系也遭到彻底破坏，更重要的是，它们在战后受到了新国际关系结构的约束，本土又有战胜国驻军，德国连国土都被一分为二，国家的政治、外交、国防、经济受到限制，说它们失败是很好理解的。而英、法两国，虽然在战争中免于亡国，国家主权得到了基本的保障，但是在新的国际格局中，原来以欧洲为中心，围绕殖民地的利益分配体系被美国、苏联所各自主导的新体系取代，无论是靠向美国的西欧国家还是靠向苏联的东欧国家，在新的体系中都仅仅是居于从属位置，过去由英、法所控制的中东、印支等地区全部成为了美、苏的势力范围，从这个层面考虑，说英、法是战胜国是比较勉强的。

以此来推而广之，最初中国的那个“战胜国”名头也着实虚得很，而且要比英、法两国更惨。当时国民政府在经济、国防和国际政治上全都受制于美国，以中国海关来说，“中国”二字不过代表一个地理意义而已，实际控制权掌握在美国人手中。不但如此，如军警宪特这类强力部门，也都在政府这条线之外，单独和美国人保持有直接联系，仅从此说那时中国大部分地区就可以视作是美国的势力范围；东北地区此时则正由苏军占领[1]，新疆地区同

---

[1] 1945年之后，国民党政府看似废除了众多之前与列强签署的不平等条约，然而如前所述，“二战”结束初期的历史在很大程度上就是一段美苏接手西欧国家势力范围的历史，这一点在当时的中国同样也不例外。当时的中国空顶着一个“联合国五大常任理事国”的名头，而实际又是什么样的呢？此处先来说中苏之间。1945年 8月，国民党政府与苏联签署了《中苏友好同盟条约》及其《关于中国长春铁路之协定》、《关于大连之协定》、《关于旅顺口之协定》、《关于中苏此次共同对日作战苏联军队进入东三省后苏联军总司令与中国行政当局关系之协定》附件。

样处于苏联的影响之下，那时迪化（现在的乌鲁木齐）的学校教材都是苏联的，提到“首都”这个概念，孩子们想到的是莫斯科而不是南京。而从历史上来看，苏联（沙俄）对中国东北地区以及新疆地区的觊觎是由来已久——可以追溯到彼得大帝时代，当初俄国为了攫取东北地区最终引发了日俄战争，而这恰恰是十月革命最直接的导火索。二战爆发之前之所以苏联一直未有太大的动静，从地缘角度说，是因为在东北方向有日本的势力作为制衡，在新疆（中亚）方向有英国的势力作为制衡，如今这两个国家一个战败一个元气大伤成了半残废，那么接下来会发生什么也就不难想象了。

除此之外，英国人也并不安分。英国人不光控制着香港地区，随着他

---

在《中苏友好同盟条约》中的“兹因外蒙古人民一再表示其独立之愿望，中国政府声明于日本战败后，如外蒙古之公民投票证实此项愿望，中国政府当承认外蒙古之独立，即以其现在之边界为边界”承认了外蒙古的独立。

不仅如此，《关于中国长春铁路之协定》中包含如下条款：“一、满洲里至绥芬河由哈尔滨至大连旅顺之干线合并成为中国长春铁路，应归‘中华民国’及苏维埃社会主义共和国联邦共同所有，并共同经营。……十、上开铁路仅得于对日本作战时期供运输苏联军队之用，苏联政府有权在上开铁路用加封车辆运输过境之军需品，免除海关查验……十一、经上开铁路由一苏联车站至另一苏联车站过境运输，以及由苏联领土至大连旅顺二港口往返直运之货物，应免中国关税或其他任何捐税……十七、本协议期限为三十年……”在《关于大连之协定》中包含如下条款：“……为保证苏维埃社会主义共和国联邦对大连为其货物进出口之利益获得保障起见，‘中华民国’同意：……三、大连之行政权属于中国。港口主任由中国长春铁路局局长在苏籍人员中遴选于征得大连市长同意后派充之，港口副主任应照上开手续在华籍人员中遴选派充之。……五、由国外进入该自由港经中国长春铁路直运苏联领土之货物，与由苏联领土经上开铁路运经该自由港出口之货物或由苏联运入为该港港口设备所需之器材，均免除关税。以上货物均应用加封车辆运输。……六、本协议期限定为三十年……”

在《关于旅顺口之协定》中包含如下条款：“一、为加强中苏两国之安全以防止日本再事侵略起见，‘中华民国’政府同意两缔约国共同使用旅顺口为海军根据地。……五、该区域内之民事行政属于中国。中国政府，对于主要民政人员之委派，将顾及苏联在该区域内之利益。旅顺市主要民事行政人员之任免，由中国政府征得苏联军事指挥当局之同意为之。在该区域内之苏联军事指挥当局为保障安全与防卫起见向中国行政当局所作之建议，该行政当局予以实行；如有争议，则此类事件应提请中苏军事委员会审议决定之。……六、苏联政府在第二条所述之地区内，有权驻扎陆海空军，并决定其驻扎地点。……九、本协议期限定为三十年……”

仅这三个附件，就意味着“中华民国”政府如果继续存在下去就将白送给苏联一条铁路一个军港，外带一个旅顺市，而且一送就是三十年，而三十年之后早已形成既定事实，届时的结局也就不难想象了。

们从印度的撤离，除了在印巴之间预设了克什米尔问题之外，英国人在中印之间同样制造出了藏南问题，同时西藏噶厦政府在英国的策动下也蠢蠢欲动，伺机准备寻求独立。而法国在同一时期也作为美国人的“代理人”开始重回他们在东南亚的殖民地，如此一来中国西南地区的稳定性必将骤减——西方国家通过教会势力对中国西南地区进行渗透自清代就已有之。

可以说，抗战结束后，中国迎来的并非是一个新生，而是新一轮的危机——或许不会使得国家陷于彻底分裂，但绝对会叫这个国家有合无统，有名无实。资源丰富以及富有地缘战略价值的东北、西北、西南之地将尽数被他们控制，国民政府实际控制范围将被压缩在东部沿海地区，看似富庶，却既无矿产资源又无地理屏障，这样的环境下国府沦为他人的附庸也不过就是一个时间问题。这种环境下此前西方国家许诺的联合国常任理事、废除不平等条约[1]只能是一张张看着好看却吃不到嘴里的画饼。

当然，对于美、苏、英等国而言，这一切看着很美好，但也不是可以立马就能兑现的，他们都需要时间：在三大战役打得如火如荼的同时，美苏也正在地球的另一端斗得不可开交。辽沈战役正式开打的1948年9月，也恰是柏林危机进入高潮的时候——德国西占领区正忙着拟定新宪法为联邦德国建国做最后准备。差不多同一时期，在位于世界咽喉加油库的中东地区，巴以分治之后中东战争爆发，伊朗国内局势正处于波诡云谲的状态（1949年巴列维国王通过政变复辟君主制），这背后则分别是美英和美苏之间的斗争。

“8·15”抗战胜利之后，美苏两国都在尽力撮合国共和谈，并都更加倾向于国民政府，根源就在这里。两国都不想被远东的问题牵制太多，欧洲和西亚地区才是当时全球战略的首要之地。至于中国，自然是能拖得越久越好，拖到他们可以腾出手来。而这一系列如意算盘，都随着淮海战役的结束而成为了泡影，如此也就不难理解对比1943年的风光无限，宋美龄在1948年底第二次访美时碰的一鼻子灰了。

[1] 结果又签了以《中美友好通商条约》为代表的新的不平等条约。

# 东北亚的“三国演义”

时间回到1945年，美苏两国在朝鲜半岛的南北两侧分别接受日军投降，以三八线为界，划分了各种控制区域。这之后所发生的事情几乎就是两德分裂的东方翻版，美国人从上海把李承晚势力弄到了美占区，1948年4月在南朝鲜宣布建立“大韩民国”；苏联作为应对，在不久之后给北朝鲜松绑，在同年9月建立了“朝鲜民主主义共和国”。自韩国、朝鲜建国之后，两边就都宣称自己才是 朝鲜的“正统”，而对方仅仅是“窃取”了国家名器的“伪政府”，与自己不共戴天。三八线上，双方你来我往，摩擦、冲突时有发生——所以朝鲜战争事实上也就不存在什么“谁打了第一枪”的问题。南北两个政府都忙着整军备战，以图统一朝鲜半岛。而苏美两国则都对此不置可否，原因在上面已经提到了，他们的战略重心此时都在西方，因此南北两方虽然天天都在摩拳擦掌但都很难真有什么作为。

1949年中华人民共和国的“提前”成立，彻底改变了远东的战略格局。伴随着解放军势如破竹的南下攻势，此前美苏等国对中国大陆地区战略利益的种种期许至此全部宣告落空。从上文对美苏在华潜在势力范围的介绍不难看出，随着根基在长江以南的国民党政权的彻底瓦解，美国在中国大陆也就彻底失去了立足点，对中国政治层面的主权已然难以构成威胁。而在这种情况下，司徒雷登留在南京除了对中共的“示好”之外，另一个任务则是试探中共是否会继续继承国民党政府此前对美国的种种承诺，即向美国让度经济主权。如此中美之间自然就没什么好谈的了。而与此同时，苏联对中共的态度也在发生着改变——最初苏联对中共一直报以一种比较冷漠的态度且更乐于和国民党政府打交道，这自然是因为和“国府”之间极其实惠的《中苏友好同盟条约》；而随着国民党政府的溃退，为了远东安定从而使得自己可以继续专注于欧洲，苏联对中共的态度随之发生了180度的大转弯，成为了第一个承认新中国政府的外国政府。

对于新中国政府而言，建国之初中国继续在国际上得到政治、资金以及技术上的支持，需要以一个公平的身份参与国际贸易，而当时的环境给中国的选择并不多。美国已经无法选择，俄国在历史上确实掠去了中国大量领土，然而相对于美英等国，中苏之间的问题主要也就是领土问题而鲜有其他，因此中国的经济主权特别是货币主权相对来说更有保障。此外，苏联对于中国而言处于一个十分明显的强势地位，即便要解决领土问题，也只能以合作的方式。多重因素决定了对苏一边倒政策在当时是必然的。

1949年12月16日，毛泽东亲赴莫斯科访问，除了经济援助之外，领土问题便是此次出访的核心议题，中苏之间围绕东北、外蒙等一系列领土主权问题展开了拉锯战。中方利用英国、印度等英联邦国家将和中国建交的消息向苏联施压——苏联的要害在于它当时必须集中力量于西方，同时在外蒙问题上予以让步[1]，最终中苏在1950年废除原《中苏友好同盟条约》并订立新条约。新的《中苏友好同盟互助条约》在领土问题上规定“不迟于1952年底，苏联军队撤出旅顺海军基地”，由此恢复了中国政府在东北地区的主权。然而这一条约还是留了一个尾巴：苏联同意提前归还长春铁路，不过“在苏联的远东地区受到战争威胁的情况下”，苏联仍然可以“借中国长春铁路调动部队”。一句话“漫天要价，落地还钱”，新中国能够和苏联重新修订条约，如前所说很大程度是凭借“势”而不是自身的硬实力。此时新中国所面对的是携二战余威、风头正盛的苏联。而当时新中国全国钢产量只相当于2008年

---

[1] 必须指出的是，自清末开始俄国就在对外蒙进行渗透，之后苏联（俄国）一方步步为营，而中国则一直处于内忧外患之中，雅尔塔会议上罗斯福以出卖中国利益换得苏联出兵东北，至此外蒙独立事实上已经几成定局，之后1945年国民党政府被迫在法律上承认外蒙独立以后，外蒙问题留给中国人的回旋余地已经所剩无几。造成这个问题的原因无他，国力使然。

北京奥运会鸟巢体育场的用钢量。自1840年起百余年积贫积弱留下的窟窿，朝夕之间想补上，谈何容易。

也正是中苏新条约的签署彻底改变了朝鲜半岛的局势走向。直到1949年苏联还在反对金日成以军事手段统一朝鲜半岛。而到了1950年1月《中苏友好同盟互助条约》签订之后，斯大林首次表态“可以和金日成同志谈谈”，并表示“准备帮助他”。斯大林的考虑是：如果朝鲜胜利，则苏联在中国“丢失”的利益从朝鲜半岛找回来——仁川和釜山可以替代大连和旅顺港，且苏联可以通过朝鲜半岛，继续影响东北；而如果朝鲜失败，届时鉴于东北亚的紧张局势，中国将不得不请求苏联军队留驻旅顺港和大连，长春铁路也会根据条约实际上亦“失而复得”。不仅如此，从地缘上说朝鲜半岛是日本和亚洲大陆之间的跳板，中间不过一个对马海峡而已，假如朝鲜真能拿下整个朝鲜半岛，那么驻扎于日本的美军将失去一大块战略纵深，如此1945年苏联在日本没达到的利益没准就有机会找补回来[1]。最不济朝鲜的战事还可以牵制美国人在欧洲咄咄逼人的势头——北约刚刚在1949年成立。

最终，朝鲜战争爆发。朝鲜军队越过三八线后一路攻城掠地，韩国李承晚的军队节节败退，眼看就要被人民军赶下海了。而在9月15日至28日，也就是美军仁川登陆成功后，形势开始急转直下，人民军在腹背受敌的情况下很快被瓦解，开始向北溃退，朝鲜政府不得不下令征召全国所有16~45岁的男性投入战争。

迫于局势，朝方开始向外界求助。最初朝鲜首先想到的是苏联。但苏联却先由大使什特科夫“婉言拒绝”了朝鲜方面的请求。而后10月1日，斯大林回电朝方“请找中国同志相商”。当晚深夜，朝鲜方面与中国使馆联络，请求中国出兵朝鲜。从斯大林的战略考量上，也就不难理解为什么苏联对朝鲜的请求会如此冷淡——即使朝鲜兵败退到中国东北成立流亡政府，苏联也不吃亏，按照斯大林前面的谋划，苏军就可以继续留在东北。这种

---

[1] “8·15”日本战败后，美军抢先控制了北海道，从而使苏军失去了登陆点，无缘驻军日本本土。

中国人民解放军抗美援朝首先是保卫东北主权之战，是不得不参与的战斗。

局面下苏联自然不会在朝鲜投入多少资源。后来志愿军入朝作战初期苏联不愿提供空军支援，在装备援助问题也并不痛快[1]。

原本正在厉兵秣马准备解放台湾地区的中国政府，因美军于 1950 年 6 月 27 日进入中国台湾海峡，不得不将目光转投到朝鲜半岛。中国政府的底线是：美军不能越过三八线。此前斯大林和周恩来会谈时曾直言不讳地提出，“战事若继续恶化，朝鲜同志不妨将武器、物资等有组织、有计划地撤到东北，以便于重新进入朝鲜。最糟糕不过，金日成同志可到东北组织流亡政府”。这等于把他之前的算计明明白白说了出来。果真如此的话，则之前中国辛苦谈判取得的成果将要毁于一旦，在外蒙问题上的让步变得毫无意义，东北主权则得而复失。

最终，在苏联未派遣空军提供掩护的情况下，中国人民志愿军仍旧在 10 月 19 日入朝参战——朝鲜战争对中国而言，首先是保卫东北主权之战。

再来看看同时期的美国。1950 年 6 月 25 日，朝鲜人民军越过三八线。美国的第一反应不是向朝鲜宣战（6 月 30 日），而是由杜鲁门抛出“台湾地位未定”的宣言；同时美第七舰队入侵台湾海峡（6 月 27 日），阻止中国政府解放台湾地区。

美国政府同样有着自己的盘算，参与朝鲜战争首先自然是为了保证日本

[1] 给志愿军的武器多数都是要收钱的，只不过打了个对折，后来中国对苏债务大部分就是由此而来。

**东北亚三国演义**

这个远东棋子的安全，其次则可以重创中共的新生政权，以恢复自己在华利益。朝鲜半岛的任何事情最终都会影响中国东北地区的稳定，这是先天的地缘环境决定的，而从历史上看，一旦东北地区出了问题，北京则将面临无险可守的危局——所谓“势”并不一定需要动起来才有效果，一支枪杵在脑门前面，对方不扣扳机不等于说你就是安全的。当初中共刚刚建国，这也就是为什么蒋介石在台湾得知朝鲜战争爆发的消息后会异常兴奋的原因。而美国人最终没让国民党军参与朝鲜战争[1]，则是为了避免战争节奏不在美国人的控

[1] 蒋介石曾三次向杜鲁门提出派遣3.3万名国民党军参加朝鲜战争。

制之内——蒋的目的就是在于借助朝鲜战争让整个远东局势趋于混乱，从而反攻大陆，而美国人从来都只会叫别人给自己买单，何时会替他人做嫁衣？因此杜鲁门自然是不会放心让蒋军参与进来。

# 半岛与台海

朝鲜战争爆发的第二天，美国的第一反应不是让驻日美军驰援南朝鲜，而是让美第七舰队迅速地开进了台湾海峡，阻止解放军解放台湾。正是这个让人看不明白的举动造成了如今一个流传甚广的说法——中国因朝鲜战争失去了解放台湾的机会。

要搞清楚这个问题，必须从之后美国在远东的战略布局说起。除去中国大陆（具体说是青岛）之外，美国当时在东亚地区的驻军主要集中于日本和南朝鲜。日本由于有雄厚的工业基础成为了战后美国在远东地区最稳固的前进基地，无论是发动战争还是经济渗透，日本都足以支撑。而南朝鲜当时在美国的布局中主要是作为日本的“前哨”——防御时是肉盾，进攻时是跳板。

清楚了这一层，美国的反应也就好理解了。假如当时解放军解放了台湾，从美国人的角度看，台湾就很有可能为苏联所用。一旦如此，冲绳（琉球）将不稳，而一旦日本出了问题，被丢掉了，那么在朝鲜半岛的一切作为都将失去意义。

一旦上述情况出现，美国在第一岛链也就失去了立足之地，他的防线就只能向东撤到关岛。

简单地说，中国大陆解放之后，在美国的战略布局中，日、韩（南朝鲜）和台湾地区便成了互为掎角之势的关系，日本是大本营，韩、台是前哨。三个点彼此相连，一点动则其余两点都要受波及。这一问题一直延续至今，也就是说，朝鲜半岛问题、台湾问题以及《美日安保条约》，这三个问题始终都必须通盘考虑，最终也只能通盘解决。而对当时的美国人而言，朝鲜战争爆发后让第七舰队开入台湾海峡，就相当于发现着火后先把屋子里的煤气罐搬出去——先保证不会把半个楼炸飞了，然后再去灭火。让第七舰队封锁住台湾海峡，就是先把最坏的可能性排除掉。只有台湾地区安全，日本才安全；只有日本安全，美国在朝鲜半岛的投入才有意义。

也可以说，从解放战争胜利的那一刻开始，包括无法解放台湾地区在内的后面一系列连锁反应就已经不是中国自身可以控制的了。

# 非不为实不能——为何战争终于三八线

从前面关于地缘布局的描述中我们不难发现一个问题，假如美军被赶出朝鲜半岛，导致日本局势不稳的话，那么最终的东亚格局其实会更有利于中国，起码说中国在海上的活动空间不会像现实中那样被第一岛链压缩的仅剩近海的狭小空间。而至于朝鲜本身，只要将它与其他大国隔离开来，那么无论朝鲜未来与中国的关系如何发展，那终归都是一个小国与大国的关系。后来的越南战争便是如此，中国最大的成果是让美国人撤离了中南半岛，保障了西南腹地的安全。至于后来中越反目，与这个大战略相比其实并不是一个大问题，至少说无法左右国运。

然而历史是没有“如果”的。朝鲜战争爆发时西藏尚未解放，南部很多地区的战事尚未结束，很多地方还有占山为王的土匪和残存的国民党特务组织。

从经济上看，1950 年中国全国钢产量 61 万吨，同年美国是 8785 万吨，中国尚不及人家一个零头；1950 年中国工农业社会生产总值只有 683 亿（人民币新币），到 1953 年是 1241 亿，而抗美援朝使得当时中国的国防开支一度占到政府财政支出的百分之四十三。

这还只是账面上的问题。在战场上，由于志愿军空军的力量非常有限，所以无法完全保障地面部队后勤补给线的安全。在半岛北部，尚可借助多山地形来最大限度地抵消美军的空中优势。但在南部，在一马平川的地形下，如果缺少空中掩护，后果将是灾难性的。可以说，“三八线”其实也是志愿军后勤补给线能够延伸到的极限。在这种极有限的条件之下，中国在朝鲜半岛取得了最大限度的胜利。

# 资本意志

美国政治决策中的一条基本原则是："赢者通吃，在野者亦有利可图。"这条原则再进一步，就是国家要做一件事情，各个集团必须都有利可图，底线是不能有谁利益受损。在国家意志与资本意志之间，亦是如此。如果从几个方面判断，一件事情都有利可图，上下一心，这件事就可以推行下去；反之，则很难——大萧条时期罗斯福总统能以国家意志压制资本意志来调整经济模式是一个几乎不可重复的特例。

前面说到美国参与朝鲜战争的动机，都是从地缘政治或者说是国家意志角度来分析，这里不妨再从资本意志角度来看一下。美国经济在战后一度出现了产能过剩和产品过剩的问题。杜鲁门政府从 1947 年到 1951 年通过"马歇尔计划"，援助欧洲国家"复兴"，在控制受援国经济的同时，也为美国过剩的产能和产品提供了消费市场，受援国获得的美元贷款大部分都用来购买美国生产的食物和工业品，从而使美国的经济窘境得以暂时缓解。但这还不足以把美国在第二次世界大战中膨胀起来的工业产能和产品全部消化掉。白宫经济顾问委员会曾警告说："1949 年，世界有重新退回到 30 年代大萧条的可能。"1948 年 11 月至 1949 年 10 月，美国出现了历时十一个月的经济衰退，失业率高峰时曾达到 7.9%，GDP 下降 0.5%。

在这样的背景下，1949 年美国决策层内部爆发了一场"要大炮还是要黄油"的争论。经济顾问委员会主席诺斯认为"大炮"和"黄油"不可兼得，而委员会委员凯瑟林却主张：通过扩军来为工业体系制造需求，只要经济总量不断扩大，庞大的军费并不会影响民众生活水平的提高——这其实就是纳粹德国式的“凯恩斯主义”的翻版。在国务卿艾奇逊和总统顾问克利福德的支持下，凯瑟林占了上风。最后诺斯选择了辞职，凯瑟林接任了主席一职。其观点很快得到了总统和国家安全委员会的认同——这使大家都有利可图。在这样的情况下，朝鲜战争的爆发对美国决策层来说，可以说是正中下怀。

1950 年 4 月，也就是朝鲜战争爆发前两个月，美国国家安全委员会发布了第 68 号文件，号召在和平时期实行全面动员。正是这样一项前所未有的措施，后来创造出了美国庞大的军工利益集团，使它在美国的工业体系中占据了大到不正常的比例。这将对后世美国的经济以及政治生态乃至文化都产生了深远的影响。

战争对经济的短期拉动效果是明显的。到了 1952 年，按杜鲁门的话说，“在过去的一年里，我们增加了一百万以上的武装力量。现在有 6 100 万人就业。工资、农田收入和商业利润处于高水平。我国货物和服务的总产出比去年增长了 8%，是正常增长率的两倍。”

同样的道路，德国和美国却走出了不同的结果，这其实是因为“度”的问题——迄今为止美国打的都是“可控”的局部战争，没有一场是赌国运的全面战争，它的地缘环境和国力决定了它有条件这么干。

除了为自己的工业体系创造出了需求，在 1950 年朝鲜战争爆发后，美国还通过大量印制美钞，向欧洲和日本定购军品装备，事实上就是借助战后取得的货币霸权来向别国进行战争融资，让别国为美国人的战争买单。可以说，朝鲜战争第一次让美国的政客们如此直接地以印钞票的手段实现了对国际框架的影响。

但是，这次“体验”所留下的回忆却异常的糟糕，原因是那一次它的对手叫“中共”——在苏联没有大规模直接出兵的情况下（苏联空军曾秘密参战）。在动用了陆军的三分之一、空军的五分之一、海军的二分之一并纠集十六个仆从国的情况下；在平均每月消耗北约一年半物资的情况下，最终十八国组成的“联合国军”仍然被志愿军钉死在了“三八线”上，克拉克成了“第一个在没有取得胜利的停战协定上签字的美国将军”，全世界因此都明白了后面的历史将是不会只由美国一家来书写的。

# 各方损益

对中国而言，入朝作战的目的非常明确，就是“保家卫国”。朝鲜战争始于鸭绿江终于三八线，军事上完全可以说是胜利了。东北的主权就此有了根本性的保障——按照毛主席的话说，朝鲜战争是“打跑了一个，请走了一个”，即将美国打回了三八线，同时断了苏联继续留在东北的念想。而东北地区从地缘战略上说中国北方政局安定的根本保障——历史上满清入关、日军侵华都是以东北为根据地。此外这里还集中了当时中国工业基础的百分之七十五，是中国未来工业化的温床。

为了制衡美国在远东的扩张，苏联政府向中国提供了大量的援助，这是人类历史上规模最大的一次工业体系整体输出，中国由此开始走上了工业化道路。正是朝鲜战争让苏联相信，它的投入不会像美国援助国民党那样打水漂。对中国更重要的是，朝鲜战争重新树立起了民族的自信心，很多身居海外的科学家选择归国投入建设，正是受了这一鼓舞。

对朝鲜半岛的南北双方而言，他们都没有“统一”掉对方，不过好在也都没被对方给“统一”了。与现在人们的印象恰好相反，在停战后的很长一段时间里，朝鲜经济因为被纳入到了由苏联所主导的“经互会”体系中，加上中苏常年给予的各类援助，经济状况其实还要好于韩国。相对北方而言，韩国就比较“倒霉”一些：日本殖民时期，朝鲜半岛的工业设施基本都集中于北部，南部则以农业为主，再加上后来战火的破坏，自建国伊始，这个国家就面临“底子薄、基础弱”的问题。停战之后，南北双方又长期处于军事对峙的状态，到了 1968 年还发生过“青瓦台事件”，因此韩国的军费开支长期居高不下。这样一来，韩国可以用来搞经济建设的钱自然也就比较紧。因为缺钱，后来韩国政府在经济起飞阶段，选择了以优惠贷款为主的模式对国内主要企业加以扶持，韩国的大企业多是在高负债的情况下运作的，1998 年金融风暴之前，韩国的几家支柱企业负债率多在 300%～400% 之间，这就为后来的经济危机埋下了隐患。

对苏联而言，朝鲜战争牵制了美国在西方的手脚，减轻了苏联在冷战“主战场”欧洲的压力。但斯大林在远东地缘上的谋划最终没能实现，后来赫鲁晓夫提出要和中国搞“联合舰队”，其实还是想从中国得到不冻港，还是想部分恢复国民党时期苏联在华的利益，这成了后来中苏决裂的一个“起爆点”。

对美国而言，美国保住了南朝鲜，以此为屏护，日本被牢牢地掌握在了美国手中。但同时，朝鲜战争中中国人的表现，也彻底断了日本再次和中国正面交手的念头。后来在越南战争中，正是对中国的顾忌严重束缚了美军在战场上的手脚。而中国人民在朝鲜战争中的胜利，也宣告了在台湾地区的蒋介石乘“第三次世界大战”的“东风”反攻大陆的美梦落空。

中国在抗美援朝战争中取得辉煌战绩使西方从此真正把中国当做大国来看。

日本则是这场它所不能主导的战争的获益者，战争期间来自美国的订单成了日本经济重启的催化剂。更绝的是，战争停止在了三八线上，这对日本而言是恰到好处的：如果朝鲜半岛由北方统一，日本就是美苏争霸的前沿，那么前面提到的韩国的窘境就会落到日本人头上；如果美军一举攻占全朝鲜，日本成为美国的"后方"，那情况更糟，因为日本在美国的战略布局中的重要性就会下降，按美国最初的设想，日本会被"改造"成一个农业国。朝鲜战争止于三八线，韩国替日本顶着来自苏联的军事压力，美国则在经济上给日本"松绑"，使其得以重新工业化。

# 抗美援朝与“懦夫博弈”

所谓“懦夫博弈”(Chicken Game)[1]，是博弈学中一个非常简单的模型。假设有两人狭路相逢，每人有两个行动选择：一是退下来，一是进攻。如果一方退下来，而对方没有退下来，对方获得胜利，这人就很丢面子；如果对方也退下来，双方则打个平手；如果自己没退下来，而对方退下来，自己则胜利，对方则失败；如果两人都前进，那么则两败俱伤。因此，对每个人来说，最好的结果是，对方退下来，而自己不退。在分析大国博弈时，这个模型常常会被用到。

在朝鲜战争最激烈的时候，美国曾扬言要使用核武器。毛泽东的回应则是，“你打你的原子弹，我打我的手榴弹！”如今这种行为被一些人称为是战争疯子，是不顾人民安危的举动，但真实的历史是——原子弹最终没有落到中国人头上，相反中国在中美对抗中获胜了，这是为什么呢？

从懦夫博弈的模型来看，双方在最后关头总会有一方选择妥协，而由谁来妥协，则取决于双方的意志力，谁显示出的决心更加坚定，谁就是最后的胜利者。所谓懦夫博弈，说白了就是“狭路相逢勇者胜”。这并非是什么血气之勇，而是真正基于冷静、理性的思考。中方是非常理智的，如前所述朝鲜半岛关系中国东北乃至华北的地缘安全——日军侵华走的就是先朝鲜再东北进而华北的路线，此时距抗战结束不过五年而已。三八线是中

[1] Chicken在美国口语中是“懦夫”之意，Chicken Game本应译成“懦夫博弈”，而这个词组会被翻译为“斗鸡博弈”算是一个不大不小的错误。

国的底限，如果战争在三八线以北什么地方结束，只是给中方留出了数百公里战术上的缓冲区，那么从地缘上说，朝鲜北部多山地形所带来的屏护作用将大大减小——只要美军站稳了，日后就可以搞战场建设慢慢经营；而从心理上说，这和推进到鸭绿江边比，不过是个度的问题，一场仗打完了人家照样把防线向北推了，无非是大胜和小胜的区别，这样一来后面人家无非把鲸吞改成切香肠，你照样太平不了。

美国人同样也没有昏了头，在经过几次战役之后，他们对战场形势同样有了清醒的认识——上甘岭战役让美军得出的结论是照这个打法打下去，没有上千万人根本不要指望打下整个朝鲜半岛[1]，而此时美国的战略重心在欧洲和中东地区，显然是没法再加大投入的，那么在三八线结束战争对他而言也是能实现的最优解。

由此还带来一个额外的好处：入朝作战之前中国政府曾反复警告：一旦美军越过三八线中国就出兵，但美军还是毫无顾忌地推进到鸭绿江畔，这是因为1840年以来中国一直都只有逆来顺受的份，所以美国人形成了惯性思维。后来越南战争爆发，基于朝鲜战争的前车之鉴，中国警告美国不得越过北纬17度线，美国就必须视这是有效的威胁，不能越雷池一步。通俗来说，朝鲜战争就是中国给美国的一个“下马威”，有了这个教训，美国在以后判断中国的举动时就会理智得多，这样反倒对中美都有好处。

总之，言战并非就是冲动或是“愤青”，言退、言妥协也并非是理性和冷静。这个道理，过去适用，现在适用，将来同样适用。

---

[1] 上甘岭3.7平方公里的战场，美军和南朝鲜伪军共计投入兵力近五万人，公布的伤亡人数为10 000余人，志愿军伤亡人数为11 500余人。

# 郁闷的年代

20 世纪的六七十年代对美国乃至整个西方世界而言都算不上是一段好日子，古巴导弹危机、越南战争、肯尼迪遇刺、经济滞涨等等都绝不是美好的回忆。而这些都并非偶然……

# 美国制造业的软肋

1945年第二次世界大战结束以后，美国无疑是这个星球上的NO.1：军事上，拥有世界第一的海军——超过后面十几个国家的总和；世界第一的空军——不过和苏联没有完全拉开差距；世界第二的陆军——这个是保守的说法。更重要的是它的经济，从钢铁、造船、汽车、化工、家电到金融，哪一个产业拿出来都是世界第一。然而事实上1945年以来，美国工业产业的历史既可以说是一段不断升级的历史，也可以说是一段不断萎缩的历史。

一项新技术从出现到形成产业，大致分为三个阶段：第一步，在实验室或者是在某个年轻人的车库里，新技术被搞出来；第二步，在证明这项技术确实有价值之后，由企业把这种试验品最终变成商品；第三步，大批厂商开始跟进，或“山寨”，或在原基础上进行精细化改进，这种新产品于是由“高档货”变成泛滥成灾的“大路货”。美国在工业产业上的优势主要集中于前两步，即创新和把新技术产业化。

这两个优势说白了其实就是资本优势，也就是钱多的优势，这个优势是靠之前百余年美国人搞资本主义奋斗或者说是掠夺来的。所谓创新，其实就是一个不断试错的过程，成功只是这其中的偶发性事件。而在第二次技术革命之后，产品的复杂程度使得只凭几个人在自己车库或后院搞创新基本成了不可能的事情，搞新技术的产生完全是靠往实验室里砸钱砸出来的。拿美国的航空工业来说，无论是军用还是民用，它都是绝对的龙头老大，战后每一次技术革命都是由它发起的，经典机型搞出来一堆，比如波音-747、F-15、F-16、F-22等等。但是在这背后，光“X”系列的技术验证飞机，美国在战后就搞了五十多种机型，比不少国家同一时期研制的全部机型都多。在此之外中途下马的、搞出来后发现不成功用几年就报废的机型更多，其实这就是“广种薄收”。如此庞大的“试错”工程，只能是用真金白银砸出来的，所谓科研体制的好坏，所决定的不过是砸钱的效率高一点还是低一点而已，可没钱砸一切都不过是虚妄。

对比其他国家美国在研发阶段的投入占据了绝对优势，所以即便在这种漫不经心的状态下它的“收成”肯定还是最好的。把新技术商品化同样是一个不断试错的过程，所以同样是这个道理。

而新技术在成熟后进入大规模推广阶段则是美国的软肋。到了这一步，“高新技术”已经变成了“成熟技术”，胜败不再取决于资本优势，而取决于成本优势。而这其中最根本的原因是：如诉讼、金融之类的第三产业在发展了一段时间之后，从给实体经济做系统维护的角色慢慢蜕变成了推高生活成本的主要推手之一。拿美国的医疗来说，六成以上的钱是花在医疗诉讼以及为了避免打官司而派生出的各种保险以及不必要的检查上，真正用来看病吃药的钱反倒只占一小部分，这也是为什么后来奥巴马首次竞选时会拿医疗改革做卖点的缘故——你能想象如果一款“系统维护”软件占用你电脑一多半的内存会是什么样吗？可美国经济这套“系统”目前恰恰就是这样运行的，一直以来它的制造业头上压着不是一座而是三座“大山”——金融中介费用、医疗费用、法律诉讼费用。生活成本降不下来，人力成本自然不能降，否则社会稳定就要出乱子。2003 年一个美国模具制造商在国会听证会上说：他制造的一个模具最低标价必须是 2 万美元，不能再低了，再低就赔了。而同一年中国内地生产的一模一样的质量相当的模具，只标价 3 千美元。

所以，美国占优势的产业必然是它所垄断的行业，一旦垄断被打破，那它在这个领域的竞争中很快就会由优势转为劣势——面对这个问题美国企业通常都不会选择降低利润率来压低售价竞争，因为一旦利润被摊薄，那么用于研发的投入势必就会减少，而这会威胁到美国的领先地位，两害相权之下，她往往会选择宁可放弃某个领域[1]。

20世纪50年代中期，美国完成了工业化进入到“后工业化”时代。如果按照我们一般人的理解，这应该是件天大的好事。用我们的话来说，这意味着美国人民已经实现“四化”了，要是搁在童话里，这就该到结尾的时候了——“王子和公主从此过上了幸福的生活”。

然而放到资本主义体系里来说，这其实是件天大的“坏事”。从这个时候开始，美国的实体经济在创新上开始逐步趋于停滞，原因很简单，没得可创新了——在一个时间段内，人类对自然科学的认知终归是有极限的，第一次工业革命基本完成之后，英国皇家科学院就曾宣布过人类该发明出来的东西已经都被发明出来了，因为当时人们对自然界的认知只能到那个程度了。

而与此同时，日本和西欧的工业则迅速地在恢复——当初炸掉的只是部分厂房和设备，人大部分还在，社会组织体系也还在，所以只要有资金和设备，恢复起来并非是一件太困难的事情，而美国为了资本扩张以及和苏联争霸，恰恰给日本和西欧提供了这两样东西。由于在成本上西欧和日本占有优势，所以美国手上的产业开始由低到高一块一块地被这两家“吃掉”。而此时又没有更高端的产业让美国制造业保持优势，由此就形成了“后有追兵，前有堵截”窘境。从60年代开始，从钢铁到民用家电，再到汽车、造船，只要是美国面对低成本的竞争对手，那么“丢城失地”就不过是个时间问题。而制造业的不景气，客观上也是20世纪80年代开始美国虚拟经济急速膨胀的外因。

[1] 反过来说，利润率过低并不利于技术创新，一旦遇到技术有重大突破的历史时期，此前跟踪发展的后发国家就很容易跟上。

# 古巴导弹危机

对美国人而言，20 世纪六七十年代并不能算作是一段美好的时光。在国际政治方面，朝鲜战争期间美国全部的战略预备队只剩下在日本的 2 个师和本土的 6 个师——这还是在苏联没出兵的情况下，极大地动摇了西欧国家依靠美军保护自身安全的信心。当然，即便没有这个因素，随着自身工业体系的逐步重建，作为国际格局曾经的主导者，西欧国家也肯定不会安于做美国的跟班。法国、西德、意大利等六国在 1957 年签订了欧洲共同体的基础条约，即《罗马条约》，这其实就是西欧国家将美国人排除出去，自己另搞了一套“班子”。美国的盟国由此开始出现了离心现象，最为突出的表现是法国退出了北约中的军事条约，转而在东西方之间，搞起左右逢源来。1964 年戴高乐突破了美国的阻挠，在西方阵营中率先承认了中华人民共和国，便是法国大战略中的重要一步。

朝鲜战争的结果同样刺激了苏联人。20 世纪 50 年代中后期，苏联政府对美国已经不再一味地采取守势战略，而是从西方到东方不断对美国的势力范围进行挤压。在中东，苏联一改斯大林战后对美国的“忍让”政策，加大了对“反美反以”力量的支持。由于苏联的插手，1958 年 7 月美军入侵黎巴嫩遭受惨败最终不得不撤军；在远东，苏联开始放手和印支地区的共产党合作，使东南亚的民族独立和反美斗争风起云涌。

而这段时期美苏斗争的最高潮则是发生在 1962 年的古巴导弹危机。关于这段历史，现在很多文章给我们留下的印象是：苏联人色厉内荏，在美国海军的拦截下不得不灰溜溜地撤除部署在古巴的导弹，美国在这场事件中

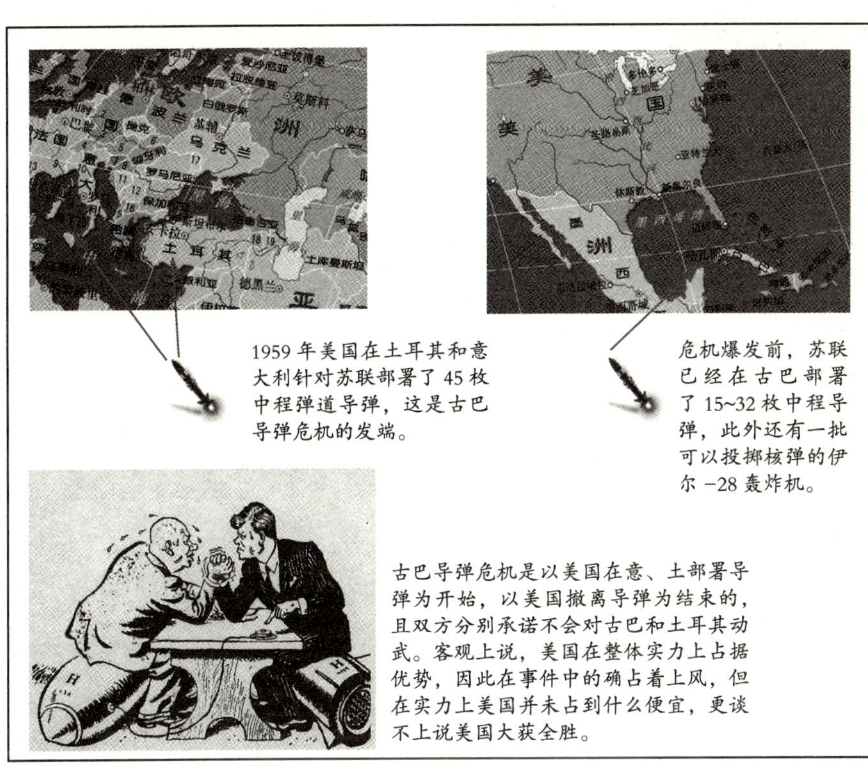


**古巴导弹危机**

获得了全胜。然而事实并非如此，这一事件的缘起需要追溯到 20 世纪 50 年代末：1959 年美国针对苏联在土耳其和意大利分别部署了 15 枚和 30 枚可携带核弹头的中程弹道导弹，苏联重要的政治、经济中心几乎全部处于这些导弹的射程之内，而苏联当时能打到美国本土的洲际导弹数量还非常有限，显然是无法抵消美国的这一优势的。“假如剑不够长，那么就向前一步”——最现实的应对就是在靠近美国的地方部署射程较短但数量更多的中、短程导弹。

1959 年 1 月古巴独裁者福尔根契奥·巴蒂斯塔被推翻，菲德尔·卡斯特罗所领导的革命政府宣告成立，给了苏联人“向前一步”的机会。苏联政府很快承认了古巴新政权的合法性，并随即给予大量援助。这后面的历史大伙都很熟悉，这里就不再加以赘述。需要说明的是：第一，在危机爆发前，苏联已经在古巴部署了15~32 枚中程导弹，除此之外还有一批可以投掷核弹的伊尔-28 轰炸机，当时一旦爆发核战争，美国本土所要遭受的打击程度同样是无法承受的，海上的美国舰队再怎么强大，对此也是无能为力；第二，古巴危机并非是在苏联撤出导弹之后就宣告结束了。在此之后，美国按照和苏联签署的协议也撤出了部署在意大利和土耳其的导弹，只不过这个过程是秘密进行的，为的是面子上好看一点。同时美国对苏联承诺不侵略古巴——作为交换苏联承诺不动土耳其，由此美国的“南美后院”便被钉进去了一颗“钉子”，直到今天也没有拔出来。整个事件中，其实美国人在面子以外没有占到一丁点儿便宜，倒是在鬼门关前走了一遭。苏联人的目的达到了，来自西南方向的导弹威胁被去除了，顺便在美国的后院还留下了一颗钉子。只不过美国撤导弹做得非常低调，加之在宣传领域美国人的声音最大，结果这段让美国人狼狈不堪的历史，如今被“加工”成了美国的一次“大捷”。

# 越南战争

有段时期最让美国人感到郁闷，这就是于 1964 年爆发的越南战争。为了和苏联争夺印支地区，自 1950 年起美国就开始插手中南半岛事务。1950 年至 1954 年的越法战争中，美国负担了法军战争开支的四分之三，共计 25 亿美元。法军战败之后，1954 年 9 月美国又与英国、法国、澳大利亚、新西兰、菲律宾、泰国、巴基斯坦等七国签署了“东南亚集体防务条约”，将南越、老挝与柬埔寨纳入到条约保护国。同时，美国自 1950 年起便开始扶持南越的吴庭艳，1955 年后通过南越政权打所谓的代理人战争，1961 年 5 月后美军开始小范围地直接介入到对北越的军事行动中，1964 年 8 月，美国借口“北部湾事件”开始对北越进行轰炸，美军开始大规模介入越南战争。

在越战爆发之前，中苏关系已经破裂。美国决策层的考虑是：苏联由于和中国关系恶化，所以无法借道中国来输送援越物资，而越南所需的很多技术装备又是中国无法提供的，苏联若完全通过海运来支援北越，成本将大大增加，而美国在韩国、日本、中国台湾地区及东南亚都有落脚点。由此判断，美国在这种战争具备后勤上的不对称优势，同时，还可以借此大大消耗苏联的实力。

美国人显然低估了毛泽东的政治智慧，苏联对越南的援助并未受到中苏矛盾的影响，包括萨姆导弹和米格战斗机在内的大批军用物资借道中国，源源不断地运到了北越。事实上在整个六七十年代，中苏关系并没有局外人所想象得那么糟，即便是在 1969 年珍宝岛自卫反击战爆发后，两国在援

苏联对越南的援助并未受到中苏交恶的影响，大批军用物资借道中国。而为了避免重蹈朝鲜战争的覆辙，美军始终不敢越过北纬 17 度线，如此一来，美军在越南事实上就打成了守势，只能无限制地和中、苏拼物资消耗，而北越武装力量的物资消耗要远小于武装到牙齿的美军，中苏通过陆路输送物资的成本也要小于美国，所以在总体国力强于中苏的情况下，美国在这个狭长的战场上却依旧处于劣势。

越问题上依旧保持着默契。

而为了避免重蹈朝鲜战争的覆辙，美军始终不敢越过北纬 17 度线，即便是空军，在作战中的使用也不得不非常谨慎。尼克松曾自嘲道“没有我的准许，他们连间厕所都不敢炸”。如此一来，美军在越南战争就打成了守势，只能无限制地往里投入金钱和血肉，与中、苏拼物资消耗。而北越武装力量的物资消耗远要小于武装到牙齿的美军，中苏通过陆路输送物资的成本也要小于美国，所以即使在总体国力强于中苏的情况下，美国在这个狭长的战场上却依旧处于劣势。

面对美军的守势，越共的方略是从老挝和柬埔寨开通的热带丛林中的“胡志明小道”，直接投放兵力攻击西贡。为此，美国又进一步把战火扩大到了这两个国家，一方面对这些地方狂轰滥炸，并且大规模投放落叶剂[1]；

[1] 也就是现在常提到的橙剂，不仅严重破坏环境，同时还“制造”出来大量的畸形婴儿。

另一方面，又在老挝策动民族冲突。但是，由于慑于中国的压力，美国始终不敢大规模出动地面部队，所以“胡志明小道”最终没被切断。

在前景一片渺茫的情况下，美国最终不得不决定停止这场看不到希望的战争。毛泽东在这个微妙的时刻，不失时宜地于1971年4月通过乒乓外交开启了中美之间的那扇门。在这之后，尼克松于1972年2月访问中国——这是美国总统第一次出访一个未建交的国家。由此，中、美、苏三足鼎立的格局最终得以形成，这也为后世中国对外开放奠定了基础。

而美国则借助于中国，得以在1974年“体面地”撤离南越——如果北越能够一直得到来自中方的支持和配合，那么美军将不再是有序地撤退，而将是溃退，那样的话美国丢掉的将不只是中南半岛，东南亚的几个岛国很可能也将顺势落入苏联人之手。当然，这种局面对中国同样是不利的。战争期间美国各项开支共计3 500亿美元，人员阵亡5.8万多人，伤30余万。越南战争使美国实力进一步被削弱，其势力从东亚地区进一步收缩，而苏联的势力乘机扩张南下——这给后来1979年的中越战争埋下了伏笔。

20世纪70年代也是美国经济危机时期，美国经济以此为时间标志点，进入到了著名的滞胀阶段。为了应对包括越战在内的各项庞大开支，美国一再超额发行美元。当时美国短期债务为210亿美元，黄金储备为178亿美元，而到了1971年美国短期债务高达510亿美元，黄金储备仅有102亿美元。1968年与1971年先后出现过两次规模更大的美元抛售狂潮。1971年8月15日，尼克松政府不得不蛮横地宣布“暂时中止美元与黄金或其他储备资产之兑换，除非要求兑换的数量和条件符合货币稳定和美国的最高利益”，同时宣布美国对所有进口商品增收10%的附加税。在当时如果美元不能兑换黄金就意味着之前建立的美国国家信用破产了。而1972年6月与1973年2月又连续出现两次抛售美元的狂潮，只是抢购的对象变成了德国马克和日元，西方各国被迫放弃固定汇率。至此“布雷顿森林”体系在事实上已经完全崩溃。越南战争的泥潭在当时起到了雪上加霜的作用——连续十年，一批批装载锌质棺材里的士兵遗体和缺胳膊少腿的伤病员被运回国，可十年间战线都没动过地方，这对国民信心是一种严重的打击。

除此之外，美国地缘战略的重心本来应该在欧洲以及中东，越战期间美国却将军事重心置于东南亚，大量的战略资源被牵制在这里，而美国金融状况恶化使得这个问题变得越发严重，反映到当时冷战的大背景之下，最终促成了当时美国的战略收缩及苏联的全球扩张。美国的战略收缩彻底改变了冷战在东亚的力量对比，为此，美国不得不进一步在经济问题上向西欧和日本让步，西欧和日本开始在资本主义经济体系中崛起，世界格局的多极化趋势便由此开始。

此外，一般观点认为：正是由于美国20世纪六七十年代的经济收缩导致其在中东地区的控制能力开始减弱，原本仅包括伊朗、伊拉克、科威特、沙特和委内瑞拉的石油输出国组织借此机会把亚、非、拉美的其他主要产油国也拉了进来，欧佩克由此逐渐掌握了国际油价的主导权，成为国际政治、经济舞台上一股重要力量。在50年代欧佩克成立前，国际油价每桶仅1~2美元，而在70年代国际油价则飙升了近20倍，高涨的油价使得当时的美国经济“雪上加霜”。

面对一系列的变故，老百姓的信心从“宇宙之巅”一下子跌入了谷底，民间处于一片迷茫与失落之中。“嬉皮士”、“垮掉的一代”等等，便是产生于这一背景之下。1974年尼克松在“水门事件”中遭到弹劾，一定程度上也是因为人们处在一片压抑之中，所以要拿当政者来发泄怨气。相比较而言，后来的克林顿就要幸运多了，因为他任时美国经济正在走上坡路，社会各个阶层日子过得都比较顺心，所以老百姓非但没有落井下石，反而对他们的总统表现出了极大的“宽容”。

# 重塑“山巅之城”

从 20 世纪 80 年代开始，美国最终走出了经济滞涨，美国以及整个西方国家由此重新焕发了生机。而就其根本，从国家层面上说这是由于西方世界内部的国际分工完成了一次大且惨烈的调整，西方世界的力量在美国的主导下被重新整合成了一个等级森严的金字塔，而从社会层面说，则是财富和权力开始重新向少数资本家手里集中，社会的力量由此被整合……

# 重塑“山巅之城”

美国经济走出“滞胀”进而走向再次繁荣，始于20世纪80年代。

所谓“资本扩张”，它这并非是一个匀速的、呈线性变化的过程，而是一个不断加速、呈几何数量级增长的过程。我们说资本主义出现百余年所创造的财富，就超过了之前几千年历史的总和，正是因为资本这种疯狂的扩张性，当然你可以说这是技术进步的结果，但是几次大规模的技术革命，归结到最后的动力还是来自于资本的逐利性，为技术而技术的“纯粹的科学家”终究是极少数。

20世纪六七十年代以后，资本主义国家相继完成了工业化，到此实体经济的增长速度就开始跟不上资本扩张的速度了，于是资本就要向实物经济以外的领域游离。需要说明的是，这个趋势其实是始终存在的，是否会成为“现实”只是取决于外部条件是否合适，与有没有完成工业化没有任何关系。资本家的目标在于利润而不是生产本身，如果只炒作钞票就可以赚钱，那谁也不会再去费力造实物商品。对于后发国家而言这尤为致命，工业化还没搞利索，却开了一个炒作赚钱的盘口，大伙自然就不会再把钱往实体经济里投，产业升级于是就只能留于纸面和口头了。

1971年“布雷顿森林体系”崩溃，美元与黄金正式脱钩，由此开始货币增长完全不受约束，这就是资本向实体经济以外游离所需的“外部条件”。由此开始各种金融衍生工具一个接一个地被创造了出来，美国的虚拟经济开始急剧膨胀，并最终成为了其经济的主体。1970年时，在美国的货币交易中与实物生产流通有关的比重还占到80%，而到1975年锐减至

20%，到了1997年已经只剩下0.7%。在20世纪整个90年代美国的GDP总值增加了4万多亿美元，其中制造业所占的比重已不到10%，制造业在全部GDP中所占的比重也从20世纪90年代初期的24%掉到18%。1985年到2000年，美国的实物生产只增加了50%，但是货币发行量却增长了3倍，货币增长率是实物生产增长率的6倍……[1]

用“外行话”来解释一下：如前所言，自20世纪60年代开始，美国的实体经济不断丢城失地，但美元在国际贸易结算体系中的地位并没有改变，具体为什么会这样，后面会说到。在这种情况下，美联储印美元，然后美国人就可以拿着这些成本四美分一张的小绿纸片从别国换得实物商品。国外的生产者拿到了美元，这个时候美元又宣布贬值，这些美元持有者手中的一部分财富立时便会凭空消失掉，这也就是通常所说的“铸币税”。而美国庞大的金融市场外加国家安全保障，使得卖主把手中得来的美元作为投资重新投回美国成了性价比最高的选择，这样就使得花出去的美元又回流到了美国，用于下一轮贸易的结算。在实体经济占主导的时代，帝国主义国家剥削的对象是第三世界国家。而虚拟经济占主导的现在，除了美国自己，其他任何国家只要参与国际贸易，只要在支付中用了美元，那它们就都是美国的剥削对象。

1981年上台的第四十九任总统里根正好赶上了这样一个大时代的开始，于是里根政府顺应“时代要求”，开始实施一系列新政策：“精简”政府，减少公共开支，把所得税降低了25%，扩大军费开支、增加政府赤字和国债，进一步减少对商业行为特别是金融的管制等等。后世将这归结为“里根经济学”。而在此之前两年，即1979年，来自保守党的撒切尔夫人成为了英国第一位女首相，上台伊始她开始进行大刀阔斧地改革，其中主要包括四项措施：私有化、控制货币、削减福利开支、打击工会力量。

[1] 2006年3月23日，美联储在它的网站上公布：“鉴于M3没有提供比M2更多的经济活动的信息，而且多年以来对货币政策没有影响，所以收集和发布这些信息的费用超过了它所能带来的益处”，因而将停止公布M3货币供应数据，打那开始美元的增量就成了一个谜，但可以肯定的是谜底绝对能吓死人。

里根在任期间采取的一系列政策，扭转了美国与苏联对抗的被动局面，并极大地拉动了美国的经济增长。

美英两国的改革举措其实是一个路数，即国家意志让位于资本意志，尽量由资本家说了算，尽量给资本家创造便利条件，这也就是如今很多人都在提的“小政府，大市场”，这和罗斯福时代的路线恰好是相反的。在撒切尔执政初期，她实质上杀贫济富的政策遭到了英国普通民众的极大反对，执政地位一度开始动摇。恰恰在这个时候，同样被内部危机折腾的摇摇欲坠的阿根廷总理加尔铁里为了转移矛盾，在未做充分准备的情况下主动挑起了英阿马岛战争。最终，英国赢得了马岛战争，撒切尔夫人借助民族主义情绪稳固了自己的地位，英国民众在欢庆国家胜利之后，迎来了一轮大规模的私有化以及福利削减……有人曾这样评价这段历史：马岛战争，就是撒切尔和加尔铁里两个秃子在抢一顶帽子。

仅就当时而言，里根政府的这一系列政策给资本运作提供了大量的便利，吸引了大量国外资本流入美国来购买美国资产和国债——代价是老百姓的收入提高缓慢，后来干脆原地不动，贫富差距急剧拉大。

而与此同时，美苏冷战在僵持了一段时间之后，以里根政府的“星球大战”计划为标志，美国在战略上开始了从收缩转为“反攻”。一时间欧洲战云密布，而同一时间的中东地区，两伊战争也正打得热火朝天。如此一来，美国相对安全的地缘环境如两次世界大战期间一样，又一次成为吸引海外资本的本钱。这一里一外两层驱动力使得美国自 1983 年起成为世界上最大的净资本流入国。那段时期每年流入美国的国际资本都有数千亿到万亿美元。

以大量国外资金为保障，美国开始引导国民超前消费，美国国民人均消费额达到其储蓄额的 1.5 倍，储蓄率从战后占 GDP 的 40% 降至 1% 不到；同时美国政府自己也开始大量地“制造”赤字——美国政府的债务水平在里根任职期间连涨了三倍。在军事科研和军工生产中投入大笔的资金，这就形成了我们现在所说的：财政、贸易双赤字经济，说白了就是政府、民间一起借债消费。一个拥有两亿人口和旺盛消费能力的庞大市场就此形成，以消费能力论，它相当于两个半日本或近四个西德。而与此同时，其他国家在福利削减、资本扩张的背景下普遍出现了产能远超内需的情况，由此对美国市场的依赖也就此形成。

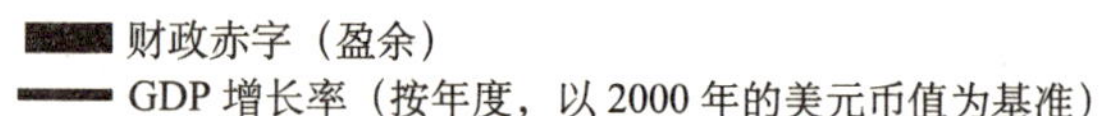


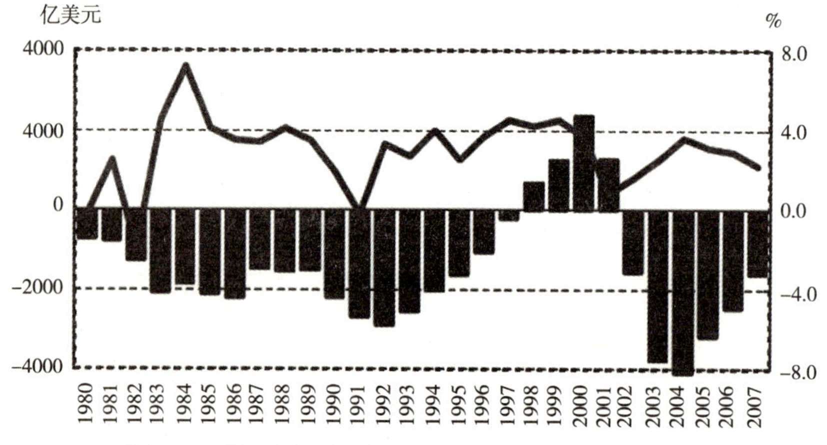


**美国GDP增长率与财政赤字（盈余）比较，1980~2007年**

（资料来源：美国经济分析局http:www.bea.gov/national/nipaewb/Index.asp；Congressional Budget Office(http://www.cbo.gov/budget/data/historical.xls。）

各国对美元如同毒品一般的依赖也就此形成：20 世纪 80 年代后，美国市场旺盛的需求就成为拉动各个制造业国家经济最重要的发动机，各国通过贸易顺差都积累了大量的美元，而为了保障这台“发动机”的正常运行，为了让美国人有钱继续消费，就得不断把储备的美元再投回到美国购买美国债券。这就形成了一个非常奇特的现象：一方面，美国在制造业领域一败再败，早已“债台高筑”，可它还在通过贸易逆差肆无忌惮地借债，时不时还通过汇率、利率的变化来赖掉部分债务，或是祭出“贸易法 301 特别条款”，以“不买你的东西”来威胁、讹诈其他国家；另一面，作为“债主”的各制造业大国却无比依赖美国，它们必须小心翼翼地观望着美国的汇市和股市，美国经济一感冒，全球就得跟着打喷嚏。如此，美国政府为何能在各种外交场合趾高气扬、牛气冲天也就不难理解了。

# “罗马”式全球化

对美国有所了解的人们一般都会发现，不少美国人特别是其中的精英们非常喜欢把自己的国家比作是“罗马帝国”。从各方面来说，这个比喻的确是很恰当的。

古罗马和中国古代的各个王朝都是不一样的。自公元前221年秦统一华夏以来，历代王朝的经济基础都是以自耕农为主的小农经济，政治上始终强调是“普天之下，莫非王土”。这其中有两层含义，其一是强调中央集权，其二是在中央之下，强调的是平等。古罗马的经济基础是奴隶制经济，政治模式是寡头政治，社会体系有一个最根本的特点，就是以少量的人口组成一个核心圈子，由这个核心圈子对数量远超过自己的人口实施控制。核心圈子内部的利益分配依然是存在不公的，但从全局来看，这个圈子里的所有人都从那些大多数人身上攫取到了超额的利益。到了帝国时代，除了自己的奴隶之外众多“保护国”成了罗马主要的财富来源，如克里奥帕特拉（埃及艳后）治下的埃及，那时就是罗马最大的粮仓，而罗马则是克里奥帕特拉得以执政的保障。这里说的“核心圈子”，就是罗马帝国里的“公民”。这就是说，在阶级剥削之外，罗马体制还存在一个集团对另一个集团剥削。这样一套体系能够存在的前提是，这个核心圈子拥有一支在技术和组织模式上都绝对领先于世的军事力量。

美国人，或者说是绝大多数西方人对世界的认识都是罗马式的，世界在他们眼中就是一个放大了的“罗马帝国”，而他们就是帝国中的那一小部分“公民”。这个“新罗马帝国”就是现在美国通过“全球化”运动所构建起来的世界经济体系。对比那个原始的罗马帝国，“新罗马帝国”的内部划分要更加细致一些，大致来说分为三个层级：

一是资源国家：为“新罗马帝国”提供原材料、能源、矿产以及粗加工的半成品。亚非拉国家多数都在这个层面。除了提供工业原材料以外，女人某种程度上也是这个层级的国家的一项“出口产品”——通过跨国婚姻或是其他一些上不得台面的方式，诸如东南亚和拉美的不少国家一直以来热衷于各类选美比赛，评比“×× 小姐”与此不无关系。

除此之外，出口加工业为主的国家本质上其实也是资源国家，除了衣帽玩具之类没什么技术含量的产品之外，我们通常所说的“两头在外”模式（材料、核心技术在外，市场在外）也在这个范畴之内。出口加工业比简单的卖资源要更有技术含量，但利润的大头都在掌握品牌、关键技术的投资商以及掌握渠道的销售商手里，真正干活的国家其实挣得就是一个辛苦钱，本质上其实还是在出口人力资源——还是卖资源。20 世纪 60 年代的日本，80 年代的亚洲“四小龙”、“四小虎”扮演的都是这样的角色。中国东南沿海的加工企业多数都是这个性质，所以说中国是“世界工厂”严格来说有点过了，现在还只能说是“世界生产车间”。

二是工业国家：通常所说的发达国家都在系列，掌握着资本优势，拥有雄厚的工业基础和核心技术，负责给全球经济体系提供技术、管理以及生产高端工业品。日本、德、法都在这个层级。

三是金融统治国家：通过向全球输出货币、贸易规则以及文化产品（意识形态）来管理并收割全世界。这顶王冠自然戴在美国头上。

然而另一方面，美国本身也有规模很大的制造业，也在扮演着工业国家这个角色。而当两个角色发生冲突时，那么多半就会是制造业要让位于金融业，因为后者关系到美国的全球统治地位。

这就解释了为什么在经济不景气时，美国政府往往会舍制造业而保华尔街。2000 年美国股市的资产泡沫破灭时，当时美国的强势美元政策并没有变，美国实物生产部门因此遭受了严重的打击。2001 年美国制造业是 35% 的负增长，到 2002 年在此基础上又加了 0.6 个百分点。根据美国商务部2003年1月份公布的数字，截至2002年12月美国新增的101万失业人口中有65万是制造业工人。2008年以来的金融危机同样是如此，一方面美国政府在救援通用等汽车企业的问题上进一步退两步；另一方面却毫不吝啬地拿出上千亿美元救助华尔街的金融业[1]。

这三个层级，每一级都从下面层级的国家身上获取超额的利益，同时受到上面层级国家的剥削，由此形成了一个庞大的“金字塔”结构。如果你想活得轻松一点，让自己的经济分工上一个层级，在被剥削的同时也可以剥削别人一把，那么光靠自己努力打拼、“攀科技树”是不够的，世界市场的游戏规则制定权还在美国人手里——要顺利地参加国际贸易必须加入世界贸易组织（WTO），而傻子都知道世贸组织的真正主导者是美国人。任何国家能否加入世贸组织，关键要看对美谈判。而即便加入了，后面还有大量五花八门的“自贸协定”等着你去谈判——这就像公园里面再设收费景区的“园中园”模式。

在古罗马时代，帝国为了激励奴隶或是“保护国”蛮族士兵，最大的诱惑就是罗马公民身份——电影《亚瑟王》中对此便有反映。时至今日，美国通过种种“自贸协定”让相关国家有机会进入更高的产业层级，说到底其实还是古罗马的那套激赏思维，谈判本身对美国而言就是一门大有钱赚的生意。而通过许诺绿卡让外籍人员在伊拉克战场为美国打仗，那就更直接露骨了。

除了这三个层级以外，还有一批更倒霉的边缘国家，譬如阿富汗、海地等等，由于战乱或是资源贫瘠，这些国家事实上是被扔在产业链之外的。但是他们的地理位置又特别重要，所以美国人必然要设法控制那里。这就形成了只管收押不管饭的情形——海地大地震后，美国为了避免别人说自己搞救灾外交[2]一直阻挠其他国家进行救援，可因为海地本身实在没什么油

---

[1] 其中的三分之一被人家顺手就作为奖金给分掉了。

[2] 2004年印尼海啸之后，美国带头搞起了捐款竞赛，除了资金外还大出物资、人力，在赚取了大堆感动之余，美国的地产商顺势也跟了过去——根据官方估计海啸造成的死亡人数在30万人以上，这样一来沿海就出现了大片连搬迁补偿都省了的无主地，灾后其中风景差不多的地方都被西方资本家低价拿来做了海滨度假村。

水，所以美国自己对救灾也非常不上心，唯一认真做了的事就是严防死守，不让难民流入美国。

# 帝国基石

众所周知，在美国对世界经济体系的经营中起核心作用的是美元。美元在世界范围内的流通和储备（80%的美元都在美国境外流通）使得美联储事实上获得了“世界央行”的地位，美国政府则成了“管理世界”的政府，美军成了“世界警察”……而在1971年以后，美元就已经放弃了金本位，那它的信用基础来自哪里呢？

美元的信用基础并非凭空而来，穿透那些花里胡哨的所谓“理论”，任何货币能够通行于世，原因无非两种：用它可以买到东西，或者不用它就要倒霉。先来说第一种，让我们看看依靠美元你可以买到什么？

首先便是石油，具体说就是美国对中东石油的控制。

在1971年尼克松宣布美元与黄金脱钩之前，国务卿基辛格曾连续三次访问沙特阿拉伯，在这之后的1974年又数次出访沙特。基辛格一连串的出访在1974年6月8日最终有了成果，基辛格代表美国政府与沙特王室签署了一份关于建立“美国—沙特经济合作联合委员会”的协议，除了一些无关痛痒的条款之外，这份协议的公开版里还含糊地说明包含“金融领域的合作”。不久之后，人们才知道了这个“金融领域的合作”的具体内容——沙特政府同意采用美元作为其石油贸易的唯一结算货币，并将获得的美元汇入纽约的联邦储备银行购买美国国债。沙特石油储量占世界已探明储量的四分之一，凭借这一条，沙特王室最终说服整个欧佩克以美元作为石油贸易中的唯一结算货币——在此之前则是以英镑为主的一揽子货币结算模式。

任何现代经济体的正常运转都不可能离开石油，而在1974年以后这个星球上有三分之二的石油必须用美元才能买到——沙特出口到美国石油最多时也仅占其出口总量的百分之十五，真正的出口大头来自西欧和日本。至此美元就成了所有国家都必须储备的货币。截止 2008 年金融危机爆发之前，国际贸易中的百分之七十都在以美元进行结算。

细究起来这一招并不新鲜。2000 多年以前春秋时代的管仲就已经开始通过盐、铁官营来收拢齐国的铸币权，由此强化齐桓公的中央权威，进而获得其他诸侯国的财富。如今的石油，所扮演的其实就是 2000 多年前盐、铁的角色。

除去石油之外，美国的农产品是又一种“盐铁”。基辛格曾说过这样一段话：“谁控制了石油，谁就控制了所有国家；谁控制了粮食，谁就控制了所有人；谁控制了货币，谁就控制了全世界。”美国不仅是一个金融帝国和后工业发达国家，同时它还是世界第一大粮食出口国。在钢铁、家电乃至汽车等领域被放弃的同时，美国从未对其农业产业有过一丝放松，即便生产效率已经明显高于其他国家，美国的农业部门依然得到国家巨额资金的扶持，而进口美国农产品也成了美国和各个国家自由贸易协定中不可或缺的条款。凭借庞大的粮食产量，并通过倾销等“技术”手段，产自美国的粮食控制了众多国家的市场。2007 年，美国炒出了“生物柴油”的概念，从技术上说这一技术在短期内其实并没有可行性。因为即便美国所有的耕地都用了种植乙醇作物，所生产的生物燃料也只能满足美国燃料消耗的四成。但是，在这一概念被炒起来以后，国际粮价开始暴涨，印度、埃及等国经济在那一年都遭受了重创，被国际炒家狠狠地剥了一层皮，这也为后来埃及爆发颜色革命穆巴拉克下台埋下了伏笔。

在未来的某一天，粮食是最可能替代石油再次支撑起美元的商品。一个国家可以不发展工业，可这个国家的人不可能不吃饭。因此，在和美国人打交道的过程中一旦涉及了粮食问题，那么就必须抱以一百二十分的小心。

除此之外，美国的高技术产品自然也只能通过美元才能购买——这并不仅仅是指 Windows 系统和 Iphone 手机。美国金融与服务业占了其 GDP 的 80%，但这并不意味着美国的实体经济已经走向瓦解，除了我们所熟知的 IT 业外，美国在生物科技、制药、化工等产业，依旧在许多领域占据着垄断地位。拿化工来说，化工产业具有极强的可继承性和保密性特点，优势一旦形成了，别人再想超越就是一件很困难的事情。液晶电视领域中，中国、日本、韩国为了那点市场份额快要打破头了。可无论是哪一家，生产液晶电视用的玻璃基板都来自于道康宁；汽车的挡风玻璃只要上点档次，肯定都是夹层玻璃，而两层玻璃之间的那层聚乙烯醇缩丁醛基本是由美国杜邦所垄断的，同时杜邦还垄断了软性线路板中的聚酰亚胺市场长达五十年。时至今日，美国的技术壁垒依旧是它对外谈判中的一张好牌。

那么如果这些产品我无需靠美元也能买得到呢？那么等待你的将是这个帝国的另一幅面孔——一部杀戮机器。无论是就总体战斗力还是装备技术水平而言，美军无疑都是这个世界上最强大的战争机器。这其中又以其海军为甚，美国海军不算在建的，共拥有十艘排水量近十万吨的重型航空母舰，此外还有十二艘排水量四万吨的两栖攻击舰，必要时同样可以提高空中打击。而其他国家目前加在以前在役的航母不足这个数字的一半，且吨位都远小于美国航母。这样的绝对优势是“日不落时代”的英国皇家海军在其巅峰时期也不曾有过的。除此之外，美国还拥有遍布全球的众多海军基地可供使用。凭借占绝对优势的海上力量，冷战结束后的美国海军可以在全球大部分海域取得绝对制海权，而这个星球上百分之六十的人口都居住在距海岸线不超过一百公里的沿海区域，且海运占了国家物流的最大头。1993 年“银河”号事件[1]中，中国商船被美国以子虚乌有的理由在海上拦截了一个半月的时间，虽然从“理”上讲，“有理”的是中国，“理亏”的是美国，可是通过这件事美国已经明白无误地告诉全世界，任何国

---

[1] 1993年7月 23日，中国广州远洋运输公司驶往科威特港的集装箱船“银河”号被美国海军以载有违禁化学品为由拦截，并阻止沿途各国海港容许“银河”号靠岸。最终，美方登船检查后并未发现所谓的硫二甘醇和亚硫酰氯。9月 4日，“银河”号得以被放行。虽然在本次事件中，很多文献都在刻意突出我方船员不屈不挠、外交人员据理力争以及美方的理屈词穷，但是客观来说，和平时期在公海上无端拦截他国船舶并强烈登船检查，本身就是一种霸权行径和对国际法的践踏。

家要和中国做生意，美国都可以轻轻松松让他的货物在海外漂上几个月都上不了岸。

不仅如此，美国还拥有规模最大，技术水平最高的空中力量、总体技术水平最高的地面部队以及目前规模最大的核武库，这些东西加上美国海军，构成了维护其货币霸权最粗的一根支柱。在美军的背后则是规模大得已经严重畸形的军事工业以及占到世界总额一半的军费开支。冷战结束后，全球较大规模的战争或是武装冲突，绝大多数都和美国有直接或间接的关系，而有美国参与其中的历次战争，其背后也必然和美元存在某种关联。

教科书上告诉我们一国暴力机关的对内职能是维护政权，战争不仅存在于看得见的战场之上，也同时在人们的大脑中进行。金融大鳄索罗斯曾经说过这样一句话：“一件事情假如所有人都认为它会发生，那它就一定会发生”。这句话是对“话语权”的威力贴切的描述。如果能够掌握一国内部的话语权，那就可以让人们去相信你所要他们相信的东西。而其影响绝

布什时代是靠“抢”，奥巴马时代是靠“骗”。事实上一直以来美国精英层对武力战、舆论战、意识形态战始终是多管齐下，只是某些时候有所侧重而已。

不止股票、期货价格的涨跌，在互联网时代，舆论已经可以左右一国经济、外交政策的制定，乃至政权的更迭——这些是单靠在军事上掌握制海权、制空权是无法做到的。

美国强大的话语权控制能力，首先体现于它遍布全球的新闻网。2008年“3 · 14”事件后CNN肆意颠倒黑白的无耻行径想必多数人还是记得的。在愤怒之余我们还要看到，它的受众之广远甚于中国媒体。长期以来，美国经济寡头在美国民众中的形象一向不佳。20世纪初，针对因经济垄断而引发的各种社会问题，美国一批记者和作家发起黑幕揭发运动，利用当时已经大众化的传媒，揭露社会弊端，以此唤醒民众，避免可能出现的社会失序。然而这场运动历时不久就销声匿迹了，因为它更是唤醒了美国经济寡头们对媒体、对社会舆论的重视。在私有制的体制下，他们利用手中的财富逐步完成了对美国各大主流媒体的收购和控制。

媒体在美国民主制度中被誉为独立于行政、立法和司法权之外的“第四权”，是监督政府作为、维护社会公正的“无冕之王”。而今天的美国媒体实际上已经成为美国资本利益和政治经济制度的鼓吹者和捍卫者。

全美最大的有线电视新闻网——CNN的创办者特德 · 特纳在美国超级富豪中排名第26位，个人资产高达48亿美元；美国第一大新闻频道福克斯电视台和美国最权威的财经报纸《华尔街日报》都归属于制造了“窃听门”丑闻的传媒大亨默多克；在全球具有相当影响力的《纽约时报》目前正在为摆脱经营困境，计划将总部大楼作为抵押，向华尔街的银行借款；《华盛顿邮报》是继《纽约时报》后美国最有声望的报纸，由美国传媒界的头面人物凯瑟琳 · 格雷厄姆掌控多年，她的父亲尤金 · 梅厄是20世纪初名震华尔街的大银行家。

当一贯标榜自己监督政府、守望社会的美国媒体完全沦为资本的玩偶，成为利益集团的工具后，也就不难理解，在美国民众无法忍受长期被资本操控的命运，进而爆发“占领华尔街”的游行抗议运动时，却被美国媒体“忽略了”。美国各大主流媒体要么视而不见，要么轻描淡写，甚至干着“保卫华尔街”的勾当，这是由其鲜明的本质立场和归属权所决定的。

就这样，资本在控制了美国国家经济命脉后，又完成了对舆论工具的控制。

此外还有以好莱坞为代表的娱乐界潜移默化的意识形态植入。每年国产影片与好莱坞大片悬殊的票房已经不再是什么新闻，而如果细心一点就会发现，其实美国电影里的“主旋律”宣传无处不在。超人、蜘蛛侠、美国队长乃至变形金刚里的擎天柱，他们的形象都是以红蓝色调出现，这其实就是美国国旗的颜色。而透过让人眼花缭乱的电脑特效，无论是《阿凡达》还是《变形金刚》，说到底讲的都是同一个故事：无论是人类还是外星人，他们为了维护一个意识形态上的信仰，可以毫无顾忌的背叛自己的种族，而这个“信仰”，则是专属于美国人的；电影《勇闯夺命岛》里，美军F-18战机出动前那面硕大无比的国旗配以美国总统的讲话，同样是一段经典的“主旋律”教育；而电脑游戏《红色警戒》里反面人物尤里，其外貌差不多就是照着列宁的模样画出来的，而看似非常卡通化的手机游戏 *tiny trooper* 里，反面角色的设定同样让人很容易就可以看出古巴、朝鲜以及中东穆斯林国家的影子。而与之形成鲜明对照的是，中国很多国产影片为了追求票房不断在模仿他们，不但模仿了外在元素，连内核也自觉不自觉的一并给模仿了回来。

通过各种方式在各国商界、文化界、学界乃至政界、军界收买、安插的“代言人”对美国人而言已经是公开的秘密。以俄罗斯为例，2000年流亡国外的俄罗斯传媒业寡头古辛斯基和别列佐夫斯基都有着极深的美国背景，而在他们被批捕之前，他们所控制的报纸、电视等传媒始终在混淆视听，对俄政府的种种举措加以歪曲。至于有“俄罗斯私有化之父”称号的丘拜斯，普京曾在对媒体讲话中直言不讳地指出，丘拜斯的智囊团中就有中情局的特工。而2003年被捕俄石油业寡头霍多尔科夫斯基同样和美国政界、商界过往甚密，在被捕之前霍多尔科夫斯基名下的尤科斯石油公司已经要垄断俄远东地区的石油出口。在与普京的会面中，霍氏曾毫不客气的声称，“他们（尤科斯公司）的管线方案已经确定，政府无权过问。”石油出口一直以来事关俄罗斯经济命脉，在霍多尔科夫斯基被捕之后，埃克森、美孚以及雪佛龙等美国石油巨头纷纷向俄政府施压，美国务院一度企图干涉霍多尔科夫斯基案的审理，由此也可见这些寡头与美国的过往之深。而正是这些人，或者推动了苏联的解体，或者在俄罗斯时代大肆推倒国有经济走向崩溃，使得俄经济命脉被寡头和外资所共同把持。

当然，仅仅靠金钱收买肯定是不够的，这种买卖关系未必有多可靠。之所以会有众多精英阶层的人物以及知识分子自觉不自觉地站在美国利益的角度去说话，用美国人设定的框架来引导大众思考，是因为美国文化和意识形态领域强大的对外辐射性。这种辐射性背后，除了美国强大的宣传机器，还包括它强大的国力体现以及老百姓富足的生活（虽然这种富足背后是高负债），向强者学习以变成强者是多数人都会有的念头——但人们总是热衷于简单模仿强者强大时的样子，而强者因何而强却往往被人们忽略。此外它在国际上数一数二的学术研究机构也在起着决定性的作用，这些机

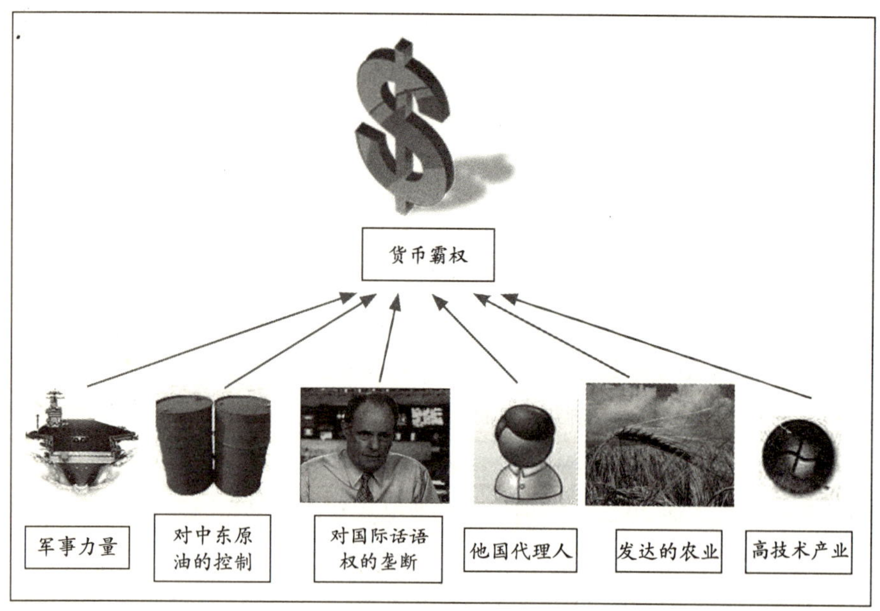


**美国货币霸权的基石**

强大的军事力量、对石油的有效控制、收买、培养以及通过意识灌输得来的他国代理人、高新技术产业的绝对领先加上发达的农业，奠定了美国霸权的帝国基石。

构对各国的学者来说极富吸引力，同时这些机构的名声也使得出身于此或是在这里供职的外国学者在其本国会具有非常大的“影响力”。

权力其实有两个层面，一个是控制现实世界的权力，另一个是控制精神世界的权力，通过文化渗透、媒体诱导以及国外代言人的里应外合，在别国民众的大脑中，美国便被塑造成了一个新的“罗马教廷”。中世纪时，教皇可以通过剥夺教籍来剥夺一个国王的对国家的统治权，同样的道理，一旦一国面向大众的宣传体系完全成了他人意识形态的喇叭，那么就等于给自己头上加了一个外国“教皇”，一个同样有权搞“宗教裁判所”的“教皇”。

## 整肃盟国

第二次世界大战结束后一直到东欧剧变、冷战结束后初期的这段历史，可以用美元与黄金脱钩作为标志点划分为两段。

从整个西方世界的角度来说，1944年“布雷顿森林体系”建立之后，西方世界实质上就可以看成是一个国家，只不过这个“国家”比较特殊，政治上没有完全统一，但经济上统一了——做国际贸易大伙都用美元。相对应的，以苏联为首的华约集团也可以看成是一个“国家”，华约内部在经济上也存在“经济互助委员会”（简称“经互会”）体系。这里为了方便起见，我们暂时称呼它们为“北约国”和“华约国”。

把西方阵营看成是一个完整的“国家”的话，美国自然就是“中央政权”，其他国家就相当于“地方政权”，再细划分一下，西欧诸国的地位比日韩等国以及台湾地区要高出一个档次。中央与地方的关系历来都是由两边的财力来决定的，中央财力强于地方才可以有效节制地方，就说得上中央集权，这一点对“北约国”同样是适用的。“布雷顿森林体系”存续期间，“北约国”内部真正的货币其实还是黄金，美元获得国际结算货币的地位是因为当初美国拥有西方世界黄金总储备的66%，换句话说其他盟国手里还掌握着剩下的34%的黄金。在这种美元与黄金绑定的货币体系下，谁有黄金，谁就变相的也拥有一部分美元发钞权。

这样就产生了两个问题：其一，“北约国”内部非常松散，就是一个松散的邦联，经济总量很大，但分散在各个“地方政权”手里，内部扯皮的事一大堆，作为“中央政权”的美国没法集中力量干大事——也就是对抗

“华约国”。而相对应的是，“华约国”内部的组织则要严密得多。用毛泽东的话说，苏共和东欧其他国家党组织是“老子党”和“儿子党”的关系，像波兰的国防部长罗科索夫斯基元帅就是由斯大林指派过去的，在此之前他本来是苏军的元帅，在担任波兰国防部长以后，罗科索夫斯基的苏联国籍以及苏联元帅军衔都还保留着。对比“北约国”，“华约国”更像是一个中央集权国家。

这种严密的组织体制一方面的确损害了东欧各国的国家主权及党组织的独立性，但放到东西方对抗的大格局下来看，这种体制也确实能最大限度地调动起华约内部一切可调动的资源，经互会其实是一个跨国家的计划经济体系，计划经济要搞得好，要求各经济部门之间要高度协调、令出一门。如果要跨国家搞计划经济，那体系内的国家适当淡化主权、统一步调是必需的。华约的问题不在于把组织搞严密了，而是出在苏联的沙文主义思维上——把合作关系搞成了压迫关系，结果就是苏联出钱出力还惹人厌。但总体来说，正是这种高度严密的组织模式，使得华约在经济总量、工业化程度、人口等经济指标都不及西方世界的条件下，仍旧可以调动起比西方更多的资源，20 世纪六七十年代华约能够在战略上压着西方阵营，正是由于存在这种体制优势。苏东剧变快十年时，欧盟开始统一货币，金融危机以后法德借势甚至开始提出要统一各国财政。这个步子实际上要比经互会迈得大得多，可见在西方人眼里这种高度统合的机制其实是“他山之石”而非“前车之鉴”。

黄金与美元挂钩给美国造成的第二个问题，是让英法这样的西欧国家钻了体制的空子，从“北约国”内部的生产者蜕变成了和“中央政权”美国一样的食利者。英法等国虽然不能直接印美钞，但是凭手里黄金数量优势，通过兑换来获得美元，在面对经济总量有限的第三世界国家时其实和美国直接印的效果没太大区别，凭借手里的这些美元，英法可以像美国那样在别国制造急剧的通缩或通胀，然后通过炒作获利。

世界上可供这种金融掠夺方式来抢得财富总量是有限的，因此这其实就等于是抢了美国人的“生意”。不仅如此，法国人和英国人还以这种方式大肆套购美联储的黄金。美国在1971年之前的几次经济危机中黄金大量外流便是由这种行为造成的。钱生钱的游戏让英法等国大赚特赚的同时，也把自己的实体经济慢慢给玩废了，金融成了国民经济的最大头——其实就是美国模式的微缩版本。如今的欧洲德国是实体经济最强的国家，也是经济运行最稳定的国家。原因很简单，因为大量美军驻扎在它的国土上，使它当初不敢像英法那么“放肆”，只能老老实实造东西换辛苦钱。其实比照一下，伴随2008年金融海啸而来的欧债危机本质上也是这么一个道理，欧元区统一货币却不统一财政，希腊、西班牙等国大量举债，从而增大了欧元贬值的压力，本质上也是变相的从法德手中分割了铸币权。

在美国人的眼里，它的欧洲盟友一面享受着自己所给予的国防上的保护，另一面却不顾生产，不给自己上供，反而和美国一样做起了“不劳而获”的营生，这简直就是一种背叛！到了1971年以后，由美国人所构建的“布雷顿森林体系”一方面的确维持不下去了，另一方面美国决策层主观上恐怕也有想就坡下驴的考虑。之前英法等西欧国家能够变相分得部分发钞权是源自美元与黄金的绑定，如今美元与黄金脱钩了，至此美元只能由美联储来发行，你手里的黄金再也不能变成美元。这就相当于在“北约国”内部，“中央政府”美国从“地方政府”收回了发钞权，开始搞中央集权了。

当然，事情并非仅仅是美元与黄金脱钩那么简单。如前所说，中央政府要实现集权，必然要依赖于中央与地方财力上的此消彼长。具体到“北约国”，主要靠的是“此消”。首先是石油危机，1973年到1975年的石油危机，严重打击了西欧和日本的经济。而在当时，通过份额油以及其他形式，美国却能以相对很低的价格继续从欧佩克得到石油。例如在1972年，美国从委内瑞拉进口石油的价格是12美元/桶，而同一时期国际市场上，油价已从之前的8美元/桶飙升至42~49美元/桶，故欧洲、日本所受的冲击远胜于美国。

其次是美国成功逼迫“盟国”货币在短时间内对美元大幅升值，这在打击日欧等国经济的同时，还促使大量资本流入美国。在这个过程中，美国所采取的是各个击破的办法。首先逼迫日元升值——威胁对日本纺织品搞出口配额，同时频频和韩国、台湾地区、香港地区及东南亚国家接触，声称要扶植这些国家地区，分流走日本的市场份额，而日本由于国内消费市场狭小，只能就范；在从日本身上打开缺口之后，紧随其后的是制造业大国德国，美国声称美军将撤出联邦德国——不升值的话您老就自己扛着苏联人吧，德国马克于是开始对美元大幅升值；在联邦德国被拿下后，西欧各国一个接一个地被拿来修理，西欧大多数货币对美元都普遍升值。

到了20世纪80年代，也就是里根执政时期，“北约国”内部“中央”与“地方”的关系算是理顺了，西方世界的资源通过前面章节提到的那个“金字塔”结构一层一层集中到了“中央政权”，然后由美国人“统一调配”和“华约”搞对抗。这样一来，西方世界在经济总量、土地总量、人口总量等方面的优势也就体现出来了。至此，美苏之间的攻守之势在20世纪80年代互调了位置，形成了美国在战略上进攻的态势。1981年苏联举行了有史以来规模最大的军事演习，代号“西方81”，当时这让西欧很是紧张了一阵子，但究其根源，这其实是苏联在综合实力对比开始出现劣势的时候不得已的举措，是在以攻为守。而从各国的内政来说，也正是由于这次国际大环境下攻守之势异位，导致了20世纪80年代之后西方国家政坛上普遍是右翼占上风。

# 话说比较优势

如果观察冷战时期的西方集团的海军构成，会发现一个非常有意思的地方，美国海军的大型航母搭载舰载机的数量可以达到近百架（冷战时期的数量）。但是除了极少数用于勤务运输或是搜集的直升机外，在美国航母上你很难找到反潜直升机，都是一水的固定翼飞机。什么道理呢？当时北约海军大部分作战想必都是要多国统一行动的，而能起降重型固定翼舰载机的航母全北约也就是美国手里那十几条。那么索性就让这些大宝贝们专心干这一项别人干不了的事，至于搭载反潜直升机这种没啥技术含量的活儿就留给别人好了——当时英国、意大利、西班牙都建造过排水量两万吨以内的轻型航母，最初的目的就是为了这个，其实论搭载直升机的数量和效率，它们远比不上美国的大型航母。用经济学名词来介绍，这个就叫“比较优势”。

假设有 A、B 两种产品，A 是低端产品，价值 1，谁都能干；B 是高端产品，价值是 2，没有技术就干不了。有甲、乙两个人。甲比较强悍，如果只单独生产一种产品的话，甲的生产能力是每年产 A：100 个，或者 B：60 个；乙比较弱，只能每年产 A：80 个。结果应该会怎么样？乙被淘汰出局吗？

在现代经济条件下，答案是不会。如果平均分配生产能力，那么甲每年可以得到 50 个 A 产品和 30 个 B 产品，乙只有 80 个 A，总数即是 130 个 A 和 30 个 B，总价值 190。而假如甲全力造 B，乙专心造 A，那么最终的产品总数 80 个 A 和 60 个 B，总价值 200。

显而易见，后一种方案创造的总价值更高，从这个角度说，细化分工各司其职，对一个国家而言，各个地方小而全的建设是不合算的。推而广之，同样的道理，如果一个团队内某一个人有别人不具备的特殊才能，那么对人力利用率最高的方案就是让他专司一事，别的问题交给其他人去干——从这个角度说，行政干部懂技术是必不可少的，但技术尖子转行做行政就有些得不偿失了。

然而，现实显然没有上面说得那么美好，伴随着全球化而来的，并不是一个皆大欢喜的场面，发达国家与发展中国家的贫富差距并未随着国际贸易而减少，问题出在哪里呢？

继续前面的假设，它成立的前提是甲乙手中的产品必须要通过交换实现共享才可以。然而，甲对乙而言是不可取代的，乙对甲则不然。这样的情况下，显然无法达成公平的交换。

这就是问题所在：国与国之间，比较优势并非指在某些领域具备优势，而是具备同样生产能力的两方或多方之间的资源优化，或者叫产出最大化。比较优势的前提是，双方的可替换性——虽然效率不同，但是大家都会做。假如具备这一前提，那么，发展自由贸易就是合理地选择。而一旦某一方不具备某种生产能力，他就没有资格在这个比较优势的圈子里玩。只有具备全面的产业能力，并且具有全面的产业结构的国家才有资格成为“比较优势俱乐部”中的一员。发达国家制造业为GDP所作的贡献一般不超过百分之二三十，可是，这“百分之二三十”恰恰居于核心位置，各种金融游戏、服务业等等，无论怎么玩，根基都在这里。

现在我们用几亿件衬衫、裤子换一架大飞机，根源就在于不具备这种可替换性。同样，反过来说，如果光以账面成本或者市场前景而否定中国搞大飞机项目，那是极其错误的——只有具备了可替换性，中国才能真正有资格进入“比较优势俱乐部”，才能确保在经济全球化中，我们的获利可以最大化。因此，一旦大飞机项目开发成功了，即使真的要在很长一段时间里需要“赔本儿”来维持，从全局讲，中国人仍旧是稳赚不赔的。说到底，要想成为大国，就必须学会制造尽可能多种类的东西。

再深入一步说，随着文明的发展，分工的细化，现代社会的必需性的生产部门规模已经相当大了：从农业到矿业，再到制造业、金融业、教育、医疗、行政管理等等，大约需要超过一亿的人口才能保证完全覆盖。而现代社会中这些生产部门本身同样是分工日益细化，技术日益专门化，且技术更新周期越来越短，某些产业一旦停滞二三十年，就会完全被淘汰掉，也就失去了谈比较优势的资格了。从这个角度说，某些中小国家论人均GDP可以称为发达国家，但是，由于国力、人口等因素，无法做到让本国经济涵盖整个生产领域。同时，虚拟资本主义的兴盛，再加上资本本身具有趋利性的特征，这就导致这些国家的产业不断转移至成本更低的第三世界国家，本国制造业发展出现停滞。随着时间的推移，一旦无法维持产业结构的全面性，又没有足够强大的新兴产业来拉动经济，那么就很可能会从世界经济的“第一阵营”中被淘汰出局。对国家和个人而言，财富的概念是有所不同的，现在所发生的，对西方发达国家而言，某种程度上说就是一种财富的流失。

# 蝙蝠效应——话说苏联解体

蝙蝠，在走兽的眼中它是“飞禽”，而在禽类眼中，它依旧是兽类 ……

20 世纪 80 年代末的苏联领导者们，某种程度上便扮演了这样一个角色。

# 隐患

毋庸置疑的是，苏联是社会主义制度的第一个产物，它必然会存在这样或那样的问题需要后来者来完善——当然这并不能掩盖掉它作为开拓者的光辉。

受俄国具体环境的影响，布尔什维克党的组织体系和运作模式其实很大程度上都借鉴了俄国东正教的体制——内核相反、结构相近。对比此前资本主义国家以利益为纽带的各类政党，苏共的组织体系要严密得多，因而也就有着更强的行动力。在布尔什维克获得国家政权后，一国的意识形态、政权以及经济运行被有机地结合在了一起，如此也就迸发出了让各个资本主义国家难以置信的行动力。

这么比可能有的读者会觉得比较别扭，其实历史上学说与组织相互结合的实例是在我们中国——始于战国的墨家同样有着非常严密的组织体系。巧合的是墨家学说在本质上，很多东西和社会主义的主张其实都是相通的。而战国时代的秦国能够横扫六合，除了采纳了法家的主张之外，同时也在于秦王室与墨家的合作——准确说秦制即法墨治国。

然而世界上总是存在这么一条亘古不变的定理，一个事物最强大之处往往也真是它最脆弱的地方。苏共教会化的结构之下同样也隐含了一系列问题：最初将众多党员变成严密的组织、聚沙成塔的核心是基于意识形态的信仰而非利益，一旦信仰开始虚无化，那么组织的凝聚力和行动力也将不复存在，相反严密的组织会带来比西方政党更高的运行成本。反过来说，组织内的矛盾又会削弱信仰的权威性。

苏联自上而下层层服从的组织体制，本质上依然是一套精英治国的体系。列宁也曾说过：沙皇可以靠几十万贵族统治这个国家，我们（布尔什维克）同样可以依靠三十五万党员来管理这个国家。对比中苏蜜月期间的中共和苏共，会发现一个微妙的区别，在各种庆祝活动上中国更多的是将宣传的重心放在成绩突出的基层工人、农民以及士兵身上，而苏联的宣传部门则更关注科学家、宇航员、作家等等，这个细微的差别背后，则是一个治国思路的不同。

苏联的精英治国模式下，一方面国家的智力资源被最大限度地发掘了出来，但另一方面人民对党、普通党员对上级事实上都缺乏可靠的制度化的监督能力。而在苏联建国初期，由坚定信仰所带来党员干部高度的自律性，却恰恰掩盖了这一问题。卫国战争期间牺牲在战场上的苏共党员有 230 万人，当时发起冲锋第一个跃出战壕的必须得是政委，而党员会被分配在攻击阵形的最前排。

而随着国家环境的逐步转变，苏共从“打天下”转变为“坐天下”之后，缺乏约束的问题也随之暴露了出来，苏共领导干部开始脱离群众，当时干部的实际收入是苏联平均水平的四倍。特权意识、派系意识、精英主义开始在党内弥散。腐败、任人唯亲以及大大小小的特供商店开始一步步的腐蚀掉苏共的执政根基。

除此之外，苏共一直以来都未能解决好领导干部接班的问题，高级干部基本都是在位置上做到死的终身制。苏共中央政治局委员（主席团委员）的平均年龄在斯大林去世时为 55 岁，赫鲁晓夫下台时为 61 岁，到勃列日涅夫时代的 1980 年，则超过了 70 岁。领导层的老龄化所带来的问题，除了政治生态的暮气沉沉之外，更致命的是很容易导致权力交接出现断层。因为领导人权力何时终结取决于他们的自然寿命，因此你很难合理安排好后备力量。1982 年 11 月 15 日勃列日涅夫去世，紧接着 1984 年 2 月接替他的安德罗波夫去世，次年（1985 年）接任安德罗波夫的契尔年科又去世了。在当时的莫斯科人们甚至开玩笑说，参加红场的国葬可以去办联票了。契尔年科去世后戈尔巴乔夫能够被推选为总书记，很大程度上也是因为时年

54 岁的他是当时苏共最年轻的政治局委员——大家参加葬礼已经参加怕了。这种权力断层很容易导致国家政策无法延续，继任者也很容易由于缺乏历练而显得轻率和不切实际——戈尔巴乔夫同样向世人验证了这一点。

# 逆局

在 20 世纪 50 年代，毛泽东和赫鲁晓夫曾就东西方对抗的未来趋势有个一次对话。毛泽东的观点是：面对美国为首的西方，中苏有两种对抗模式。一种是选择支援第三世界国家此起彼伏的革命，让美国无暇喘息，在不断的“救火”中逐步消耗国力；另一种则是准备一场世界大战，而在此之前自然要和西方世界搞军备竞赛。两种方式中，前者对中苏有利，后者则对美国有利。因为西方世界的总体经济实力依旧强过社会主义国家，而军备竞赛拼来拼去，拼得就是一个国力，这种掰腕子式的对抗方式显然不利于实力较弱的一方。而从后面的历史来看，赫鲁晓夫以及他的继任者勃列日涅夫显然并不认同毛泽东的这一观点。所谓冷战，终归还是一种“不战”的状态，美苏相互搞了二十多年的对峙，而在这二十多年的静止当中，美国解决了自己的不少问题，而苏联的种种潜在问题开始发酵了。

当历史推进到 20 世纪 80 年代，对美国人而言，苏联确实已经越来越不足以为虑了——虽然那时苏联的威胁被媒体描述得仿佛可能在下一秒就会降临在西方人面前，然而在位于“东西对抗最前沿”的联邦德国，他们的安全部门此时最头疼的已然不是什么克格勃的渗透，而是驻民主德国苏军在东西两德之间愈演愈烈的走私活动以及由此引发的犯罪活动。

如前文所言，自 20 世纪 70 年代开始，通过一系列软硬兼施的手段，西方世界中由美国人所主导的“金字塔”形分工体系的结构开始变得清晰且严密起来，并且西方世界大于社会主义阵营的经济总量在美国人的统一调配下成为实实在在的优势。两个阵营之间的实力差距从当年的两届奥运会就可以看出来，当时美国以苏联入侵阿富汗为由，带头抵制1980年的莫斯科奥运会。结果不算苏联自己，当年参赛的国家只有80个，参与报道赛会的新闻记者共有5 615名，比参赛运动员的人数还要多。开幕式上，这80个国家里又有16个国家的代表队在入场式上没有打本国国旗，以奥林匹克五环旗替代，新西兰代表队干脆打了面黑色五环旗，有10个国家只有旗手一人，运动员干脆没出场，后来在获奖时这些国家也不升国旗、不奏国歌——借着奥运会搞政治对西方国家来说是一个由来已久的传统。1984年洛杉矶奥运会苏联还以颜色，也带头搞了一次抵制，但声势上要小得多，参加抵制的只有保加利亚、民主德国、越南、蒙古、老挝、捷克斯洛伐克、阿富汗、南也门和古巴等国家。

所谓“抵制”，就是要让各个国家表明立场、选边站队。看看两次抵制的响应者，东西方阵营的界线也就基本清楚了。西方资本主义阵营差不多涵盖了世界工业生产力的三分之二，这样的实力一旦被有效地组织起来，结果是显而易见的。在总体实力居于劣势的情形下，苏联要继续和资本主义阵营保持均势，那么积累和消费的比例、重工业和轻工业的比例以及工业和农业的比例就都无法保持平衡，老百姓的生活水平提高程度和国家经济增长就无法成正比。举个例子，在阿富汗战争期间，苏联一架米-24武装直升机的价格只约合9吨猪肉，这不是说苏联直升机多便宜，而是意味着那里的猪肉太贵了，这背后就是苏联国内轻重工业严重失衡。苏联的封闭经济体系里，发行的货币和生产的产品是对应的，然而这些产品中大多数都是衣不能穿、食不可餐的军工产品，刨除这一块，只对比和老百姓生活相关的消费品的话，卢布的发行就是过量的。因为对一般消费品的购买力不足，导致卢布对西方货币的官方汇率和实际汇率能差出很多，那时黑市兑换猖獗就是这个问题的反映。“8·19”事件以后卢布迅速贬值，其中就有被“打回原形”的味道。

有人说苏联为什么不能不搞对抗，为什么不以“和平与发展”作为自己的主题？问题是西方国家不会给社会主义国家阵营这个机会。里根上台以后，美国开始对苏重新采取遏制政策，表面上没有20世纪50年代杜鲁门主义那样强硬——因为美苏的实力差距没有那时那么大，但也不是尼克松时期的收缩政策。里根政府的基本方针是：强调以抗击苏联为中心，奉行所谓“以实力求和平”的方针，具体说就是以美国的经济、军事实力压制苏联；在地区争夺上，把苏联顶在20世纪70年代末的扩张线上，使社会主义阵营不能再前进一步。同时，保持各种渠道，加强同苏联的“对话”——也就是促使苏联“和平演变”。国务卿黑格、总统国家安全事务助理艾伦、国防部长温伯格成为对苏战略的核心人物。后来艾伦在任职10个月后被对手搞了个受贿丑闻被迫辞去了职务，军人出身的麦克法兰接任了他的位置，这样里根身边就是三位军人出身的鹰派幕僚在决策对苏战略。和平与发展在后面的历史的确成了时代的主题，但其前提是美苏两边必须有一方衰落或者灭亡。

# 异化

产生变化的不只是双方实力上的对比，更为根本的是苏共自身的变化：由于缺乏人民对党实施有效监督的体制，自赫鲁晓夫时代开始，苏共从一支代表工人阶级利益的共产主义政党一步一步蜕变成了所谓“全民党”。一个政治团体在维护一批人的同时，不可避免地总会要得罪另一批人。所谓代表所有人其实就只代表自己。由此苏共在实质上就已经从一支以意识形态为核心的政党，变成了以自身利益为核心的朋党。连勃列日涅夫本人都曾对自己的兄弟说:“什么共产主义，不过是哄老百姓玩的”。

勃列日涅夫时代的苏联给人的感觉就如同冬日晴朗的午后——温暖柔和的阳光让人变得慵懒，甚至不愿意去动弹一下。然而当太阳开始西沉的时候，黑暗和寒冷也就随之降临了，而人们此时还什么都没有去做。

对信仰的背离导致领导干部日益脱离群众，官僚主义与干群关系紧张大大地损害了原本运转正常的计划经济体制，使得内政问题进一步恶化……在经过长达十八年的、稳定的、“一团和气”的勃列日涅夫时代之后，苏共的权贵化已然到了积重难返的时代。

苏共愈来愈明显的惰性与腐败、东西方生活水准日益明显的差距再加上西方思潮的不断涌入使得众多知识分子开始对苏共对苏联的制度开始产生不信任直至走向了对立，当然这其中也不乏揣着明白装糊涂的别有用心之徒——当初靠搞“颜色革命”上台的这批人，后来无一例外地成了新贵族。譬如格鲁吉亚的萨卡什维利、乌克兰的尤先科等等。最具讽刺意味的是，由于苏共背离党的宗旨和原则、背离社会主义所产生的种种社会弊端，在众多人眼里却成了社会主义的罪状，以此来彻底否定社会主义。至此一股气势汹汹的否定苏共和苏联历史的历史虚无主义思潮开始迅速蔓延至史学界、理论界、思想界，不仅批判斯大林，而且列宁十月革命甚至卫国战争都统统被全盘否定。人们并不是寻找建设性的办法来医治社会疾痛，而是利用言论自由来毁灭这个社会，混乱的言论和意识让苏联社会陷入混乱甚至黑暗之中。甚至苏共内部的一些人，在这其中也起到了推波助澜的作用，原苏共中央委员、戈尔巴乔夫顾问司有礼曾回忆到：“这要归因于雅科夫列夫——‘公开性’政策的倡导者，他对大型报纸、杂志、电视台的编辑们施加影响，逼迫他们发表极端言论。谁拒绝这样做，他就撤掉谁。”

而这些或天真或“聪明”的知识分子包括当时苏联的“经济学家”，对西方模式的认识仅仅是一堆名词：“多党制”、“私有化”、“议会”……面对一堆经济问题，他们的理解是只要私有化了，一切“自然”就解决了。除了党内与知识界的这两股力量以外，民族分裂势力、各种宗教势力以及沙俄时期的旧贵族在这段时期也都活跃了起来。而这些人又都不约而同地纷纷将手伸向了西方国家，以期借助外部力量达到自己的目的。苏联时代大量“异见人士”的活动经费基本都来自于国外的所谓“非政府组织”(NGO)，这其中最大的一个金主是美国国家民主基金会——又译为“国家民主捐赠基金会”，简称 END，熟悉国际政治的人恐怕都不会太陌生。它号称美国上百万个非政府组织中的“龙头老大”，和美国国务院、国际开发署、中央情报局有密切的联系，被认为是中情局的“另一块招牌”。

而最要命的这些西方非政府组织机构在苏联境内的活动多数还是合法的，一般来说人们总是把苏联向西方阵营让步归咎于戈尔巴乔夫，而事实上最致命的一个让步是始于勃列日涅夫时代——1975 年 7 月，美国积极推动东西方阵营共三十五个国家共同签订《赫尔辛基协定》。协定中美国承认了苏联在欧洲的硬疆界。但同时明确提出，苏联要尊重西方的“人权和基本自由，包括思想、道德、宗教或信仰自由”，并要求苏联打开国门、解除禁闭，允许东西方人员自由交流往来。

《赫尔辛基协定》的签订对美国演变社会主义苏联的图谋具有十分重要的意义，随着东西方各种往来的开放，美国各种NGO组织陆续进入苏联及东欧国家[1]。所有这些打着“人道”、“和平”、“自由”旗号的NGO与国家民主基金会大同小异，实际上都直接或间接地得到美国政府的大力支持。他们在极力宣传西方的奢华生活之后，又把东西方的差距归因为社会制度的差异，这等于是在苏联这座摩天大厦上提前布好了一个个炸点，剩下的就是在等“爆破”时刻的来临。

在此之后，1978年波兰裔的保罗二世在美国情报部门的帮衬下成了历史上第一个非意大利籍的教皇，借助保罗二世在波兰的影响，教会势力开始大举向当时还是华约成员国的波兰进行渗透。而在此之前，借助《赫尔辛基协定》团结工会已经在波兰折腾得风生水起，连波军总参谋部都有高级军官都被中情局策反。波兰统一工人党的执政地位在当时已经开始出现动摇。至此苏联的东欧盟国集团身上的炸点也已经布置好了。

不仅仅是在党外，在苏共党内，为了抓住权力，很多人同样选择去搞“挟洋自重”。在雅科夫列夫的牵线搭桥之下，1984年戈尔巴乔夫与英国首相撒切尔夫人在伦敦郊区切克斯别墅一对一地秘密会见，谈了什么至今没有完全解密。但之后西方各个国家立即统一形成了舆论热潮，它们“盛赞”戈氏“是苏联理想的接班人”，“是具有新思想的新一代领导人”，“是可以打交道的人”。戈氏的那颗带有招牌式胎记的半秃脑袋在当时常常会出现在西方的各种杂志上，其中包括《时代周刊》——撒切尔夫人曾自豪地说：“是我们把戈尔巴乔夫提拔起来当了总书记。”

---

[1] 这其中包括成立于杜鲁门政府时期的“欧洲自由委员会”、艾森豪威尔政府时期的“自由之家”、肯尼迪政府时期的“和平队”、尼克松政府时期的“国际人道主义救援非政府组织”、卡特政府时期的“人权外交”、里根政府时期的“全国民主基金会”、布什政府时期的“欧美工会组织”、“国际律师协会”……

2008 年戈尔巴乔夫在美国被授予“自由勋章”。戈尔巴乔夫这样的人物的出现并非是历史的偶然，他身上的那些特质其实就是当时苏共中腐化蜕变的那部分人的缩影。也就是说，戈氏也仅是构成历史“必然”的一个“偶然”而已。

1986 年里根和戈尔巴乔夫的雷克雅未克会见也是一对一，戈氏亮出了他的底牌——已做好牺牲苏联利益，为美国效忠的准备。戈氏后来公开地承认：在雷克雅未克会见时“实际上已把苏联交付美国听凭处置”，他说：“雷克雅未克实际上是一场戏……一场重头大戏……我认为，如果没有里根这样强有力的人物，整个过程就不会开始……这次峰会上我们……走得已经那么远，根本就不可能再有回头路。”1989 年戈尔巴乔夫在马耳他同老布什总统会见的时候，整体移交苏联内政、外交阵地的过程已经完成，当时有个快言快语的外交官形象地说：“冷战是在地中海暖洋洋的海水中埋葬的。”

# 背叛

如果说戈尔巴乔夫还只是迎合西方势力的话，叶利钦、谢瓦尔德纳泽、切尔诺梅尔金等人则走得更远，这些人代表了苏共党内的反叛力量。早在1987年夏天，当叶利钦尚未与戈尔巴乔夫发生冲突之时，叶利钦就开始与美国驻苏联大使进行接触，他反共反社会主义的“坦率”，给美国大使留下了强烈的印象。美国随即将他作为重点工作对象，全力支持他对抗苏共中央、对抗苏维埃政权、分裂苏共和苏联的一切行为。由此开始，叶利钦或者说是苏共内的反叛力量取代了以戈尔巴乔夫为代表的苏共改革派，成为西方国家眼里“更可以打交道的人”。此前戈尔巴乔利用外交场合所反复宣传的“新思维”、政治改革等话题，此时对西方国家恐怕已经不再有那么强的吸引力了。

在叶利钦与戈尔巴乔夫公开发生冲突被开除出政治局后，这一点表现得尤为明显。那时美国利用各种机会始终与叶利钦保持着密切的接触。1989年叶利钦当选为苏联人民代表并进入最高苏维埃，当年9月随即访美，而美方则破格接待这位“非正式访问”的“非官方人物”，安排总统、副总统、国务卿和前总统里根等诸多政要同他会晤。叶利钦回国后，随即加紧展开反共活动。一方面在党外谋求取消苏共领导地位的宪法的修订，另一方面在党内领导“民主纲领派”进行“政改”，力图“彻底改造”苏共，剥夺党的领导权。

戈尔巴乔夫与叶利钦的政治斗争，说白了就是苏共高层瓜分国家和人民财富的一场利益之争。为了自身的私利，这些人可谓不择手段，完全罔顾其他——在这场斗争中美国政府竟被请出来担当起了协调人的角色。叶系与戈系后来的“联手合作”是由白宫和美国国务院推动的，在大国政治中恐怕找不出比这更荒谬、更可悲的事情了。1990 年 3 月，叶利钦当选为当时苏联范围内最大的加盟共和国——俄罗斯共和国议会的议员，同年 6 月，他凭借一系列“政治秀”当选为俄罗斯共和国的主要行政长官。此后，叶利钦和他的助手们开始采取一系列政治手段，破坏国家的计划经济体制，导致国家经济增速出现明显下降，降幅约为 2% 左右。1991 年，叶利钦又进一步破坏中央计划，他把俄罗斯税收的绝大部分截留了下来，不再上交中央财政，而俄罗斯共和国则是苏联的主体部分，苏联经济因此当年就下降 13%，这最终诱发了苏联的解体——20 世纪 90 年代初苏联经济中出现的问题，根本不在计划经济体制内部，而完全是人为破坏的结果。

苏共反叛者们最终成了后来苏联解体最大的获益者。如今俄罗斯最富有的人正是当年党内的“精英”。所谓“改革”，说到底改的就是一个社会财富分配体制——把原来相对平等的财富分配体制砸碎掉，然后把财富堆在那里，让人们一哄而上去抢，谁抢着算谁的，苏联的“经济学家”们美其名曰自由竞争。而这些身居要职的精英们早已给自己占住了最好的位置，这样一来结果可想而知。除了众所周知的叶利钦家族之外，还比如说切尔诺梅尔金，20 世纪 80 年代他当过苏联天然气总公司的总经理，1992 年后天然气公司“私有化”后，切尔诺梅尔金摇身一变成了天然气股份公司最有实力的控股人，控制着全世界 40% 以上的天然气资源，是世界上最富有的几个人之一。苏联共青团中央书记科尔科夫斯基，利用自己的职位创办了一家大银行，把原属于人民的财富变成了他个人的财产。具有讽刺意味的是，这些党内的“激进民主派”曾大肆批判苏共高层的腐败与特殊化，平心而论，那时苏共领导干部们的特殊化还仅限于偷偷摸摸地搞些特供商店之类的东西，在莫斯科库图佐夫大街上有一座公寓楼，里面的户型大致是 200~300 平方米，勃列日涅夫、苏斯洛夫和安德罗波夫的居所就在里面。而与此同时在 20 世纪 70 年代后期莫斯科就已经实现了电气化，每五个家庭就有一辆私人汽车，苏联公民每月用于文化娱乐的支出占工资总额的

10%~15%，更重要的是涵盖全民的免费医疗、免费教育以及免费住房。对比 1991 年之后富可敌国的新贵们的奢华生活，苏共时期的腐败着实有点小巫见大巫了，而俄罗斯民众在当时所面临的局面则是：国民人均寿命缩短，治安恶化，贫富差距拉大，国家工业体系支离破碎……

相比于这些新贵，戈尔巴乔夫的晚景就差多了。这并非是由于一些文章中所说的愚蠢或者是“好心办坏事”，这其实是他与叶利钦斗争失败的结果。苏联解体以后，叶利钦给戈尔巴乔夫的只是每月 4000 卢布的退休金——这也是戈氏在辞职之后所唯一关心的事情，这个数目在当时是退休领导人的最高标准，可不幸的是随着俄罗斯国内疯狂的通货膨胀的到来，这笔钱折合成美元之后不过 2 美元而已——当时普通人生活的困难程度可想而知。为此，戈氏曾一度像艺人一样忙着在西方国家拍广告赚钱，他曾带着 10 岁的孙女入镜拍了必胜客广告；拿自己的名字为伏特加酒做了商标；甚至还曾为路易·威登（LV）做过广告……或许是出于虚荣或是其他的原因，戈尔巴乔夫在 1996 年曾“重返政治舞台”参加了当年的俄罗斯总统选举，结果得票率不到 1%，在进行竞选演说时，甚至挨了民众丢过去的鸡蛋。如果你有机会去位于莫斯科的“戈尔巴乔夫基金会”的办公地点，迎面看到的第一件东西将是一副超大的戈尔巴乔夫肖像照片，之后便是他各个时期的照片，由此对这个人的性格或者我们也可以了解一二。

2001 年俄罗斯科学院综合社会研究所的民意调查表明：有 64% 的被调查者认为戈尔巴乔夫和叶利钦应对苏联解体承担主要责任。2004 年 10 月 20 日，土库曼总统尼亚佐夫[1]访华时在北京说道：“戈尔巴乔夫和叶利钦加快了苏联解体的过程。前者解散了苏共，使苏联解体，后者则割断了苏联各加盟共和国的相互联系，使经济瘫痪。”这番话点明了戈尔巴乔夫由于放弃苏共领导导致国家解体的原因，同时意味着，无论是俄罗斯人，抑或非俄罗斯人都认为戈尔巴乔夫和叶利钦应对苏联解体负责。

---

[1] 前苏共中央政治局委员、苏共土库曼党中央第一书记。

## 暗战

在苏共内部如此“配合”的同时，美国人也没有闲着。美国政府制定肢解苏联的行动计划始于1981年春，策划大致完成于1986年底——也就是戈尔巴乔夫与里根单独会见之后，前后一共耗时5年多一点的时间。这一行动当时是背着社会公众、政府和国会秘密进行的，知道内情的仅限于高层的少数几个人——总统里根、中央情报局局长威廉·凯西、总统国家安全助理理查德·艾伦和国防部长卡斯帕尔·温伯格。现在公布的资料表明最早提出这一计划的是威廉·凯西，“凯西、艾伦、温伯格在总统的支持下，决定向苏联发出挑战……我们认为雅尔塔会议无效。”回忆人记得在凯西提交了阿富汗战场等情报报告后，提到了苏联问题，凯西认为美国没有必要再继续遵守以往的游戏规则。

哈佛大学历史学家理查德·帕普斯为里根草拟了美国对付苏联最新战略计划，代号为：NSDD-75。这一次世界大战略表明了美国政策中的“革命性转折”。“我们当前的目标已经不是与苏联共存，而是要改变苏联的制度。”“我们完全有能力借助外部压力来改变苏联制度。”“通过利用苏联内部的弱点来动摇苏联制度是美国的目的。”为此，美国展开专门行动，开始在苏联和东欧国家内部寻找他们觉得可靠的代理人——雅科夫列夫、戈尔巴乔夫、叶利钦这些人恐怕就是他们的“工作成果”。通过给阿富汗反政府武装以及东欧的反对派以物质和政治支持，使苏联卷入两场尖锐的危机——阿富汗战争和波兰危机。

与NSDD-75计划配合的还有另一套反苏经济战方案，代号是：NSDD-66，在 1982 年勃列日涅夫去世后开始执行，策划者是里根的苏联经济顾问亨利·罗恩。NSDD-66 的主要任务是：切断苏联从西方获得先进技术用于产业升级的渠道；打击苏联外汇的主要来源——石油和天然气的贸易。克格勃和苏共高层当时都知道存在这样一系列“旨在推翻苏联制度的美国情报机关和其他特工机构的计划”，然而忙于瓜分国家财富的权贵们显然对此并不在意。相反，为了在政治斗争中占据上风，他们中的很多人都乐于主动迎合西方国家。

实际上针对苏联的暗战早已展开，在十月革命胜利之后，逃出俄国的白俄、无政府主义者、苏共党内的失势力量各色人物组成了大量的地下团体。而这其中对苏维埃政权真正形成严重威胁的则是一个被称为“俄罗斯团结者人民劳动联盟”（NTS）的地下组织——该组织应该是在 1930 年前后由一群流亡的白俄后人在南斯拉夫贝尔格莱德创建，以推翻苏联政权为其根本宗旨。最初 NTS 只吸收 30 岁以下的年轻人加入。从科学角度说人的大脑前叶要到 20 岁以后才能逐步停止发育，这就意味着年轻人更容易接受外界信息的影响，其次年轻一代由于没有经历过十月革命，对俄国革命前后的变化自然也就没什么概念，他们看到的就只有苏共的种种强硬手段，也就更愿意相信苏共是一个邪恶的势力。随着二战的结束，这条限制最终被取消了——因为十月革命的记忆此时在多数人头脑中都已经模糊了，没必要再专门挑年轻的进来。

二战结束之后，由于获得了大量来自西方国家的支持（主要的支持来自英国），NTS 对苏联的宣传渗透手段已经达到无孔不入的地步，连出口到苏联的货物中也夹带着他们的传单。1955 年开始他们在联邦德国向民主德国和苏联放飞宣传气球，并搜集苏联国内地址，然后大批发送装有宣传品的邮件。NTS 甚至拥有自己的出版社和无线电台，每天都向苏联广播，其间还数次派间谍潜入苏联及东欧国家。这些举措让 NTS 在苏联获得了相当的影响力，以至于被时任克格勃主席安德罗波夫称为“头号敌人”。

1956 年随着赫鲁晓夫“秘密报告”的出炉，苏联开始了一轮“去斯大林”化，而伴随着对这位政治家的通盘否定，当时一系列原本合理的政策也被否定掉了，安全工作的松动加上意识形态的混乱，给了 NTS 大量的活动空间。他们开始在苏联及其他华约国家散发传单，要求审判“斯大林的爪牙”，并号召民众组织起来举行罢工。这并非只是喊喊而已，1956 年爆发的“匈牙利事件”便于此有着莫大的关系，而受匈牙利事件的波及，拉脱维亚、立陶宛、爱沙尼亚及乌克兰等加盟共和国内的民族分裂也一度跃跃欲试。

在这一段时期，NTS 之类的地下组织虽然活动频繁，但由于苏联国力整体处于上升阶段，加之克格勃的强力压制，所以效果一直不大，以至于很多苏联人干脆都不知道他们的存在——负效应则是在人们看来苏联安全机关的很多举动是“神经质”、“无事生非”、“侵犯人权”。

1975 年《赫尔辛基协定》的签署给了这些地下组织以转机。众多英国“留学生”以“学术探讨”的名义进入了波兰、捷克斯洛伐克和苏联。为了体现对“人权以及文化交流的尊重”，这些人所带的行李甚至没有经过任何安检，大量的宣传品被带入，而返回时他们又带回许多重要情报，这其中包括一些反苏人士的手稿，而涉及政治、军事的情报则直接被交予北约司令部。曾任英国保守党学生联合会主席的彼得·杨回忆说：“我被派去同一个名叫格奥尔基·弗拉基莫夫的作家接头，他是苏联的持不同政见者，我设法将他最新手稿的缩微胶卷带出，在西方出版。”“那天深夜，我偷偷溜出莫斯科的旅馆，前往郊区格奥尔基·弗拉基莫夫的公寓。拿到缩微胶卷后，我把它绑在肚子上。就这样我一直提心吊胆地继续我的旅行，直到把它安全带出。”这种技术含量并不怎么高的间谍手段显然无法逃过克格勃的眼睛，很快众多“留学生”就被克格勃所抓获，但是碍于当时的环境，最终也只能将他们驱逐出境了事。而这一举动反倒被 NTS 组织进一步利用，他们在西方媒体上抨击苏联违背《赫尔辛基协定》，并借此展开了又一轮“人权”攻势宣传，借此又在苏联获得了不少支持者。

1986 年，国际和平年世界大会在哥本哈根举行，苏联原本寄希望于通过此次会议能够减轻西方的舆论压力，在此之前做了大量的前期工作并一度获得了一些西方媒体的支持。然而在会议第一天，3 名 NTS 成员举着巨大的横幅来到讲台上，上面写着“这是克格勃的‘和平会议’”。第二天，现场的照片便刊登在了丹麦的各家媒体上。到会议最后一天，世界和平会议完全成了一场闹剧，会议的主题成了谴责苏联占领阿富汗。

1991 年底，随着苏联的消亡，NTS 随之解散，当时的负责人米勒随即赴莫斯科，成了俄罗斯“私有化之父”丘拜斯的高级顾问。而随着俄罗斯在休克疗法下一蹶不振，米勒也随之“功成身退”，成为了西方公司的高级顾问。

# “8·19 事件”

到了 1991 年，苏联已经基本完成西化改革，从多党制、议会民主、三权分立到总统制。而此时的苏联也早已危机四伏。苏联的核心所在，由叶利钦所掌握的俄罗斯共和国在此时已经不再向苏联中央政府缴纳税收，这使得苏联中央财政几乎完全陷于瘫痪。而与此同时，各个加盟共和国的独立呼声日趋高涨，为了尽快瓦解苏共中央的领导地位，叶利钦甚至向车臣分裂势力头目杜达耶夫提供了支持。而在民间，同样有很多民众认为“苏联不是俄罗斯人的苏联，而是压迫俄罗斯人的苏联”。

而在此时，苏共党内还存在如雷日科夫、亚纳耶夫等较为理智的力量，他们主张要维系联盟的存在，并回到比较传统的社会主义道路上去。然而，历史并没有给他们足够的机会。

作为挽救联盟的最后努力，副总统亚纳耶夫等人最终选择发动了政变。1991 年 8 月 19 日，苏联副总统亚纳耶夫发布命令宣布，“戈尔巴乔夫由于健康原因已不能履行总统职务，自即日起由他本人代行总统职务。同时宣布成立国家紧急状态委员，行使国家全部权力，在苏联部分地区实施为期六个月的紧急状态，国家紧急状态委员会由亚纳耶夫、总理帕夫洛夫、国防会议第一副主席巴克拉诺夫、国防部长亚佐夫、内务部长普戈、国家安全委员会（克格勃）主席克留奇科夫等八人组成。委员会发布《告苏联人民书》，称“戈尔巴乔夫倡导的改革政策已经走入死胡同，国家处于极其危险的严重时刻”。委员会连续发布两道命令，要求各级政权和管理机关无条件地实施紧急状态，并暂时只允许《真理报》等九家报纸发行。然而这一行动并未得到人民群众的广泛响应，几年以来的意识形态混乱使得后者选择了冷眼旁观。而与此同时，面对西方所谓的舆论压力时，亚纳耶夫等人又表现得迟疑不决，使得叶利钦等人得以在已经宣布戒严的莫斯科组织起五万人规模的游行集会，而早已和联盟离心离德的各个加盟共和国以及地方政府，很多都选择站到了叶利钦一边。而苏军部分部队则选择了不作为乃至倒戈，如作为苏军快速反应部队的空降兵在其司令格拉乔夫的策动下选择站在了叶利钦一边——作为回报，格拉乔夫后来被叶利钦任命为俄罗斯首任国防部长，而后来俄军在第一次车臣战争中铩羽而归，很大程度上也拜这位精于权谋却疏于军阵的国防部长所赐。甚至于连隶属克格勃的阿尔法特种部队也选择了抗命。现任俄罗斯总统的普京，也正是在“8·19 事件”后的第二天，选择辞去了在克格勃的职务。

这里值得一提的一件事是，紧急状态委员会在控制电视台、电台、报纸等媒体机构的同时，却独独遗漏了一个通信途径——那就是当时尚处于初级阶段的互联网，叶利钦正是通过互联网将《告苏联人民书》提前散发给外界，而在整个政变过程中，叶利钦等人也正是通过互联网与国外始终保持着联系，这些因素直接导致了“8·19 事件”以流产告终。而这也是互联网首次成为影响一国政局的工具。

言归正题，在“8·19 事件”爆发三天之后，紧急状态委员会已经处于一种内外交困的状态，大量的指令发出后却鲜有人响应——众多地方政府拒不执行委员会的命令，相反出现了大量的游行和罢工，曾任苏共政治局委员，戈尔巴乔夫的政治顾问雅科夫列夫在《消息报》上公开宣布退党，并声称“苏共领导正准备进行一场政变”。最终戈尔巴乔夫被释放，苏共最后的努力至此宣告失败了。戈尔巴乔夫在重新执掌权力之后，旋即开始忙于清洗党内的反对者，除普戈自杀外，紧急状态委员会成员悉数被捕。而很快戈尔巴乔夫就发现，他不过是只“螳螂”而已，叶利钦才是他背后那只巨大的“黄雀”。“8·19 事变”的流产使得叶利钦在俄罗斯的影响力达到了巅峰状态，而随着苏共遭受重创，戈尔巴乔夫也早已成为一只没有壳的螃蟹。8 月 23 日戈尔巴乔夫会见俄联邦议员时被叶利钦当众指责，叶利钦当着戈尔巴乔夫的面宣布暂停苏共和俄共在俄罗斯联邦领土上的活动。8月29日，苏联最高苏维埃也通过决议，终止苏共在全国范围内的活动。随之，各加盟共和国共产党或被终止、禁止活动，或被迫自动解散，或在共产党基础上改建新党，有的地区共产党甚至被宣布为非法。苏共中央办公厅主任克鲁齐纳跳楼自杀，曾任苏军总参谋长和戈尔巴乔夫军事顾问的阿赫罗梅耶夫元帅在办公室上吊自杀。苏共领导人有的被逮捕，有的自杀，大批苏共党员干部加入失业大军。短短几天，具有93年历史、执政70多年、尚有1500万党员的苏联共产党就这样在没有做什么反抗的情况下彻底死亡。

同样是在8月，乌克兰、白俄罗斯、摩尔多瓦、阿塞拜疆、乌兹别克斯坦、吉尔吉斯斯坦先后宣布独立[1]，苏联解体至此已进入不可逆状态。1991年12月25日，苏联总统戈尔巴乔夫宣布辞职，将国家权力移交给俄罗斯总统。当天19时32分红旗从克里姆林宫上降落！第二天，苏联最高政权苏维埃通过最后一项决议，宣布苏联不再存在……

[1] 此前在1990年3月11日立陶宛已宣布独立，次年，格鲁吉亚、爱沙尼亚、拉脱维亚依次宣布独立。

# 颜色革命

事情到此还远未结束，这片土地上一下子出现了十五位总统——同时也是这里最富有的人。而在此之前，他们都是苏共的高级干部，正是通过肢解联盟，原本属于全体苏联人民的国有资产被这些人划到了自己的口袋里。这样一个根源也就决定了由苏联解体而诞生的这些新的政权执政基础从一开始就是背离人民根本利益的，是难以获得民心的——简单说就是在已经腐化的苏共基础上进一步变本加厉。

对于西方国家而言，这些政权同样是无法令人放心的，他们的利益依旧是基于他们的国家来实现的，与西方世界并没多少瓜葛，甚至很多地方还会存在冲突——这一点可以参见现在俄罗斯与西方的关系。如果苏联解体仅仅限于这一步，那对西方而言需要解决的就只是一个地缘安全问题，前苏联地区的资源依旧没有完全纳入西方主导的经济体系中来，那些地缘上的战略要冲也没有完全被西方国家所掌握，因此资本扩张从中所能获得的好处还是有限的。

鸡蛋原本就有缝，而外面还有一大群虎视眈眈的苍蝇，于是，颜色革命也就开始了。从格鲁吉亚开始，之后是乌克兰，然后是吉尔吉斯斯坦。与此同时，俄罗斯针对普京的游戏也开始了。与脱胎于苏共官僚的旧领导层不同，这些靠颜色革命上台的新贵最初都是党外的知识分子或者是“异见人士”，他们手中的政治资源原本要少于前者，于是也就更加依赖于西方国家的支持。在苏联解体之前，他们和叶利钦们曾可以说是同盟关系，而变质后的苏共对这些人也一直采取绥靖政策——苏共不敢依靠人民，就只能选择向这些所谓“精英阶层”寻求支持。如今苏联灭亡了，由这些和西方存在更多“共同利益”的人去执掌权力，显然比那些苏共官僚要更合适。

在2003年格鲁吉亚“玫瑰革命”之后，笔者在一部纪录片里清楚地记着这样一个镜头：在一个公开场合，萨卡什维利在对记者进行了一番讲话之后，立即回头去问了他的顾问——美国退役军官布鲁斯·杰克逊这样一句：“我说错什么了吗？”这其实就是这些“民主派”人士与美国之间关系的最真实的写照。2008年北京奥运开幕当天，格鲁吉亚突然兵进南奥塞梯，由此俄格战争的序幕拉开了，之后在不长的时间内，俄罗斯毫无悬念地赢得了战争。在此之前，其实两国已经就南奥塞梯问题达成了协议，原本通过军演进行示威的俄58集团军也已结束演习准备撤回。从实力来说，格鲁吉亚举国的武装力量就数量而言，仅相当于俄58集团军加配属航空兵及海军数量的五分之一，人员及战术水平、装备水平同样远低于俄军。在争议已经通过外交途径得以解决，而实力又相差悬殊的情况下却主动挑起战争，这显然是违背常识的，但萨卡什维利偏偏就这么做了，这是由于领导人的头脑一时发热吗？恐怕并非如此，相反萨卡什维利当时可能还非常清醒。

俄格战争有这样一个背景：2008年时金融风暴正处于高潮阶段，当时美元的地位岌岌可危，在这种情况下欧盟和俄罗斯便再次有了联合起来“抢班夺权”的想法，要“一起抛售美国国债”，准备直接结束美元的性命。在这种时候，俄格战争无异于在俄欧关系上狠狠地切了一刀，即便双方决策者对此心知肚明，但迫于国内舆论压力，短期内也无法和对方继续保持合作。也就是说，萨卡什维利这个看似毫无道理的举动，在一个关键时间点上大大地减轻了美元的压力。美国人才是整个事件真正的受益者，而最直接的受害者则是格鲁吉亚的普通百姓和在战火中送命的士兵。此番种种，恐怕不是用巧合可以解释得通的。

# 死亡进行时

1988年6月，与民主化的政治改革相呼应，苏共第19次全国代表大会提出了从根本上进行经济改革的任务，戈尔巴乔夫尝试着为私有化打开大门。戈尔巴乔夫根据亚夫林斯基、叶利钦等人提出的方案修改、补充成“500天计划”，主张在大规模私有化基础上，从1990年11月1日至1992年3月14日500天内，分四个阶段将苏联从计划经济迅速过渡到市场经济，称之为“休克疗法”，而其结果则是灾难性的。西方先前承诺给俄罗斯的援助几乎无一兑现，俄罗斯从西方国家手里得到的援助物资远不及波兰和乌克兰，相对于俄罗斯的人口而言几乎可以忽略不计。1993年冬季，俄罗斯因为粮食危机已经面临要饿死人的威胁，而在这个时候，副总统鲁茨科伊竟还在盘算着如何利用即将到来的危机向叶利钦逼宫夺权。所幸的是，当时中国政府承诺在两年内以不高于加拿大离岸价格，每年向俄罗斯提供500万吨共计价值4亿美元的玉米，这满足了俄罗斯生产“人造肉”罐头和饲料原料的需求，危机方才得以缓解。与苏联时期比较，现在俄罗斯人的人均寿命减少了十年以上，出生率从苏联时期的14%~17%锐减至8.3%，死亡率由苏联时期的8%~12%增至14.7%，最高时达15.7%，俄罗斯平均每年减少人口达100万。与此同时，包括俄罗斯在内大量东欧妇女迫于生计而沦为娼妓。在当时，西欧各国的色情业的平均价格因为东欧妓女的大量涌入而被大大地拉低，以至于本土妓女上街抗议“她们的东欧同行”搞“倾销”——对前苏联和其他前社会主义国家的人民来说，这绝不是一个让人听后乐得起来的笑话。

和很多文章里所提到的不同，在笔者看来，并非是苏联的经济问题引起的这场悲剧，恰恰相反，是苏联解体本身制造了苏联地区经济的悲剧。很多文献都曾将联盟解体的原因归结于苏联后期经济增长缓慢，但是需要指出的是：首先这个“缓慢”是相对于1975年之前苏联GDP 4%~8%的增长率而言的，而同期美国的平均值则为3.3%。1975年之后，按照布热津斯基《大溃退》一书里的说法，苏联经济增长常年低于5%，可问题是经历了“平成不况”的日本有十年时间干脆是处于停滞状态，美国大萧条时期也曾有过负增长，但美日政府现在都还活得好好的，而且在1975年经济增长趋缓时，苏联人民的消费额增速是在加快的，换句话说苏联在当时已经开始逐步扭转高积累低消费的情况了。事实上直到1990年年初，苏联经济依旧是正增长，逆增长是当年夏天开始的——原因上文里提到过，俄罗斯共和国在叶利钦当选总统后开始人为地破坏计划经济体系。还要说明的是，苏联时代是不计算第三产业的，计划经济体制里不存在金融操作这样的虚拟经济成分。而西方资本主义国家里，制造业对GDP的贡献通常只占20%~30%，其余都是金融及服务业。

对苏联的经济而言，应该说1991年前后的动荡只是让国家经济“休

**卫星拍摄的俄罗斯远东地区的炼油厂**

苏联解体后，俄罗斯采用西方提供的“休克疗法”导致本已疲累的经济雪上加霜，直到近几年随着国际能源价格的不断升高，俄经济才开始有了起色。

克”了——国家的动荡影响的实际只是分配环节。前苏联范围内，工厂、设备等等都还在那儿放着，工农业生产能力完全是可以满足人民生活需求的，真正的问题出现在后面，苏联经济的“死亡”是一个持续了很长时间的过程。

开启苏联经济“死亡”的第一步是联盟解体。苏联工业体系的特点在于各个地区分工高度专业化，往往一个小城镇只负责一种配件的生产，其余生活物资都从外面调配，一架图-154客机，上面的零配件来自十几个加盟共和国。笔者所生活的城市就是20世纪50年代由苏联专家负责规划的，所以对此有着比较清晰的认识。市内最初一共三个区，轻工业、重工业、生活三样分得清清楚楚，三个区之间留出了大量空余土地以备今后发展——至今市区中心尚有8平方公里的草原。这种高度专业化的分工可以极大地降低生产成本，提高生产效率，同时可以比较平均地在国内各个地区实现普遍的工业化，保持国内均衡发展。随着联盟的解体，各个加盟共

叶利钦接受西方经济学家开的药方——休克疗法，结果带来了一堆寡头，普通百姓却没有得到什么利益。相比之下，中国的社会主义市场经济道路要稳得多。

和国虽然手里都拥有大量苏联时代的工业遗产，但是他们的工业体系都是残缺不全的，就像是一家里几个兄弟分家，把一辆完整的汽车拆成一堆零件，然后每人拿几个，结果就是谁也没有车坐，零件只能当废铁卖了。

第二步则是由“私有化”而导致的“去工业化”。俄罗斯的“改革者”们完全没有同一时期中国领导人那样的谨慎态度，依据那份“跑步进入市场经济”的“500 天计划”，60% 的国有资产都被以“股份”的形式平均分配到每个公民手中，而在当时的恐慌情绪之下，大多数老百姓自然是不会考虑如何经营这份“产业”的，他们需要的是尽快把手中的资产券变现，兑换成外币、黄金，甚至是面包，然而这种行为却进一步加剧了社会的恐慌。很快，那些国有资产集中到了少数“寡头”手中，苏联 4 万多家国企，除了利润丰厚的能源、传媒等产业外，其他产业都被转卖或是废弃了。因为经营这些产业是要花费很多时间和精力的，而且苏联时期基础产业的立足点是考虑如何支持国民经济的稳定运行，是否赢利则另当别论（譬如在远东修铁路，从国家战略角度说是正确的，但从资本家获利角度说是不正确的），这对急功近利的资本家而言是无法容忍的，于是大量“拆了大楼卖钢筋”的事情就出来了。当时大家都在搞工业化，苏联却在“去工业化”，制造业越来越单薄。最后的统计，在这场私有化风暴中，俄罗斯社会财富损失 1.7 万亿美元，相当于俄罗斯 1996 年 GDP 的 4.2 倍，相当于打了两个半卫国战争。苏联时期著名“持不同政见者”索尔仁尼琴曾写下几十本批判苏联、苏共的书，而当他目睹苏联解体后人民的种种惨状之后，竟后悔莫及地说“早知道是今天这种状况，我真后悔写那些书”，“我害了俄罗斯祖国！”

在戈尔巴乔夫上台时，苏联工农业总产值年增长率仍旧在 6% 以上，苏联和华约国家的重工业出口约占整个世界出口量的 38%，军工出口占约占 50%，石油天然气及其附加产品占约 18%，贵重金属（含有色金属）及其产品约占 40%，民用航空和造船业出口约占 25%，化工产品出口约占 30%；苏联自己的民用船舶总吨位就占据世界第一，捕鱼量也连续多年占世界第一；煤炭工业产量和出口量也一直高居世界榜首。那么苏联解体之后呢？举一个简单的工业指标——汽车年产量，2009年时俄罗斯的汽车年产量是140多万辆，尚不及印度，仅仅是中国的10%，而钢铁产量是5 900多万吨，差不多也是同年中国的10%。到2007年时，俄罗斯GDP到了1.2万亿美元，达到了苏联解体前的水平——联盟解体曾使得苏联境内GDP减少了45%，这的确是一个不小的进步。但是要注意的是，这里提到的是GDP而不是工农业生产总值，这只是说明俄罗斯境内资本流动的量很大，至多意味着增加了一部分就业岗位，而“去工业化”的进程其实并没有被逆转，苏联时代的GDP是搞工业搞出来的，而现在的GDP是靠卖石油卖出来的——2007年GDP大幅增长主要得益于当年石油价格大涨。在评论鸦片战争时我们常常会说，当时中国的GDP虽然是第一，但这是生产瓷器、丝绸的GDP，而英国的GDP则是生产枪炮的GDP，在这里其实是一个道理。

不只是设备和厂房不断被废弃，工业方面的人员培养也出现了可怕的断层——俄罗斯目前除了能源以外，在国际市场上能拿得出手的大宗商品只剩下了武器装备，而俄罗斯军工系统从业者当时的平均年龄已达到56岁，总工程师多数都是一群八九十岁的老人在担任，第二梯队是不存在的，一旦这一批人故去，俄军工行业将面临无人可用的局面。即便是现在，无论是苏霍伊、米格战斗机还是T系列主战坦克，基础设计都是在苏联时代已经完成的，后期俄罗斯的工程技术人员所做的只不过是在这些原始设计上逐步加以升级改进，或者是将当初已经接近完成的项目在降低技术指标后加以完成，1991年以后完全从头开始研发的项目几乎是没有的。换句话说，如今的俄罗斯军工行业很大程度其实是在吃苏联时期的“老本”，俄罗斯时代开始的原发性设计并不多。俄罗斯现在能成为世界第二大军火出口国只能说明苏联时代工业的强大——靠一堆残缺不全的残骸都可以让一个俄罗斯支撑近二十年，而且后面还能再撑很长时间。

拿红海军来说，联盟解体前夕，苏联已经下水两艘6万吨级的常规动力航母，其中一艘已经开始海试，另一艘7万吨的核动力航母也已经完成过半。也正是在这个原本应该是最辉煌的时刻，联盟轰然倒塌。1993年，俄罗斯总理切尔诺梅尔金、海军司令格鲁莫夫在乌克兰总理库奇马的陪同下来到黑海造船厂，研究把当时尚未完工的“瓦良格”号航母（中国“辽宁”号航母的前身）建造完毕，并移交给俄罗斯的可能性。厂长马卡罗夫对在场的人们说道：“‘瓦良格’号不可能再完工了……”大家问道：“为了将舰完工，工厂究竟需要什么？”马卡洛夫回答道：“苏联、党中央、国家计划委员会、军事工业委员会和九个国防工业部、600个相关专业、8000家配套厂家，总之需要一个伟大的国家才能完成他。”马卡洛夫继续说，“只有伟大的强国才能建造它，但这个强国已不复存在了。”所有在场的人终于明白——在国家解体的情况下，再要将“瓦良格”号建成已经没有可能。而如今，俄海军只剩下孤零零的一艘“库兹涅佐夫”号航母，而由于众多设备的生产厂家不在俄罗斯境内或是早已倒闭[1]，这艘航母的状况一直不佳，大部分时间都只能停泊在港口。

不光是对苏联人民，对世界上其他国家的人民而言，东欧剧变同样未必是一件好事情。当然，最起码对中国而言，苏联解体意味着来自北方的地缘威胁几乎可以说是永久性地消失了，中国还从苏联地区以极低廉的价格得到了大批技术、设备、科研人员以及各类资源。但是必须看到的是，东欧剧变也意味着人类探索有别于资本主义的新的生活模式的进程遭遇了重大的挫折。而对世界格局而言，第二次世界大战以来的世界政治军事格局和地缘政治均势的两极体制至此被完全打破了，美国成为全世界唯一的霸主。同时，这也意味着资本扩张的制衡因素不存在了，之后的一系列大事件——包括现在的全球经济危机，可以说都是发端于此。

[1] 位于乌克兰黑海造船厂是苏联唯一建造航母的造船厂。

# 附录：关于苏联及东欧国家战后经济的部分数字

**苏联部分：**

苏德战争3年中，苏联31 850个工业企业、1 710个城市、7万个村庄、600万以上建筑被战火毁坏，2 500万人无家可归，2 000万人丧生，直接物资损失按1940年价格计算约3 500亿美元，占苏联当时全国社会财富的三分之一。战争使苏联工业产量比战前减少了许多，而美国工业比战前增长了约一倍，苏美工业差距因此拉大。

苏联首先执行了恢复经济的1946 ~ 1950年的第四个五年计划。以战前1938年的工业生产为100，到1950年，苏联工业为166%，美国为233%，日本为60%，英国为131%，法国为111%，联邦德国为92%。“四五计划”完成后苏联成为世界第二大工业国。

1950年以后，苏联工业继续以较高的速度发展，根据联合国统计局发表的世界工业指数，以1950年的工业生产为100，到1980年，苏联和西方国家的工业生产分别发展为：苏联1 264，日本2 600，意大利637，联邦德国516，法国391，美国310，英国190。即1950~1980年，苏联工业增长远远高于除日本之外的所有西方发达国家。而如以战前为基数，即1938~1980年，则苏联工业增长比日本也要快一些。

据联合国粮农组织的数据，1951~1980年，农业生产年平均增长速度，苏联为3.2%，美国2.0%，日本2.1%，联邦德国2.0%，法国2.3%，英国2.4%，意大利2.2%。苏联农业生产增长速度比几个西方大国都快。1950年，苏美谷物产量分别为0.79亿吨和1.4亿吨，苏联是美国的56%。1989年，苏美谷物产量分别为2.03亿吨和2.84亿吨，苏联谷物产量为美国的71%，而这一成果是在苏联农业自然条件远不如美国的情况下实现的。

一战前的1913年，俄国的工业生产远低于德国、英国和法国中任一国家（当时俄国工业生产仅为德国的1/6，仅为英国的1/5强），而早在20世纪60年代，苏联的工业生产超过英、法、联邦德国三国工业生产总和。

1913年，俄国只生产19亿度电，在世界上占第8位，在欧洲占第6位。1980年，苏联生产电力1.295万亿度，占世界电力产量16.4%，在世界占第2位。其电力产量超过了英法意联邦德国等组成的欧共体九国全部电力产量总和。

俄国1913年钢产量为420万吨，只占世界钢产量的4%，落在美德英法之后。1980年，苏联产钢1.48亿吨，占世界钢产量的20%，超过美、日的钢产量而居世界第一。

1920年，经过一战、内战和帝国主义武装干涉后的苏俄，发电量是美国的1/118，原煤产量为1/68，钢产量为1/221，石油产量为1/16。1986年，苏联发电量是美国的3/5强，煤产量为4/5强，石油为1.45倍，钢产量为2倍。

**东欧其他国家部分：**

二战前，匈牙利48%的土地集中在1.2万个大地主手中，而120万农户只占有10%的土地，还有78万农户既没有自己的土地，也没有租赁的土地。匈牙利被称为“300万乞丐的国家”，而匈牙利人口一共不过900万。1938年，按人均电力消费看，匈牙利是150度，相邻的奥地利为440度；人均水泥产量匈牙利是35公斤，奥地利是96公斤；人均钢产量匈是71公斤，奥是100公斤。

捷克斯洛伐克在东欧国家中是工业发达的国家，但“在两次世界大战之间的时期内，捷克的工业发展是极不平衡的。比如，在1925～1929年期间，生产增长了32%，而在1930～1933年间，则比1929年降低了几乎40%；与1913年相比，最重要的几种产品的生产根本没有什么增长。”1938

年时，人均电力消耗捷克为280度，低于与之相邻的奥地利的440度、法国的450度、英国的540度、德国的800度。人均水泥产量捷克是88公斤，低于奥地利的96公斤、法国的100公斤、英国的160多公斤、德国的220多公斤。人均钢产量捷克的128公斤超过奥地利的100公斤，但低于法国的150公斤、英国的220公斤、德国的330公斤。

波兰在30年代末的二战前，工业生产还处于1913年水平。当时全国3500万人，从事工业的人数只有80万人。波兰人口在欧洲次于苏德英法意，居欧洲第6位，但工业总产值在欧洲仅居第16位，所以人均工业产值很低。1937年，人均钢产量波兰只等于法国的1/5，等于德国的1/10。波兰人均工业生产水平大大低于世界人均工业生产水平。例如，波兰人均发电量为115度，而世界人均水平为250度。

罗马尼亚在人口平均的工业品消费方面，二战前占欧洲第18位……根据国际联盟的材料，1928年罗马尼亚生产的工业产品占世界工业总产值的0.3%，按人口平均的生产比世界平均水平低一半，比希腊低1/3。

保加利亚战前属于巴尔干半岛最落后的农业国，1939年人均电力产量为42度（仅为德国1/20）；冶金工业只产6 000吨钢，相对600多万人口，人均钢产量只有近1公斤，约为德国人均钢产量的1/330。同时，轻工业也很落后，人口平均计算的纺织品产量，只及德国的1/45，英国的1/25，法国的1/18。

1945年以后，东欧各国先后走上社会主义道路，从此其经济得到较快的发展。如以战前的1938年的工业生产为100，1980年时，匈牙利为1 330，捷克斯洛伐克为1 235，波兰为3 430，东德为1 020，保加利亚为6 880，罗马尼亚为4 530，苏联为1 970，英国为255，法国为475，西德为500，意大利为825，奥地利为740，爱尔兰为600。从以上数字看出，到1980年时，欧洲的社会主义国家工业生产比战前的1938年增长9～60多倍，而欧洲资本主义国家工业，意大利增长最快，也仅增长7倍多。

1979年人均电力消费量，保加利亚4 098度，捷克斯洛伐克4 674度，匈牙利2 864度，东德5 974度，波兰3 324度，罗马尼亚2 882度，苏联

4 653度，联邦德国6 103度，英国5 368度，法国4 617度，奥地利4 867度，意大利3 267度。所有东欧社会主义国家人均电力消费量都超过1979年世界人均电力消费量的1 849度（而战前除捷克斯洛伐克超过世界人均电力消费外，其他东欧国家都还远低于世界人均电力消费量），而且平均水平与西欧国家的差距已大大缩小。

二战前，东欧国家的人均钢产量远低于德英法三国中任一国。而1980年，东欧国家的人均钢产量452公斤，低于联邦德国的712公斤，但高于法国的431公斤和英国的202公斤。

# 阿富汗战争

在关于海权的书籍中，1979年爆发的苏阿（富汗）战争，通常是必须提及的。从地理位置上来说，一般人很难把阿富汗和海洋联系起来，这是一个典型的内陆国家同时也是世界上距离海洋最远的国家之一——如果你想看海，从东南西北任何一个方向的国境出发都必须跨越上千公里。不单很难和海洋联系起来，你甚至很难把这里和水联系起来，阿富汗终年干旱少雨，年平均降水量不足240毫米，可耕地面积不足农业用地的2/3。

但就是这样和水都几乎挨不上的国家，在地缘战略学者眼中却和海权有着莫大的联系。关于1979年的苏阿战争，一个比较流行的说法是：当年苏联出兵阿富汗是基于其“南下战略”而走的一步棋，即首先占领阿富汗然后在继续南下，最终获得进入印度洋的通道，切断西方阵营国家的海上石油运输线，进而将西方势力逐出西亚及北非（即通常所说的中东地区）。

从理论上说，这是完全具备可操作性的。事实上早在彼得大帝时代，沙皇俄国就有这样的战略规划，之后19世纪中亚至西亚一带地区的历史干脆就是一段沙俄与英国的勾心斗角史。但当历史推进到20世纪70年代末之后，情况却发生了一些微妙的变化，这一次学者们也许想得有点多了——政治的确很复杂，但复杂并不一定意味着波澜壮阔……

1973年之前的阿富汗尚还是一个君主制的国家，国王就是2007年去世的查希尔，当时阿富汗原本不多的可耕地大部分都掌握在各个部族的首领手中，1973年7月17日，查希尔的堂兄达乌德亲王发动政变，推翻了亲美的查希尔后成为阿富汗总统。达乌德掌权以后，在美苏之间开始奉行摇摆但相对亲苏的外交政策。而达乌德执政也不过五年不到，1978 年 4 月阿富汗左翼人民党发动“四月革命”推翻达乌德掌权，建立了阿富汗历史上第一个苏维埃掌权，随即开始奉行对苏联的一边倒外交政策。

其实早在 20 世纪 50 年代苏联就已经开始在阿富汗进行渗透，当时阿的大批知识分子都是由苏联培养出来的，可想而知，阿富汗国内的政权更迭以及阿人民党本身与苏联都有着莫大的关系。在革命胜利后不久，人民党内部的矛盾随即开始升级。准确说，是党总书记塔拉基和总理阿明之间的权力斗争开始愈演愈烈，塔拉基本人奉行的是完全亲苏的政策，因此得到了来自苏联的支持，相对应，阿明在表面对苏联人毕恭毕敬的同时，一面清除异己培植自己的势力，一面和美国情报及外交机构暗通款曲。

阿明的举动自然无法逃脱克格勃的眼睛，他的作为是苏联人所无法容忍的，由此苏联便卷入到了阿人民党内部的政治斗争中来。对苏联而言阿富汗不仅是地理上的战略要冲，也是意识形态上中东穆斯林地区与苏联中亚地区各加盟共和国之间的缓冲地带。在当时，美国、巴基斯坦、沙特等国家都在对阿富汗进行渗透，甚至有苏军的少将在阿富汗失踪，阿政府军曾出现过一个整师倒戈，美特工在阿境内公开活动，来自中东国家的宗教人员甚至已经活动到了苏联境内，在苏军少数民族官兵中传教。

因此，阿富汗的局面一旦失控，对苏联而言可不是一个进不了印度洋那么遥远的问题，而是苏联自己的领土完整将受到严重的实实在在的威胁。

在当时，苏联曾极力主张让塔拉基干掉阿明，但塔拉基本人生性优柔寡断迟迟未决，于是苏联军方一度要亲自动手，无奈由于走漏消息使得对阿明的暗杀以失败告终[1]。最终还是阿明先一步动手，在 1979 年 9 月 14 发动政变，塔拉基全家在政变中都被杀死了，他本人被人用枕头活活捂死。在造成既定事实之后，苏联不得不承认了阿明的合法性。但阿明在掌权后，为了巩固其统治开始肆意清除异己，在党内外大开杀戒，同时阿明暗地里密会美临时代办，叫外长去纽约见美副国务卿，俨然准备搞等距离外交的

[1] 有一种说法是这是由于克格勃和军方互相拆台造成的。

架势。而比这些更要命的是，阿明声称要在穆斯林占绝对优势的阿富汗全国范围内关闭清真寺和宗教学校，这一下子激怒了阿富汗的普通民众，而阿明在他们眼中则是苏联的代理人，这使得原本和苏联比较友好的阿北部中部的穆斯林也纷纷起势暴动，到了1979年12月阿国内的局面几乎要完全失控，全国有近一多半国土上有反政府武装，到后来连首都喀布尔也不安全了，爆炸事件四起，人心慌慌，政府军整师整团倒戈，苏援武器装备还没使用就被卖到了塔利班手里。事情发展到这一步，苏联党政军高层纷纷主张应该拿下阿明，由苏军介入来恢复局面。

而最终促成苏共高层下决心兵进阿富汗的可能则是苏联高层基于政治平衡的考虑。在1968年捷克斯洛伐克曾爆发了著名的"布拉格之春"事件，其中的是非曲直我们不去管它，当时苏军20万大军仅用3天就控制了捷全境，大批的军官由此获得了战功。由此使得1976年苏共25大后军人代表数量骤增，而这又引起了当年其他力量的不满，对于将平衡作为第一要务的勃列日涅夫而言，这显然不是一件令人愉快的事。而在1978年之后，由于团结工会的不断发难波兰的问题日益升温，这种背景下军方有了在波兰再搞一次"布拉格之春"的打算，而对勃列日涅夫而言再次在波兰用兵显然是不能接受的——如前所言，此时东西方关系已经趋于缓和。

但是考虑到军方庞大的势力，在26大之前完全不顾及军方的情绪同样是不可想象，因此勃列日涅夫还必须要给军队另找一个对西方刺激相对较小的出气孔，而阿富汗恰恰就是这个理想的"出气孔"。对阿用兵的问题被提出来后，极力支持的不仅是军方的强硬派，中亚几个加盟共和国的地方政府也极力支持，因为一旦开战就意味着中央将大量给这几个加盟共和国拨款。

在这样的背景下，苏军的第一份作战计划很快就摆到了勃列日涅夫的眼前（只要是像点样子的军队，对于存在潜在可能性的战争肯定会预先准备多套预案），这份方案着实把勃列日涅夫吓得不轻，苏军参谋部的计划是：出兵20万以上以彻底控制阿富汗全境，而为了保障阿境内的稳定，下一步苏军高层甚至打算打进巴基斯坦并将其再次肢解，在濒临印度洋早有离心倾向的卑路支省建立“卑路支共和国”，就此打通苏联南下印度洋的陆上通道。这份方案究竟是军方高层的真实想法还是仅仅是为了漫天要价我们现在不得而知。但从勃列日涅夫的角度考虑，他是绝对不会同意这样“疯狂”的一份计划的。最终的计划明显是“打过折”的，苏军入阿人数始终被限定在十万之内，并且作战区域也被严格限定。这样一来，从政治上看似乎是没问题了，可在军事上却使得苏军陷入了20世纪60年代美军在越南那样的窘境：只能眼睁睁看着西方国家以及沙特源源不断地把各类援助运入阿富汗，然后由苏军和人家的“影子”无休止地拼消耗[1]。

1979年12月27日，苏军特种部队以200人攻打阿明宫，大获全胜。此战苏军以200人对垒2 500人，以轻武器和装甲运兵车对阵两辆坦克和多门火炮，数小时激战，亡10人，伤35人，拿下易守难攻的阿明宫，阿明本人被击毙，卡尔迈勒乘苏军坦克到达喀布尔，接管国家权力。自此长达十年的苏阿战争正式拉开帷幕……

必须注意到这样一个问题，长期以来阿富汗战争对苏联的影响被国内的媒体夸大了，而同时战争爆发的大背景往往又被这些媒体刻意忽略了。

除去苏联高层的权谋考虑之外，从当时中亚加盟共和国的安全着想，当时苏联在阿富汗地区同样是需要有所行动的。20世纪70年代末开始，随着东西方阵营攻守之势开始对调，苏联在中亚方向开始面临越来越严重的压力，西方国家与苏联内部的民族分裂势力相互勾结，同时在沙特的支持下，宗教极端势力也在向中亚地区渗透。阿富汗则是屏护苏联中亚几个共和国的外围防线，如果失守，则会成为西方势力向苏联中亚地区渗透的一个跳板。后来的历史也证明了这一点，苏军从阿富汗撤离之后，中亚、高加索地区的国土随即开始分崩离析。

[1] 阿富汗战争和越南战争的情形非常相似，除了出钱出枪出顾问之外，西方国家情报机构和特种部队直接出手的情况也不少，北约军方得到的第一支苏制 AK-74步枪实物就是英国特种空勤团(Special Air Service，简称SAS)在阿富汗袭击苏军时缴获而来的。

**苏军撤离阿富汗**

1989年苏军撤离阿富汗以及纳吉布拉政府的最终垮台导致阿富汗成为民族分裂势力和宗教极端势力的重要策源地，这成为了中亚五国最后脱离苏联独立的决定因素之一。

苏军在阿富汗也并没有传说中的那么狼狈不堪。从1979年12月25日到1989年2月15日苏军在阿富汗共驻扎62万人次，最多时驻扎10.4万人——这里面包括了红军、克格勃部队、内务部部队及非战斗人员。苏军在阿富汗阵亡14 453人（苏军公开的伤亡数据是13 836人），417人失踪或被俘，另有469 685人次伤病。与之相比，美军在越南战争期间，出动兵力达百万人次，死亡5.6万人，伤30.4万人，2 000多人失踪；南越军队死亡13万人，伤50万人；韩国军队死亡4 500人；澳大利亚军队死亡500人，2 400人受伤；泰国军队死亡350人；新西兰军队死亡83人。两相比较之下，苏军在阿富汗的表现其实要好于美军。

此外，当时媒体对美制毒刺导弹的报道也被夸大了[1]。一种单兵便携防空导弹改变一场战争的走势只能是用来糊弄外行人。战后美国军方承认他们大约提供了约1 000枚毒刺导弹，其中有部分被巴基斯坦军方截留，一部分被苏军缴获，还有一部分被阿富汗的“自由战士”们转卖到了武器黑市，真正用于作战的不会超过总数的70%。毒刺导弹主要针对6 000米以下航速较低的直升机，苏军在整个十年战争中损失固定翼飞机118架，直升机333架——其中约150架因为气候、事故坠毁。1989年2月2日夜，苏军第50

[1] 当时这种导弹在媒体上已经成为美国对阿富汗援助的一个象征性符号。

飞行中队飞行员格洛夫诺夫上校和他的机组在执行低空侦查任务时被击落阵亡，他们的直升机是在阿富汗战争中被击落的333架直升机中的最后一架，但是那是12.7毫米机枪火力网的功劳，与毒刺导弹无关。与之对应的，美军在越南战争中面对没有“毒刺”的北越军队，损失了直升机1 000架，固定翼飞机1 500架[1]。按照战后统计，反政府武装打出去的毒刺的命中率最高不超过40%，也就是说毒刺导弹充其量只能算是苏军的一个麻烦[2]，而与当时克里姆林宫里的勾心斗角比，这个威胁就太小了。

阿富汗战争十年中，苏军最精锐部队和战略武器仍旧部署在欧洲战区，中苏和中蒙边界部署的百万大军也未抽调一个连到阿富汗，十年共计200亿美元的对阿援助还不如苏联一年石油的销售收入多——苏联为举办奥运会还花掉了近60亿美元。苏联军方内部对阿富汗战争有不同的见解和看法，但根本不存在什么反战情绪，参加过阿富汗战的很多苏军军官日后都成为俄罗斯政坛军界的领军人物，战争经历恰恰是他们的政治资本。

而苏军也并非是西方媒体所宣传的杀人不眨眼的恶魔——强大的思想政治工作和杰出的组织能力是所有共产党国家军队都具备的。苏联政府为阿富汗老百姓提供了医疗、教育、住房、交通及现代国家的基础建设，相对于后来为了站稳脚跟就纵容当地豪强种植鸦片的北约部队，苏联人做的要好得多。为了避免平民在交火中伤亡，在战役开始之前，苏军往往会先建好居民点、医疗点、饮食点以及取暖点来安置平民。苏军政委还需要带领工作队，把开战通知送到部落首领手里，劝说老百姓不要出门。这些都是客观事实，是必须承认的。与之相对的，由西方所支持反政府武装和我们抗战时期的游击队完全不是一回事，他们打仗是基于宗教而非民族主义——阿富汗是以部族为基础的社会，老百姓对国家和民族的认同远没有

[1] 这一战绩主要来自于中苏直接派驻北越的高炮及萨姆地空导弹部队，此外中国和苏联还曾大批援助北越歼-6、米格-19、21战斗机，正规作战在战场的效能永远要大于游击战，后者这种的作用不在于能杀对方多少人，而在于始终无法让其站稳脚跟，无法从占领之地获得实利形成以战养战的良性循环。

[2] 后期苏军通过战术调整后，毒刺给苏军造成的损失已经大大降低。

宗教和部族来得强。反政府武装常常会利用平民，甚至是妇女和孩子做人肉盾牌，如果谁出去躲避战火，就要杀死他的全家——这绝不仅仅是一句威胁，时至今日基地组织在世界各地所实施的各种恐怖活动已经明白无误地证实了这一点。最具讽刺意味的是，这些曾被西方国家誉为“自由战士”的武装分子，如今成为了令西方国家咬牙切齿的“恐怖分子”，策划“9.11事件”的本·拉登及其组织就是美国中情局培养出来的，而且其家族与美国的布什家族在生意上更是过从甚密[1]。

阿富汗革命政府相对于后来的塔利班以及阿富汗现政权都更加世俗化，并开始在农村推行土地改革[2]，这一点同样是无法否认的。当然，当时的阿政府做出了一系列脱离国情的事情，这也是不能否认的。苏军在一个主权国家内用兵，并干掉了人家的国家领导人，本质上和越南战争中的美国人别无二致，这同样是不能否认的。

苏军撤军之后，纳吉布拉领导的阿富汗政府仍旧坚持了三年，直到戈尔巴乔夫断绝了苏联对阿富汗政府的援助，阿政府的抵抗才最终宣告失败。一个粗具雏形的现代意义上的国家由此又倒退回了宗教专制、封建割据的社会形态，女孩子们再一次不能去上学了，老百姓的生活中只剩下了内战、贫困、宗教和毒品。

[1] 拉登家族是沙特国内势力很大的一个豪族，在美国投资有大量房地产。

[2] 正是这些举动触及了宗教势力和部族势力的利益，而使他们开始和西方国家合作。

# 回望车臣

现在的俄罗斯车臣共和国是俄联邦的八十九个联邦主体之一，位于俄罗斯北高加索捷列克河沿岸，北与斯塔夫罗波尔边疆区为邻，南与格鲁吉亚共和国接壤，东靠塔吉斯坦共和国，西部是北奥塞梯共和国，面积 1.5 万平方公里。

车臣民族祖居高加索山区，15~16 世纪金帐汗国解体之后，开始向平原地区迁徙，并开始信奉伊斯兰教，属逊尼派。车臣民族与俄罗斯的渊源始于 18 世纪初，俄国正在彼得大帝的统治之下。俄国的崛起与扩张几乎是同步进行的，当时的俄国以东正教保护人自居，宣称自己“有义务保护东正教国家免遭穆斯林的入侵”。具体来讲，这包括两条战线：向西，以帮助塞尔维亚人、保加利亚人和希腊人挣脱奥斯曼土耳其奴役的名义，进入巴尔干半岛；向南，则借帮助格鲁吉亚人和亚美尼亚人反抗波斯人的入侵的机会进入高加索地区——1795 年，波斯人攻陷第比利斯，沙俄军队要援助格鲁吉亚人，就必须穿越车臣人的领地。

在这一背景下，沙俄进入车臣地区。1785 年，车臣宗教领袖乌苏尔马率领车臣人、卡巴尔达人和卡尔梅克人与俄军展开激战，最后以失败告终。而在 19 世纪初至 50 年代，沙俄又与车臣人进行了长达半个世纪的“高加索战争”，直至 1859 年，当地宗教领袖沙米尔被俄军生擒，车臣才并入沙俄版图。19 世纪 70 年代，沙俄与奥斯曼土耳其再次开战，车臣人也闻风而动起义，又一次遭到镇压。

而在苏维埃时代，车臣民族与俄罗斯之间的积怨并未消减，反而进一步加深了。平心而论，这和苏共的一些失误以及错误是分不开的：20世纪20年代末，斯大林时期的苏联开始以牺牲农民利益为代价，加速推进国家工业化进程，在全国强制推行农业集体化运动，并划分成分。在俄罗斯地区，一般的贫苦农民是养不起马的，而车臣族由于从事游牧业，几乎家家户户都有马匹。由俄罗斯族工人组成的工作队，往往把有马的车臣人统统划为“富农”——不但没收财产，还要消灭掉。这种荒唐的做法激起了车臣人的普遍反抗，据统计，从1929~1935年，车臣共爆发了286次反抗建立集体农庄的事件。

在随后30年代肃反运动中，车臣民族的许多干部和知识分子同样受到了冲击，这就又进一步加深了车臣人对苏共和俄罗斯人的民族仇恨。第二次世界大战期间，车臣人的这种民族情绪被德军所利用，纳粹许诺给予车臣人充分的自治权利，从而得到了一些车臣部族的支持，部分车臣人成立了一个“高加索兄弟特别党”，与德国人合作——战后联邦德国对车臣的影响其实也一直存在，后来的车臣分裂运动中，以德国为首的西欧国家一直明里暗里在推波助澜[1]。2000年之后美元逐步显现出颓势后，德国政府为了促成俄罗斯在货币、中东等问题上和德法实现合作，德国情报机构曾将手里掌握的有关车臣分裂势力情报交给了俄方[2]。总之，车臣人在德国占领期间的表现，激怒了苏共高层，另一方面在战争仍在继续的情况下让一个离心离德的民族占据一处战略要冲也很难让苏联高层放心。1944年2月苏军重新收复车臣之后，苏联政府随即强行将车臣人全部迁往哈萨克斯坦、中亚和西伯利亚。在流放地，车臣人与当地居民隔离居住，每月要到内务部门登记，出远门要请示汇报，不允许开办用车臣民族语言教学的学校——实际等于被剥夺了公民权利。斯大林去世之后，到1957年苏联政府宣布为车臣—印古什民族平反，恢复其自治共和国的建制，并允许车臣人返回

---

[1] 正是这些举动触及了宗教势力和部族势力的利益，而使他们开始和西方国家合作。

[2] 用完就卖是西方政治的另一通例。2000年德国联邦情报局局长汉尼格曾秘密亲赴车臣的格罗兹尼和古杰尔梅斯，现场对俄方进行点拨，这件事不久之后被曝光，美英等国以此指责德国是“助纣为虐”，可巧不久之后“9•11事件”爆发，施罗德正好借此堵住了美国人的嘴巴。

故乡，为了给予车臣人补偿，又把捷列克河以北的非车臣人聚居区划归车臣—印古什自治共和国。但是这些举措并未完全弥合民族间的情感裂痕。

车臣问题的另一面则源于车臣人的民族特性。在并入沙俄之前，车臣民族仍然是原始的游牧民族，其社会构成还处在原始的氏族阶段，社会结构是建立在家族和部族基础之上的，四分五裂、凭实力火拼是社会的常态。这使得车臣人对国家缺乏认同感，使之始终没有融入真正的现代社会；反过来说，与苏联主体社会的隔壑又阻碍了车臣的移风易俗，使其文化始终保持着这种“原始”特质，一个死循环就此产生。

20 世纪 80 年代初，苏联内政问题开始凸显出来。车臣人存在不事生产的民族特性、原始的社会结构以及过高的出生率，导致车臣地区社会经济发展水平和车臣人平均受教育程度都比较低，且这一地区的失业现象特别严重，他们维持生活的费用 90% 要依靠政府的预算拨款，至 1991 年，车臣人的失业率达 30%，而同时期全苏失业率还仅是个位数。这就使得车臣人容易受到极端分子的煽动铤而走险，而此时的苏共中央已经无力顾及这一问题了。

联盟的解体，最终引爆了这颗“不定时炸弹”。车臣分裂始于 1990 年，在“8·19 事件”之后，民族分裂势力开始公然冲击苏共政权机构，而苏联的激进“民主派”们此时对于反共已经达到了一种歇斯底里的程度。叶利钦曾赞许杜达耶夫是“山区里的叶利钦”，而为了避免被扣上“压制民主”的罪名，包括克格勃在内的苏联各强力部门事实上都只是在袖手旁观，原本可以在初期压制下去的小规模分裂活动至此开始演变为一场灾难。

极具讽刺意味的是，所谓的“车臣总统”民主选举，将所有的非车臣族裔全部排除在外。即使这样，在武装分子的监视之下，杜达耶夫的得票率也仅仅是 12%，但他仍顺利“当选”了。

车臣虽然只是处于里海与黑海之间的弹丸之地，但却是进出高加索的咽喉要道。它的地下蕴藏着丰富的石油资源，从中亚向欧洲输送石油的管道同样也必须经过这里。长期以来，能源产品是俄罗斯除军火外在国际市场唯一能拿得出手的商品。因此，牢牢控制住车臣无论是在沙俄时期还是苏联时期都始终是基本国策。但是在20世纪90年代初期激进“民主派”们正在忙于架空联盟中央，通过了《俄罗斯联邦主权宣言》。1990年8月，刚刚当选俄罗斯联邦最高苏维埃主席的叶利钦，来到俄罗斯联邦的鞑靼斯坦自治共和国视察，在那里他发表演说，鼓励鞑靼斯坦“尽可能地争取独立”，这实际上是想通过地方领导人的手暗中破坏戈尔巴乔夫为缔结新的联盟条约所做出的努力。叶利钦还曾经公开煽动说：“地方能吃下多少主权，就拿走多少主权！”

在这样的背景之下，当时的叶利钦嘴上虽然仍坚持维护车臣主权的原则，但其具体实施则是非常软弱的，甚至可以说是在推波助澜。在与分裂势力的谈判中，联邦政府一味地妥协：承认了杜达耶夫的总统地位；以方便拨退休金的名义，对车臣银行的账户解除冻结；车臣还得到了给自己的公民颁发护照的权利；在1992年5月格拉乔夫甚至命令北高加索军区把一半（实际则是95%）的武器装备移交给了车臣武装，其中甚至包括最先进的俄军中都不多见的T-80坦克。1992年5月25日，杜达耶夫与俄联邦代表斯特罗戈夫中将签署了《关于撤军和车臣共和国与俄罗斯联邦分配财产条约》，据此，联邦一切行政机构全部撤出车臣。俄罗斯除了在名义上没有认可，实际上已经完全承认了车臣独立，车臣因此获得了事实上的独立国家地位。

但是，由于车臣民族原始的社会体系，这里并未真正建立起一个现代意义上的国家体系，更遑论“现代民主国家”，宗教和民族极端主义的统治使这里看上去更像是塔利班制下的阿富汗，种族清洗迫使多数非车臣族裔选择出逃。比中国北京市面积还小的土地上竟然是军阀割据、派别林立。而由于车臣民族不事生产又崇尚武力，其对周边地区的犯罪活动始终未停止过：伪造汇款单、以半官方性质造假币、盗窃石油产品、抢劫过往列车以及劫持人质，勒索赎金，这些竟是车臣资金的主要来源，在一些地区甚至还存在奴隶贸易。简单说，对车臣分裂势力的妥协并未达到止损的目的，相反使之成为了俄罗斯身体上的一处病灶。另一方面，俄罗斯国内政局在1992年后逐渐趋于稳定，同时，为了恢复国家经济，石油出口问题变得异常重要，车臣既是石油产区又是通道，同时车臣分裂势力还威胁着整个高加索地区的能源战略布局，在这种背景下，1994 年 12 月，俄军兵分三路开进车臣境内，时任国防部长的格拉乔夫曾自信地说："只需一个空降营，几天就可拿下格罗兹尼。"

这种自信最终被证明是毫无根据的，数年的动荡极大地折损了俄军的战斗力——苏联解体后的原苏军及其庞大的武器装备，被各个加盟共和国疯狂地瓜分掉了，俄罗斯军队虽然继承了苏联军队的主要遗产，但俄军面临的首先就是经费的匮乏，常规武装力量一直处于训练不足、兵员不足、给养不足的严重状态，更重要的是由于过去强大的政工体系已经荡然无存，士气因此低落到了极点，取而代之的是军中高层派系林立，互相牵制，基层军人为了生存甚至于变卖武器弹药，走私贩私，向间谍组织提供各类军事情报。一句话：俄军和苏联红军其实已经是完全不相干的两个物种了。即便从俄罗斯的整个历史来看，他的军队也处于俄罗斯有史以来最悲惨的时期。与之对应的，车臣武装分子很多都是曾在红军中服役的经验丰富的老兵，在宗教与金钱的趋势下远比俄军有斗志。在车臣战场上，从高层到基层一系列的匪夷所思的低级错误导致俄军损失惨重，12 个月内数千官兵以及两万多平民在战火中丧生。曾经有几段俄军战俘被车臣武装分子活活割下首级视频在互联网上广为传播，更有甚者，一部分人甚至被作为奴隶公开拉出来买卖。

另一方面，车臣问题始终笼罩在西方国家的阴影之下——美国出于巩固全球霸权考虑，而西欧则在历史传统上对俄国一直心存忌惮。除了暗中资助车臣非法武装、在外交场合向俄政府施压外，由美国主导的始于冷战时期的低油价政策也仍然在继续。正是长期的低油价，破坏了苏联的国际收支平衡，加剧了其国内市场的通货膨胀，最终使得联盟走向解体。而在车臣战场上，和俄军交战的也不止是车臣武装分子，来自乌克兰、格鲁吉亚的雇佣军甚至西方国家的情报人员出现在战场对当时的俄军而言根本不算新鲜事。

本已被"休克疗法"折腾得奄奄一息的俄罗斯经济，在低油价的打压下开始走向崩溃，车臣战争不可避免地要受到影响——造血机能正在枯竭，让一个伤口持续流血显然是不能接受的。最终，虽然车臣非法武装遭到重创[1]，杜达耶夫本人也被炸死，但是俄军仍在苦战一年之后无功而返。

第二次车臣战争，从宏观角度看仍然决定于能源这一因素：一是俄罗斯围绕石油生产、出口的安全诉求没有改变；二则是由于20世纪末，美国为打击欧元开始频频插手中东、中亚事务，导致上述地区动荡，国家油价迅速上涨，在这个背景下，以能源为主要出口商品的俄罗斯得以恢复元气，并且自科索沃战争后，美欧之间逐渐出现裂痕，同时中东的动荡局势使得西欧在能源问题上开始有求于俄国人，俄罗斯的外交活动空间开始增大。在这一大环境下，1999年8月，俄罗斯抓住车臣叛军入侵临近的塔吉克斯坦共和国这根导火索，发动了第二次车臣战争。2000年2月初，俄军最终以阵亡官兵1 173人的代价，击毙叛军约10 000人，恢复了对车臣地区的控制，取得了战争的全面胜利。但是，残余的车臣叛军化整为零，逃进山高林密的高加索山区，仍然可以从包括基地组织在内的国外势力那里获得援助。2004年俄罗斯境内一系列的恐怖袭击便是出自这些人之手。

[1] 毕竟两边体量差距在那摆着，俄军再虚弱靠死打硬磕也不至于压不垮对手。

# 从“通用模式”与“丰田模式”谈起

在20世纪中叶的美国，通用汽车公司（GM）无疑是美国最成功的企业。在1943年，通用高层向当时的管理学专家也是后来的“现代管理学之父”彼得·德鲁克（Peter Drucker）发出了邀请，目的则是为了了解自己之所以成功的奥秘。

德鲁克对通用公司进行了为期18个月的研究，研究涉及通用的方方面面，甚至包括通用的部分顶层管理者，最终的结果形成了一本书——《公司的概念》（*Concept of the Corporation*）。在书中，德鲁克将通用的成功最终归功于其权力架构。在技术、生产组织、营销手段这些方面各个企业都趋同的情况下，如何处理“人”的问题，就将是拉开这些企业之间距离的决定性因素。

按照德鲁克书中的描述，通用的权力结构的特殊之处在于“分权”——与同期其他的公司不同，通用的部门经理拥有更多的决定权，而公司最高层则很大程度上是在扮演一个催化剂和协调人的角色。也就是说，通用更像是一个松散联邦，而不是“中央集权”模式。为了确保部门经理们决策的独立性，公司高层甚至给予了他们否决权，同时确保每个部门经理都有极为丰厚的薪金，以此来避免部门经理的决策由于个人经济利益，而受到来自高层的影响。

在当时，这一模式最大限度地调动了公司中层的积极性，从而促成了通用的成功。而事情到此并未结束，在研究完成后，德鲁克向通用高层提出了一项改革的建议——进一步向基层分权。然而令人遗憾的是，通用高层并未接受德鲁克的建议。一切就此告一段落，一直到 20 世纪 80 年代。

德鲁克的改革方案在被通用拒绝之后，却被不少当时正在追赶美国的日本企业采用了，其中包括丰田公司。其实这很正常，领先者为了保持自身优势地位，往往更愿意选择保守的方案，反倒是落后者会更倾向于创新。如果双方使用一样的模式，失败的必然是底子薄的落后一方，只有利用创新，形成不对称的优势，才有可能拉平乃至反超领先者。

日本的社会结构是东方式的等级鲜明的“集权”型社会，这点与美国正好相反，而她的企业管理模式同样与美国企业相反，相对于日本企业的“民主化”，美式企业更像是“军国主义”。以丰田为代表的日本汽车公司，采用了德鲁克式的进一步分权的管理模式。丰田的各个生产线有相当大的独立性，生产线工人被鼓励向公司提出各种建议，而这些来自第一线的改进方案，有很多最后都被采纳了。同时，通过终身雇佣、年功序列与企业工会制度，使得工人的权益得到了最大限度的保障，相对于日本企业，美式企业给予工人的保障要少得多。

众所周知，在 20 世纪 80 年代，日本企业曾横扫欧美，其中包括家电、半导体及汽车等诸多高端领域，通用在当时与丰田的竞争中始终处于下风。而 90 年代之后日企在欧美的败落，某种程度上讲并非是企业本身的原因。在技术、生产组织、营销手段这些方面日美企业同样不存在质的差别，那么答案同样还是要从“人”的问题上找——当时很多在竞争中落败的美国工厂，在被日方收购之后，同样的设备，同样的人员，只是管理结构换成了日企的模式，结果竟一个个地都活了过来。

这背后是什么道理呢？为了后面的表述方便，我们暂时把前面提到的第一种权力结构称为“通用模式”，后一种称为“丰田模式”。归结起来看，两种模式都是高层给予下层更多的权力及利益保障，只是在“度”上有所差别，而关键问题恰恰就出在这里。通用模式分权分到了中层，在公司运作初期，这显然会释放出中层管理者的积极性和创造力，但同时这个层面会存在一个责权不平衡的问题——中层管理者在享受了一系列权力和利益的同时，却无需为公司的亏损付出代价，而相对于管理层，企业的存亡对处于生产一线的工人影响其实更大，可偏偏他们并未得到太多话语权和利益保障，那也就很难调动起他们在生产中的积极性。而随着时间的推移，这种结构性问题迟早要爆发出来。

丰田模式恰恰是针对这个问题而被创造出来的，工人在这一模式下利益得到了更多的保障，同时获得了更多的话语权——相对于西式政治中的选举式民主，企业里这种贯穿于整个运作中的“民主”其实更具实际意义，而不仅仅是一种心理上的“安慰”。同时，责权不平衡的问题虽然还存在，但相对于中层，基层存在这个问题的负面效应要小得多，因为基层人数更多，这个问题很容易被稀释。

世界的事物，最终都是可以化繁为简的。权力结构问题，归结到最后，其实就是一个分权分到什么程度的问题，分利分到什么程度的问题，责权平衡则万事大吉。企业层面，主要就是通用模式和丰田模式，当然你还可以把权力全部集中到上层，搞帝王式的管理，但这仅仅限于企业规模不大的情况下，一旦做大了，集权也就不具备可操作性了。

那把话题从企业放大到一个国家呢？某种程度上说，还是一个道理。最典型的是前苏联及同时代的社会主义阵营国家，这些国家就经济方面说，其实都可以看做是国家资本主义模式，也就是把这个国家看做是一个超大号企业。

“苏联公司”在列宁时代，她的管理模式非常接近于丰田模式，而从斯大林时期开始，这个超大号“企业”的管理便更接近于通用模式，分权更多的是分到了“企业中层”，到了20世纪80年代，在通用公司遇到麻烦的同时，采用通用模式的“苏联公司”也遇到了同样的麻烦——这里必须要强调一点，苏联工厂里所存在的基层怠工现象，某种程度上并非完全是“大锅饭”所带来的，否则在建国初期及卫国战争结束后的恢复时期，苏联的工业化不可能发展得那么顺当。在基层出现怠工的同时，恰恰是苏联经济管理开始进入通用模式的时候。最终，通用公司和“苏联”公司都宣布倒闭了，而很显然，后者的结局要更惨烈一些……

# 统一与分裂——话说印度

苏联是中国的一面镜子，美国亦是如此。其实印度同样也是中国的一面镜子，我们总在说“崛起”，说“盛世”，那么相对应的，就需要知道什么才算是中国失败了，知道了“失败”的标准，才能确立起“没失败”乃至“胜利”的标准。印度这面“镜子”便是干这个用的——什么时候中国“印度化”了，那就要宣告失败了。

# 之一

话题从印度的种姓制度说起。简单来说，在印度社会中存在四大种姓：婆罗门、刹帝利、犬舍和首陀罗。在这四大种姓以外，还有不可接触者，即被排除在种姓等级制度之外的贱民，多数人都有所耳闻，而这只不过是一个最粗略的划分，每大种姓下面还有成百上千个亚种姓，每个亚种姓里面还可以分出亚亚种姓。要记全这些亚种姓、亚亚种姓的名称，是非常困难的，好在没有必要记，那是专家的职责。

当然，从历史上看，种姓并非印度所特有，只不过印度人把它宗教化、仪式化、极端化了。古埃及也有过种姓制度，大约划为七等，划分的方法也与印度相差无几，也是按职业来划分的。比如说，印度有婆罗门即祭司种姓，埃及的第一种姓也是祭司；印度有刹帝利即武士种姓，埃及也有武士种姓；此外，埃及像印度那样，也有商人、工匠、农民种姓。近代以前西方社会同样是壁垒森严，是不可逾越，贵族、市民、农奴一样是泾渭分明。在日韩文化中，等级制也还有残余，这点从日语和韩语对人称谓的差别之中就可以看出来，这些国家等级制度的淡化，是伴随近代资本主义发展逐渐而来的。

而自古以来，中国却是一个异类。在秦之前，中国的社会结构是以诸侯国为单元的，由贵族治理百姓，天子则依靠贵族维系统治，从而形成了一套严格的等级制度，这点和历史上的绝大多数国家在本质上是一致的。始皇帝统一华夏之后，中国便进入了大一统时代，这在人类历史上绝对是个异数，主要体现在以郡县制代替分封制——由皇帝直接治理全天下的百姓，这样的国家不再只是“一麻袋土豆”，而是一个有机的整体。皇帝与贵族之间从此就有了结构性矛盾，总的说来，历代皇权基本都是倾向于扶持平民以遏制贵族的。所以早在魏晋时期，贵族制度就难以为继了，宋明时期基本消失殆尽，士族则自秦汉始，开始逐步兴起——这一身份是无法世袭的。在清朝时期这一进程发生了一定程度的倒退，因为清朝的八旗制度本质上也是贵族制度，但这也仅仅是历史的一个不大的反复而已。

之所以要提及这些，想说明的是，对于一个大国（而不是西欧的那些小国）而言，大一统和过于严格的社会等级制度，是彼此相斥的两件东西。

再来说印度。古代印度在政治上更多的是一个地理概念，这里同时存在着多种类型的邦国——从土邦王国到部落共和国，应有尽有，就如同一个人类社会发展的博物馆一样。在历史上，在这片土地上从未出现过大一统的国家，即使是在阿育王和孔雀王朝的旃陀罗笈多国王时代也莫不如此。现代意义上的，统一的印度是伴随英国殖民统治一起“从天而降”的，并不是社会自然发展的结果。英国殖民者给印度带来了统一的疆界、统一的货币、统一的税制、统一的外交与国防政策、统一的法度。但是，也仅限于此。1914 年，英国政府在印度仅派驻了 9 000 名行政官员和 69 000 名士兵，而他们所统治的是 3 亿印度人！对此的解决方式则是，在殖民统治机器统治下，英国人进入印度前就存在的 600 多个土邦被几乎不受干扰地全部保留了下来。本质上说，这种体制与前面提到的“天子——诸侯——百姓”的结构是一样的。

英国在印度的殖民统治终断了其原有文明的发展进程，同时并没有带印度人走上自主型的资本主义近代发展进程。在生产分配领域，旧有封建阶级被几乎完整地保留了下来，而在封建领主之上，又增加了新的一层国民财富的截流者——殖民统治者，“柴明达尔”制度便是由此产生的。同时，原本应该存在于封建时代的种姓制度，也被顺理成章地带到了现代社会并一直存在到了现在。

第二次世界大战以后，随着国力的衰败，英国人无力继续维持各地的殖民统治，甘地为首的印度精英层所领导的“非暴力不合作”运动在这个时候成了压垮骆驼的最后一根稻草。最终，印度在1947年获得了独立，而问题也随之而来：现有的这个统一的“印度”，并不是印度文明自身发展的产物，从前面的“三级结构”可以看到，原先维系国家统一的是殖民统治者，如今这一层不存在了，而印度自身的社会结构还处于殖民统治之前的状态。

英国人曾估计，在印度独立之后，将会至少分裂成8~9个国家。在这片土地上据说有1 600多种语言；而“印度教”，最初只是殖民当局为了叙述方便而创造出的一个词汇，这其中严格来说包含上百个不同的“教派”；在经济方面，封建制的农业经济使得各个土邦之间并不存在基于彼此需求的特别紧密的联系。

当然，印度的精英层最终还是找到了维系统一的方案，也是唯一可行的方案，这就是我们现在所看到的样子：保留了垄断集团，政府权力有限，英式的议会制决策机制，而在中央与地方的权力划分方面，国家被以语言为基础划分成16个邦[1]。

简单来说，这些就是落后的社会结构与国家统一诉求之间彼此妥协折中的结果，一种稳定的平衡状态——因为它契合印度的社会结构，但又显得很“别扭”。

印度至今还有四大家族的提法，即塔塔、阿班尼、米塔尔及博拉，他们对国民经济的控制绝不亚于民国时期中国的四大家族。印度在独立后头两个五年计划中经济实际增长了66%，但是垄断工业资本与垄断金融资本仅仅在注册资本上就膨胀了三倍。拿钢铁和水泥生产来说，排名第一的塔塔财团控制了印度水泥生产的50%，而当时排名第二的米塔尔财团控制了印度水泥生产的25%；至于钢铁，直到1968年印度政府控制的国营钢铁厂的产量只达到了印度当时钢铁总产量的33%，其余则来自垄断财团。垄断财团多出生于信仰拜火教的帕西族或是锡克族[2]，而印度的政治家则多数来

[1] 印度卢比给人影响最深的，恐怕就是上面包括英文在内密密麻麻的印着17种文字。

[2] 其信仰可视作是印度教和伊斯兰教的混合产物。

自婆罗门，这得益于印度教对人民的影响力，而印度教教义又对商业有自身的限制，所以，婆罗门多数从政但与商业瓜葛甚少，尼赫鲁就是他们代表中的佼佼者。这些都决定了印度政府对大财团缺乏控制力，是一个弱势政府，它必须通过不断和垄断集团进行斗争才能有所建树。

印度的议会、选举制度按照某些人的标准应该是现代社会的模范生，但需要我们注意的是：西方的政党是其资本主义社会的产物，他们的一大特征就是没有固定的支持者，没有固定的纲领，作为金主的大财团往往会采取“两边下注”的方式，所以不同的政党所代表的利益具有很强的同一性，其政治博弈某种程度上可以将其视作是集团内部不同路线的斗争——即在“保守”与“激进”之间振荡，也就是通常所说的“左”和“右”。印度的各个政党同样是其自身社会结构的产物，但它们的背后则是不同的垄断集团，不同的地域，不同的宗教等等，它们所代表的利益缺少交集甚至彼此南辕北辙，但非常稳定。这就使得很多问题变成了党派间无休止的扯皮，此外，在实施西式民主体制的同时，在其各政党内部则更多的是家长制，那么为实现自身的利益诉求，最好的方式不是加入某个政党，而是单独成了一个党，最终的结果就是在议会出现大量的小党派，这就进一步降低了决策机构的行动效率。

而从“中央—地方”的权力划分而言，由于基本延续了过去的社会结构下的地域划分，各邦内部都具有文化上的相对同一性，就权威性而言，就出现了地方强中央弱的现象。就土地来说，印度始终未完成土改，中央政府可控制的土地仅占总量的 13% 上下，大量的封建土地所有制得以保留。以人均土地最少的比哈尔邦为例：占土地持有者总数 67% 的小土地持有者仅占全邦可耕地的 16%，而 4.1% 的地主却占有了全邦可耕地的 25%，另外还有 400 万以上的农民没有土地。

由此，需要我们注意的是：在判断印度政府决策时必须认识到，它的决策依据很可能并非源自某一长远战略考虑，而是基于一些非常具体的眼前利益来考虑的——即便这些决策对长远和全局利益是有害的。因为在一个缺乏权威的政治环境下，印度的政治家们首先要考虑的是政党间激烈的斗争以及政府和大财团间的斗争、中央与地方之间的斗争。譬如对印自卫还击战，1962 年中印边境战争爆发之前，客观来说，尼赫鲁还是做过一些避免大规模冲突的努力的，当时印度政府曾对国内封锁过有关中印边界冲突的消息。而反对派则一直以民族主义者的形象，对政府加以攻击。那场战争爆发的背景则是，当时工人的实际工资下降了 10%，而农民干脆处于破产边缘，社会贫富差距急剧拉大，尼赫鲁政府因此处于危机之中，所以以军事手段来转嫁社会矛盾，虽然军事冒险失败，但尼赫鲁政府利用国内局势动荡实行全国紧急状态顺利度过了垮台危机。而在印度的历史上，这绝不是唯一的一次，1970 年第三次印巴战争，1987 年建立所谓“阿鲁纳恰尔邦”，导致中印再次大规模军事对峙，背后都有类似的背景。如果再细心点，我们会发现每年 2 月、3 月印度军方总会对华有所动作，其实道理同样非常简单，因为每年确定政府财政预算是在 4 月份。

在尼赫鲁时代，印度政治还带有不少的强人政治的色彩，这在一定程度上抵消了其中的结构性问题。而自后尼赫鲁时代开始，这个制衡因素消失了，印度政治生活中始终缺乏一个强有力的核心，主要政党及其政治领袖们于是便都将民主当成了一种市场机制——视选民为有着各种各样要求的消费者，而作为“企业家”的政治家们所要做的，则是力图赚取他们的选票。当民主异化为简单地向选民“献媚”之后，任何短期内见不到“效益”的举措，都将是难以推行的。

# 之二

实事求是地讲，独立之后的印度，其进步仍是显著的，印度最初的国家财政体系使得地方各邦对中央政府构成了极度的依赖关系，这种财政体系很大程度上抵消了地方势力的离心倾向，强化了中央政府的权威性。基于此，“柴明达尔”制度被废除，政府允许小农、佃农购买土地，拥有土地权，这使得印度具备了一定的工业化动员能力。当然，与同一时期进行了彻底的土地改革的中国相比，印度政府所做的是非常有限的——无论是在中国内地，还是后来的中国台湾地区，历史都证明彻底的土改，都是以政府权威性作为后盾的[1]。

要想永久性地摆脱分裂的危险，最根本的途径只能是发展经济，以工业经济替代带有封建色彩的农业经济，由此改造印度落后的社会结构，破解政治上的死结。

在经济制度上，印度选择了参照苏联模式的混合经济模式，即公营和私营经济并存。这一方面存在苏联因素的影响，同时，也是印度自身情况决定的。以婆罗门占主导地位的印度政治精英，由于传统，极少涉足商业，这就使得他们非常青睐由政府占主导的计划经济模式，希望能以此来制衡大财团和地方势力的影响。混合所有制，就是这种背景下的折中、平衡产物。

[1] 台湾地区所谓的“和平赎买”，同样是在国民党当局的压力之下完成的，而这恰恰是印度政府所缺乏的。

如此，在保有大量封建制经济体系的情况下，印度政府仍然以“五年计划”的形式，在几个邦强行开始了工业化进程。快速的工业化进程需要庞大的人力物力与技术作为支持，作为基础薄弱的发展中国家，必须要在经济建设上做长期的规划，并有步骤有计划地去实现它。从这个角度讲，印度选择计划经济是合乎当时的历史发展规律的。但在现实操作中，印度恰恰做不到对经济进行长期计划以及按部就班地执行计划。印度政府与国内各种各样的垄断集团的利益斗争从没有停止过，而政府鲜有占上风的时候。在长期经济计划与短期经济效益的选择中，政府不断地在选民的利益趋势下左右摇摆。在遇到国内国际危机的时候，印度的执政者往往通过对外军事冒险来转移选民的视线，压制国内即将爆发的危机以赢得大选，比如他们在 1962 年所做的。基于这种目的实施的军事行动，无论胜负，都从没有与经济形成过“正循环”，所谓“大炮一响，黄金万两”在印度的对外战争史上从未出现过。由于自身经济实力孱弱，军事冒险之后印度政府往往又陷入财政危机并进一步导致经济危机。从 20 世纪 60 年代往后，印度就一直处于“危机—冒险—更深的危机—再冒险”这样一个循环之中。受此影响，它的工业化进程与基础设施建设都异常缓慢。

比如这段历史：1970 年 12 月 27 日，英迪拉·甘地抓住自己国内声望不断上升的机会，宣布解散人民院，提前于 1971 年 2 月举行印度第五届大选。1971 年 3 月大选结果揭晓，甘地获得了压倒性胜利。与此同时，巴基斯坦在 1970 年底也开始进行大选，主张充分自治与全面独立的人民联盟在东巴大获全胜，随即在 1971 年 3 月宣布东巴独立，巴基斯坦由此爆发国内军事冲突。1971 年 11 月 21 日，印度政府宣布印军越过印巴边界“自卫”，这就是第三次印巴战争。至 12 月 17 日战争结束，巴基斯坦遭到肢解。至此英迪拉·甘地在国内获得了前所未有的 93% 的民意支持。次年印度国庆日，英·甘地被描绘成了杜尔加（印度神话中的十臂女战神）。但正是在 1972 年，印度迎来了一场严重的旱灾，1.8 亿人口面临饥饿的威胁，而由于战争流入印度的孟加拉难民每个月则要消耗掉印度政府 2 亿美元，使得印度政府的财政雪上加霜。原本大宗粮食与原油进口就需要大量外汇，而石油危机和由此引发的国际金融危机又不期而至。由此导致外汇严重短缺，物价开始飞涨。进一步引起的投资不足又使工业增长下降了近 50%。民众的不满情绪终于在反对党的鼓动下爆发了，同年孟买就爆发了 1.2 万人大罢工，仅仅在古杰拉特邦的骚乱中被警察射杀的人数就达到 233 人，而与之同步的印度铁路大罢工让当时的印度全国交通陷入了瘫痪，最后警察也加入到了暴动的行列，并与前来镇压的军队交火。在随后的大选中，国大党一败涂地，代表印度教原教旨主义的人民同盟上台了。而人民同盟政府的第一个举措竟然是提早一年结束当时正在执行顺利的“五五”计划，以提交自己制定的“六五”计划。历史证明靠造反上台的人民党政府对自己所制定的计划缺乏控制力，上届政府积累下来的 1 500 万吨粮食以及仅有的 30 亿美元外汇储备在不到三年的时间里被消耗殆尽，而人民同盟政府也随之倒台，此时已经是 1979 年，印度之外的世界已经迎来了第三轮全球化浪潮，发达国家正在向第三世界国家转移生产工序，实现国际再分工，“四小龙”与东南新兴工业地带正是在此时崛起。而印度，则还处在反复的“折腾”当中，套用总理拉吉夫·甘地的话：“印度失去了工业时代。”

冷战结束之前，苏联在印度经济中一直扮演着非常重要的角色，它是印度当时最大的国际援助来源国，也是印度最重要的出口市场之一，印度外贸长期处于逆差局面，填补贸易逆差所带来的外汇缺口，除侨民汇款和资本账目顺差之外，主要的外汇来源渠道便是国际援助。

1991 年的东欧剧变，苏联解体所带来的一系列连锁反应对印度的影响，一直持续到了今天。20 世纪 80 年代末 90 年代初，苏联国力极具衰退直至最终解体，使得印度失去了最大的国际援助来源以及出口市场，经济由此遭受到严重的冲击，由于国际收支严重失衡最终导致印度爆发经济危机，这就是 1991 年印度政治经济改革的背景，而发生于 1987 年的中印边境对峙，则可看做是印度政府为缓解执政危机所作的又一次冒险。

从 20 世纪 80 年代末开始，再没有一个政党能够在联邦议会选举中获得单独组阁的多数席位，印度进入了或是少数派执政、或是多党联合执政的时期。在 1989~2004 年的 16 年中，印度共举行了六届大选，换了九届中央政府，其中六届只执政了一年左右，最短的只执政 13 天就倒台了，2004 年国大党重掌朝纲，得票率也仅有 26.7%，只能以联合政府的形式上台执政。

换句话说，印度政府原本不强的行动力进一步被削弱了，对社会生活的变革很难再起到多大的推动作用，更遑论来主导。1989 年，脱胎于人民同盟的人民党利用印度教徒的反穆斯林情绪，主张在印度教徒视为圣地的阿约提亚 (Ayodhya) 地区兴建一座印度教寺庙——但在当时该地已建有巴伯尔清真寺(Babri Mosjid)，借助这种宗教情绪，人民党在1991年再次上台。为了获得地方势力的支持以维系并不牢靠的执政地位，人民党赋予了地方更多的权力，并允诺一些地方势力可以建立自己的邦。至此，原有的可以节制地方势力的中央财政体系在政治改革中不复存在了，中央政府在地方的权威性因此也被大大削弱——某种程度上说，20 世纪 90 年代之后印度的政治改革，实质就是一个地方向中央分权的过程。而就行政区划而言，印度版图内邦的数量由建国时的 16 个，增加到了 28 个（另有 7 个中央直辖区）。就工业化进程而言，这一改变的影响是灾难性的，印度原有的工业布局类似于苏联，具有很强的区域性，原有行政区的分裂，导致工业体系不再完整而无法正常运行——这与苏联解体后所遇到的情况比较类似，许多地区因此从工业经济又重新退回到了农业经济。此外，印度后续的经济建设也很难有一个科学、统一、有序的规划，最初计划建设 100 个经济开发区，各地各自为战，结果最后实际建成的数量是 250 多个。

就经济模式而言，1991 年的外汇危机使印度经济形势严峻恶化，也由此拉开了一场经济自由化的改革浪潮。也就是实行自由化、市场化、全球化为导向的经济改革，缩小公营经济的活动范围，减少对公营经济发展的干预，取消对生产许可证的限制，减少对私营经济发展的控制。但总体而言，官方对经济的干预还是比较多的，要办事，很多时候还是要通过政府的。

而在改革之初，印度所面对的情况是：没有进行过彻底的土地改革，基础设施建设远远落后于东亚国家，超过 50% 的人口属于文盲，但印度的精英阶层从英国人手中继承了纯熟的英语思维以及比较完善的金融体系。失去了国家的外力作用，在资本的趋利性诱导下，印度经济最终“很自然”地选择了以服务业而非制造业作为突破口——改革前期的重点主要放在了软件业上，之后则利用其比较深厚的金融传统，建立起了十分完善的金融市场。对这种经济模式而言，最重要的则是要保证有源源不断的资金流入国内，这一点与发达国家的“虚拟经济”类似，只是印度是发展中国家，它保证资金流的方式主要是竭力使世人相信投入印度的资金将有一个非常美好的前景——印度人不切实际的吹嘘，除了其民族性格以外，也有其经济上的需要，所以不但民间在“吹”，政府每年还会专门资助海外媒体为印度“吹”。

1991 年之后，印度的 GDP 开始迅速增长，前些年印度的经济增长从以前 4%~5% 的较低水平跳上了 7%~8%，季度增长常常达到 9% 左右。而在其背后的事实则是：印度的经济增长和中国的是完全不同的。“印度模式”下，货币流通的速度不存在从实物生产到最终销售这样一个周期的制约，自然要快得多，但这种快速流动并没有带动制造业的同步发展。“印度模式”的实质，就是一种跳跃式的发展模式——印度人试图从传统农业经济直接跨过制造业阶段进入以服务业尤其是以金融业为经济主干的服务业主导型经济，也就是“虚拟资本主义”国家的消费型经济。如此可以最大限度地利用从过去所继承的金融传统，同时这也是为了回避印度基础建设薄弱的问题。

在 GDP 高速增长的同时，国家工业化事实上并未有太大的发展——250 多个经济开发区中，是清一色的服务业、IT 业和金融行业。印度 GDP 具体构成中，农业占 22%，工业占 22%，服务业则占 56%，如果这是一个发达国家的话，这个构成并没有什么问题（例如日本，虽然以制造业闻名于世，但其 GDP 的 75% 则是由服务业所贡献的），但这是在一个发展中国家，其 GDP 的总量并不大。事实上，目前印度工业化总体水平仍处于轻工业化阶段——中国已经开始进入到重化工业阶段。

到目前为止，印度经济发展的受益者仅限于占社会少数的精英阶层，反过来，这又制约了其服务业的进一步发展——能消费得起的就是那么几个人。从经济角度说，极端一点，印度就是1亿人国家——1千万富人，2千万中产阶级，和7千万穷人，平和一点，也就是一个两三亿人的国家。剩下的那7到10亿，制定经济政策时，完全不被考虑在内——如果以7亿人来算的话，这部分人生活在低于联合国的贫困线三分之一以下的水平。而印度的决策者也无需考虑由此会引发大规模的民变——即便在印度北部现在存在着超过120支游击队，但以印度人的标准来看这种混乱程度仍然还处于可以接受的范围之内，这得益于印度传统的等级文化以及“修来世”的人生观。

相对于中国，西方国家更乐于接纳印度，即便它的贸易保护主义看上去非常“不合规矩”，其中的根本原因就在这里：发达国家与发展中国家最本质的矛盾，是资源占有的矛盾，资源的总量是不变的，你多占一块，我就要少吃一块，这和政治制度、意识形态扯不上任何关系。西方发达国家在以25%的人口消耗着75%的世界资源，在西方人眼中，中国政府最大的“原罪”在于领导6亿人摆脱了贫困，更在于要领导超过13亿人走向富裕，这意味将有一个超级大块头要插进来分享这块不可能变大的“资源蛋糕”，与金融、贸易等流于表面的问题不同，这个矛盾是难以调和的。所以，印度或者说印度模式更易于为西方人所认同，根本原因在于这种模式把多数人排除在外，仅让少数精英阶层加入到资源分享中来。

就此轮经济危机而言，首先可以认定的是，作为一个机会，这对印度的意义不会很大。印度制造业发展的瓶颈在于缺乏资金同时基础设施薄弱，印度原本打算通过利用自己在金融市场的优势获得资金，然后带动其他经济的发展。但是，就具体微观上而言，企业行为的趋利性使市场中的企业必须要靠利润的驱使来完成市场资源的配置，尽管印度企业在金融市场比中国获得更优惠与丰沛的资金，但是作为经济人的企业并未如事先想定的那样投资制造业和基建，而是要根据自己的比较优势与竞争优势形成最优资源配置。这就出现了一边是国内制造业和基建急需大笔资金，而另一边在金融市场获得丰沛资金的印度企业纷纷大规模进行海外并购。金融危机只能是助长这一趋势。

虽然经济危机使得发达国家在一定程度上降低了某些技术的出口门槛，但如前所说，印度的工业化尚处在轻工业化阶段，同时基础设施建设也尚不足以支撑一个重化工业体系——以公路为例：印度2002~2003财年国道建设目标为244.11公里，而当年实际完成209.46公里；2003~2004财年目标为1789.5公里，实际完成709.73公里；2004~2005财年目标为2317.18公里，实际完成2082.7公里；2005~2006财年目标为782.09公里，实际完成582.82公里。在这样一个薄弱的基础之上，单靠购买一些技术，对工业化进程的拉动作用是非常有限的，技术是“种子”，而工业基础和基础设施则是保证“种子”发芽、生根的土地。

从危险方面来说，印度这次最可能出现的问题与1991年时可能是一样的，就是在国际支付上出现问题。历史上看，印度仅有两年实现了外贸顺差，也只是拜当年风调雨顺农业丰收所赐，其余年份则都是处于逆差。始于发达国家的金融危机，导致了其国内出现紧缩，进而使欧美金融机构从发展中国家撤资回本土。而这就使得如印度这样依赖外资的发展中国家，被动地出现了紧缩。也使得印度政府面临两难的选择——是否进行信用扩张，也就是印钞票？印了就造成本币贬值，不印本国企业就会出现资金断链。此外，印度企业多通过向国外银行贷款，或者是通过转让股权的方式向国外企业借款来获得资金，其国内的任何经济波动，都会导致海外银行提高利率或是国外企业抛售印度企业的股票，这些同样会使得印度企业出现资金断链的危险。而自2010年便一路走高的国际粮价，则进一步加大了这方面的风险，印度至今未实现国内粮食自给，粮价攀升，必然要进一步加重其国际支付的压力。

# 战国时代

富而不能转化为强，则“富”最终就只能演化成“腐”，这就好比一个人摄入大量营养物质后并没有让肌肉强健以及提高免疫力，反而导致了人体肥胖。就历史大势而言，冷战之后由美国所主导的一系列战争的爆发事实上是无法避免的，而其结局同样如此。

# 海湾战争——冷战后的立威之战

1979 年 2 月 11 日，在那一天伊朗爆发了由霍梅尼领导的后来被称作“二月革命”的伊斯兰革命。4 月 1 日伊朗伊斯兰共和国成立[1]，这之后 11 月 4 日在霍梅尼的支持下，伊朗学生占领美国驻伊朗大使馆，扣留 52 名使馆人员，[2] 以强迫美政府“引渡流亡美国的前伊朗国王巴列维”，在遭到美方拒

---

[1] 对笔者来说，伊朗伊斯兰革命是一件难以评价的事情。你可以说这推翻了一个腐化奢靡的王室，结束了伊朗长达 2500年的封建王权统治。但事实上，自 20世纪 60年代初开始，巴列维国王为巩固其统治，缓和国内各阶层间日益尖锐的矛盾，提出了以土改、工人入股分红、出售工厂股票、在农村开展卫生和扫盲运动等为主要内容的“社会改革计划”，这一改革又被称为“白色革命”，其实质核心是世俗化和现代化，是有其进步性的。只是后来社会矛盾反而加剧，一方面是由于改革脱离国情，造成经济严重失调，贫富悬殊加剧；另一方面，也是由于这些改革触及了地主及宗教势力的利益。

伊朗“二月革命”之后，客观上说它的宗教势力再次回潮，社会利益再次集中于中上层，现代化进程有所停滞。这其实是和当时全世界“向右转”的大趋势方向是一致的。现在内贾德与哈梅内伊之间的矛盾，可以说是世俗力量与宗教力量之间的矛盾，而从经济上说，双方代表的则分别是城市中下层、农民与传统的中上层。这其实和泰国的“红黄之争”是相同的。

需要注意的是，伊朗伊斯兰革命爆发之前，美国情报机关其实是知情的，至少在一年前，美国人就已经预计到了会爆发革命。然而当时尚在巴黎的霍梅尼与美国政府曾达成了一系列协议，也正因为这个原因，伊朗军队在革命爆发时没有加以镇压——巴列维时代伊朗军队被美国严重渗透，而后来霍梅尼大肆清洗伊军也正是因为这个原因。1979年巴列维国王流亡海外也是由美国人安排的。之所以这样，是因为美国当时已经感到巴列维的统治将难以为继，于是准备“换马”，这就和越战期间抛弃吴庭艳一个道理，只不过美国人这次遇到了错误的人选而已。

另外值得一提的是，巴列维王室和中国的关系其实不错，巴列维国王的孪生妹妹阿什拉公主更是将周恩来总理视为朋友。

[2] 伊朗方面占领美国大使馆可能还有另一层考虑，1953年巴列维发动的保守主义政变正是美国大使馆的“外交人员”策划的。

霍梅尼，全名阿亚图拉·鲁霍拉·穆萨维·霍梅尼。伊朗伊斯兰什叶派领袖、伊朗伊斯兰共和国最高领袖。霍梅尼用极端的方式调动起了当今世界最激烈的宗教情感，以此对抗西方的入侵。在他的死敌眼里，他是“近代最恶名昭彰的独裁者”，并且让伊朗“倒退了几个世纪”。但对热爱他的人来说，他却是一位无法替代的领袖。不管是反对他或支持他，人们都承认：他是一位学识渊博，极其睿智的人，同时是一位极其俭朴，体恤民心的人。

绝后，第二天——也就是 11 月 5 日，学生们又占领了英国驻伊朗大使馆，此后又占领在伊朗西北部的色拉子和大布里士的两个美国领事馆。紧接着全伊爆发反美和反西方的示威游行，外国侨民纷纷开始撤离伊朗。伊朗与美国的关系就此陷入了紧张之中。

一直以来，美国在中东地区的战略布局是基于三个着力点来展开——以色列、土耳其、伊朗。这三个国家都是以亲美著称，是美国最可靠的盟友。而美国对这三个盟友的扶植也是不遗余力的，以色列核技术来自美国这是公开的秘密，其实伊朗核武器研发的底子也是来自美国，只不过由于 1979 年革命中断了技术支持，步子才慢了下来。

在极力扶持这三个同盟国的同时，对内部松散的阿拉伯世界，美国则采取了总体压制（借助以色列、土耳其和伊朗之手）、个别拉拢（对沙特、科威特等政教合一的王权国家）的政策。如此张弛有道，使得美国对中东地区的影响力始终压过苏联一头。1970 年纳赛尔去世之后，萨达特接任埃及总统，埃及与苏联的关系开始急转直下，1976 年埃及宣布废除《埃苏友好合作条约》，禁止苏联海军舰只继续停泊亚历山大港，1978 年萨达特与以色列总理贝京在美国的主导下打成了戴维营协议，这意味着美国至此成了中东地区的主导，北非至西亚一系列战略平衡就此被打破。

除了通常意义上的国界之外，中东地区事实上还存在三种意义上的疆界：国家制度上的——世俗政权与政教合一的王权政权；民族意义上的——阿拉伯人、土耳其人、波斯人、以色列人；宗教意义上的——犹太教、伊斯兰教逊尼派、伊斯兰教什叶派。三个层面的疆界相互交织彼此影响。其中任何一个平衡被打破，其余都将受到影响。占穆斯林人口 10%~15% 的什叶派主要集中于伊朗、伊拉克和叙利亚，这里通常称为什叶派新月地带，其中伊朗是“新月地带”的核心，伊拉克和叙利亚则是什叶派和逊尼派的交界之处（伊拉克什叶派穆斯林占 55%，其余为逊尼派以及少数基督教、犹太教教徒；叙利亚有 14% 的人口为基督教徒，其余为穆斯林——20% 为什叶派，80% 为逊尼派）。埃及的变故不仅仅是一个国家的事情，这同时也意味着什叶派和逊尼派之间的平衡被打破了，伊朗的伊斯兰革命便是这一系列变动的产物。

伊朗的革命意味着美国丢掉了一个非常重要的着力点，而同时它也是中东主要的产油国之一。问题不止于此，伊朗新政府宣布废除了伊朗在 1959 年同美国签署的一项条约以及 1921 年同苏联签署的友好条约的某些条款。霍梅尼在把美国骂做“大撒旦”的同时也称呼苏联为“小撒旦”，这些似乎都是一种在美苏间保持中立的政治信号。但令美国人不安的是：第一，在伊的苏联机构没有任何一家受到过任何冲击，相反在革命爆发前几日，克格勃的高级官员秘密访问了德黑兰；第二，来自东欧国家的军事代表团秘密地访问了伊朗的几处军事基地，之后苏制武器装备便开始通过这些东欧国家为代理，隐蔽地进入伊朗；第三，11 月爆发的反美和反西方的游行示威的背后，有伊朗共产党和其他几个左翼亲苏组织的影子。这些都意味此后伊朗这一世界战略要冲有落入苏联人手中的可能，最起码，美国在伊朗内部扶植的代理人将面临被扫地出门的局面。

伊朗的革命必然会对什叶派人口占多数的伊拉克等国有所触动，然而当时的卡特政府却不能贸然对伊朗动武——当时苏联已经出兵阿富汗，如果动武则很可能将伊朗完全推到苏联一边，利用阿富汗的陆上通道，伊朗可以很容易地从苏联取得物资援助。

此时美国急需在中东寻求一支新的力量来平衡革命后的伊朗，它的人选则是萨达姆。早在1960年，还在埃及开罗大学攻读法学的萨达姆就已经与美国中央情报局开始接触了。当时的伊拉克政府与国际共产主义运动的关系日益密切，为了压住这股风潮，美国开始向伊拉克国内的复兴党及其他反政府势力提供援助，由他们来推翻有共产主义倾向的原政府，萨达姆

持续了8年的两伊战争，使伊拉克和伊朗两个中东富国倒退了20~30年，伤亡270万人。而美国无疑是最大的获益者。

与美国政府间的关系便是由此建立起来的。1979 年 7 月，时任总统的贝克尔被迫“称病”辞职，得到美国支持的实力派人物萨达姆顺利登上总统宝座，同时他还担任伊拉克革命指挥委员会主席、总理和阿拉伯复兴社会党地区领导机构总书记的职务，集党政军大权于一身。而在萨达姆上台执政仅一年后，两伊战争便爆发了。

1980 年 9 月 22 日，伊拉克借口伊朗参与对伊拉克外长阿齐兹的刺杀行动，向伊朗发起进攻。战争起因的一般说法是：伊拉克试图完全控制位于波斯湾西北部的“阿拉伯”（Shattal-Arab）水道——该水道是两个国家重要的石油出口通道。再往深层次来说，萨达姆同样有要统一阿拉伯世界重建巴比伦王国的野心，两个国家有同样的目标，产生冲突就只是一个时间问题。而早在 1975 年，美国国务卿基辛格曾支持巴列维国王对当时在伊拉克控制下的这条水道发动进攻。

在美国貌似中立的拿捏下，两伊战争不温不火地持续了整整八年，直到 1988 年苏联行将就木已无力插手中东时才宣告结束。在这八年时间里，每当伊拉克处于不利地位时，美国就通过各种渠道施以援助，而在其开始占上风的时候美国又会对其加以压制。后来 1988 年萨达姆镇压库尔德人时用到的化学武器，就是地地道道的“Made in USA”。不止是施力于伊拉克，在伊朗的美制武器消耗殆尽的时候，为了让战争继续打下去，美国再次开始向伊朗出售武器弹药，由此引发了著名的“伊朗门”事件，最后只能叫诺思中校一人死扛到底。可以说，美国人把当初英国人的大陆政策学到家了。

1988 年停战之后，两个中东富国已经都被打成了穷光蛋——经济倒退了二三十年，战争制造了 270 万人的伤亡，仅德黑兰就有 20 万寡妇。然而由于战争的因素，伊朗和伊拉克两个国家统一阿拉伯世界的野心被“对冲”掉了，美国在中东的利益得到了维护。

战争结束后，伊拉克国内随即陷入财政危机——战前伊拉克的外汇盈余近 400 亿美元，战后外债达到了 800 亿美元，其中 400 多亿是欠西方国家和苏联的军火债、300 多亿是欠其他阿拉伯国家的贷款，其中仅欠科威特的债务就达 140 亿美元，而债主们都没有延期的打算[1]。为了化解巨大的财政危机，稳定内政，当然同时也是在“泛阿拉伯主义”野心的驱使下，萨达姆再次把目光投向了科威特。如果占领了科威特，不但 140 亿美元的债务不复存在，而且这个面积仅相当于北京市的国家，石油储量差不多和整个中国持平。于是科威特时间 1990 年 8 月 2 日凌晨 1 时，在空军、海军、两栖作战部队和特种作战部队的密切支援和配合下，伊拉克共和国卫队的三个师越过伊科边境，很快便占领了科威特全境。

在这之后，萨达姆在一夜之间把自己放到了几乎是全世界的对立面上，昔日的美国盟友的反应出乎他的意料。“解放伊朗独裁统治的英雄”一觉醒来发现自己成“人类公敌”了，美国携多国部队 69 万（美军 45 万）陈兵波斯湾。

1991 年 1 月 15 日，多国部队对伊拉克的军事打击正式开始，战争持续了 38 天（空袭）又 100 个小时（地面战）。两伊战争打了八年，久经战阵的伊军是萨达姆手里最大的本钱。而海湾战争中，伊拉克这根唯一的脊梁很轻易地就被美国人打断了，伊军崩溃的速度简直叫人匪夷所思。将此只是解释为是双方战术思想、技战术水平和武器装备上的差距是不够的[2]。在开战前，美军集结兵力用了近半年的时间，而在战争中伊军表现却明显是仓促应战，这只能说明萨达姆从一开始就没想到美国真的会动武。今天的一些消息甚至表明，在伊拉克进军科威特前，萨达姆曾和美国有过沟通并得到了美方的默许。这个说法是否属实姑且不说，但可以肯定的是，萨达姆和马岛战争中的加尔铁里犯了同样的错误[3]，他错误地判断了形势：伊拉克

[1] 两伊战争从沙特、科威特等国的角度说，其实等于是借萨达姆的手阻止了穆斯林什叶派势力向西扩张，因此这些国家向伊拉克提供资金支持让仗一直打下去，而战后的逼债确实也有卸磨杀驴的意思——对于政教合一的王权国家而言，埃及、伊拉克这样的世俗政权始终是个威胁。

[2] 当时伊军很多武器装备让人看着都眼馋。

[3] 1982年马岛战争的背景是：当时阿根廷国内出现严重经济危机，以加尔铁里为首的军政府于是企图以战争来转移国内视线。在占领马岛前，阿军方从未考虑过英国人真的打过来该如何应付，所以也不曾认真备战。此外阿根廷同样也是美国的盟国，但是战争爆发后，美国一边倒地支持英国是阿方始料未及的。

和科威特、沙特等国既然都是亲美的，那么美国起码应该会保持一个中立的态度，然而他忘了他自己的上台原本是美苏对抗的产物，此时苏联已经只剩下小半条命了，美国无需再像1979年那样有所顾忌；而从战略格局上看，一个意图整合中东的伊拉克和一个怀有同样想法的伊朗一样，都是不符合美国的利益的。除此之外，此时苏联失败几成定局，美国已经从西方的霸主变成了全世界的霸主，在霸主登基伊始，立威祭旗是免不了的，萨达姆恰好做了这个倒霉蛋。美国人利用这一仗一举走出了越战的阴影（海湾战争开战前美军曾给自己人预备了数万个裹尸袋），这也为后来美国的一系列对外征伐开了头。

同样叫人不可理解的是，原本势如破竹的多国部队在1991年2月28日早晨8时许却在巴格达城下停止了前进，原本轰轰烈烈的战争到此戛然而止了。此前伊拉克的军事入侵使得沙特、科威特等阿拉伯国家感到了恐

海湾战争这场第二次世界大战之后参战国最多、一次性投入兵力最大、投入的兵器最多最先进、空袭规模最大、战况空前激烈和发展异常迅猛、双方伤亡损失又极其悬殊的现代高技术局部战争。不但使美国彻底控制了中东地区的石油资源，更令西欧和日本这两个蠢蠢欲动的盟友付出了一定代价。

惧，而如今萨达姆却又被打而不死，于是美国在这些国家长期驻军就成了“顺理成章”的事情。同时，倍感压力的中东国家向美国抛出了大笔的军火订单，除了让美国军火商狠赚了一笔之外，无形中也把自己的战争机器纳入到了美国的军事体系之下。

而另一方面，由于压在美欧矛盾之上的冷战阴云已经散去，欧洲人开始独自谋划他们的未来，或者说，在美国看来，原本并肩作战的盟友们开始“离心离德”，要离开美元体系了。但是，好在他们还离不开中东的原油。伊拉克统一中东同样是不符合西欧利益的，不过由美国去控制中东对西欧来说同样不是一个好消息，帮助美国打“坏蛋萨达姆”的欧洲人[1]似乎被什么人给耍了……

总之，联军在巴格达城下“恰当好处”地结束了战争，使得美军在海湾得以长期驻扎，与其说美国此举牢牢地控制了中东石油，不如说是牢牢控制了国际贸易中的铸币权。冷战结束之后，由于国际局势缓和，西欧诸国以及日本等国对美国在安全问题上的依赖程度大大地减轻了，经济领域的矛盾开始变得明显起来。面对这些国家，通过直接的军事冲突来维系货币霸权是难以想象的，而仅靠生产技术领域的竞争，美国并没有非常明显的优势。那么，通过军事霸权间接地来维持货币霸权就是最佳的方案。

[1] 海湾战争的费用是由德国和日本政府买单的。

# 科索沃战争

自第二次世界大战结束后，西欧各国事实上就都被逐步纳入到了由美国所主导的“全球化”经济体系当中。西欧国家要自立门户、自搞一摊的念头自战后也一直没有断过。欧洲人的想法其实和战后的日本是一样的，日本人在20世纪80年代在东亚、东南亚开始搞“雁型阵列”[1]。而法德等欧洲国家的追求更加长远，他们要的是欧洲的最终统一。

而一体化的第一步首先是要建立一个由自己说了算的经济圈子。从“煤铁协定”到欧共体，再到后来的欧盟，伴随着工业体系的恢复，这一进程始终没有停过。相应的，美国人的搅局也没怎么停过，用得最多的手段就是“掺沙子”——首先是通过英国来对欧盟（欧共体）加以分化；其次是支持土耳其加入欧盟（欧共体），利用欧洲国家对土耳其的不同态度来分化他们。但这些举动起到的作用基本还只是阻滞，一体化进程总体向前的趋势美国人还是没法扭转的。

20世纪80年代末90年代初的东欧剧变大大加速了西欧自立门户的进程。苏联解体以及东欧国家回归欧洲主流文化圈使得法德等国的国土安全不再是问题，西欧各国对美国的依赖随之也大大减轻了。

此外经互会体系解体以后，一堆衣食无着的东欧国家被西欧国家一把

[1] 日本保留最高端的产业，下面的产业由高到低分别输出到韩国、台湾地区、泰国、印尼等东南亚国家，由此形成一个以日元为流通货币的产业分工体系。

统统划拉到了他们所主导的经济圈里来[1]。这样一来，欧盟内部在经济上便也形成了一个小号的“金字塔”体系——法德等国负责出资金、出技术、出管理、出高端核心产品，东欧国家负责出廉价但高素质（华约时代教育体系的成果）的劳动力和低端消费品。这和日本的“雁型阵列”本质上是一样的，都是美国“全球化经济体系”的微缩版本。此外东欧人口的加入使得欧盟内部的市场也大大地扩容了，如今欧元区国家的出口贸易总额，三分之二是来源于区内贸易，如果把欧盟看成一个整体的话，那么也就意味着欧洲经济基本成了“内需”拉动模式，而这也意味着政治上的进一步独立。

到了 1993 年，欧洲一体化进入了关键阶段——统一货币。这一进程最初并不是很顺利，甚至可以说是“很不顺利”。1993~1995 年近 3 年来，欧元区各国为了达到统一货币的基本要求，财政紧缩的力度不断加大[2]，到 1997 年，欧盟国家财政赤字在 GDP 中的平均比重，已从 1993 年的 6.4% 降到 2.4%，理论上说一国经济如果处于紧缩中则本币应趋于坚挺，但实际上自 1995 年以来，除了游离于统一货币之外的英镑外，欧洲国家货币对美元的比值却是一路下跌，1997 年末与 1995 年末相比，马克下跌了 27%，并曾一度超过 30%，法郎下跌了 25%，有些欧盟国家本币贬值的幅度更大。由于“欧洲汇率机制”是大部分欧盟国家的货币都与马克挂钩，马克对美元贬值，就意味着几乎所有欧洲货币都在对美元贬值。

究其原因，一方面财政紧缩意味着国家不敢花钱了，这就导致了欧元区总需求下降，进口减少和失业率上升；另一方面还是人们对欧元信心始终不怎么高——首批进入统一货币的 11 个国家经济发展层次拉开得太大，直到 1995 年包括德、法在内许多成员国与启动欧元所规定的四条标准都仍有

[1] 东欧国家在经济上加入欧盟体系的同时，在政治上则更倾向于美国——东欧剧变期间这些政权能够上台主要靠的就是美国的支持。这些被称为“新欧洲”的东欧国家，在从“老欧洲”国家那里得到经济上的实惠的同时，却替美国扮演了“沙子”的角色。

[2] 一种货币发行之前，发钞方降低自己的财政赤字是保证新货币币值稳定的前提——你的亏空小，那么滥发钞票的可能也就小，货币币值稳定的预期也就高。1948年底人民币发行之前，解放区各个地方政府同样被要求强化财经纪律，压缩财政赤字。

很大差距。出于对各国在启动欧元时间难以同时达标的考虑，1995 年 5 月欧盟执委会公布了统一货币的“绿皮书”，允许成员国以“加速度”进入统一货币，实际上等于放宽了统一的标准。1995 年 12 月在马德里举行的欧盟首脑会议上，欧盟各国在表示一致赞同“绿皮书”方案的同时，又再次表达了“按时启动欧元”的决心。这种前后矛盾的表态使得许多人对欧元的前景心存疑虑，在种种细节问题上德法两国的反复扯皮又进一步加重了人们的疑心。

为了躲避统一货币的风险，于是大量的欧洲货币被兑换成美元并大量被用来购买美国资产，由此才引起了欧洲货币在 1995 年以后对美元的大幅度贬值，大量资本从欧洲流向了美国。到底有多少欧洲财富因此流入美国这里没有准确统计，但是可以粗略估算一下：那时欧洲的金融资产有 28 万亿美元，如果按欧洲货币对美元的平均贬值幅度大于 25% 计算，那么大约有 7~8 万亿美元的欧洲财富流向了美国。当时欧洲国家货币贬值的程度并不比后来亚洲国家在金融风暴中贬值的幅度相差很多，之所以没有引起世人的注意，主要是因为贬值的过程隐藏在欧洲国家主动实施的宏观经济政策后面，是靠政府硬撑着才没有引起股市与楼价的大幅波动。

靠着法德两国的支撑，在欧洲资本大量外逃的情况下欧元最终在 1999 年 1 月 1 日仍然顺利发行了，一种“准世界货币”诞生了。一般认为，欧元的诞生直接威胁到了美元的货币霸权，因为欧元区经济总量与美国基本相当，且欧洲统一货币整合了一个拥有四亿人口的市场。而在笔者看来，欧元对美元的威胁至少在当时是被一些人高估了。当时的欧元其实还不可以被看做是本币国际化，它更像是一种货币联盟。对内，这个货币联盟由于有法德两个“政治中心”的存在，其实是等于没有政治中心，一个明显的例子就是欧元区事实上没有统一的货币政策和财政政策。这样的货币联盟其实是靠法德这样的经济强国向弱国让渡部分发钞的控制权来实现的，表面上看，是把美元“礼送出境”了，而在实际操作中，弱国往往有过量发钞的冲动，强国无法制止，如此整个欧元区的经济运行就要出问题，这和一个国家内部地方政府滥发地方债最后不得不由中央政府买单是一个道理，近期的欧债危机便是如此产生的。对外，这个货币联盟缺乏足够的武力支持，对欧元区以外的地方基本是无能为力，而一种货币的疆域面积有多大，最终是要取决于发钞方的大炮射程的。

当然，欧元对美元的威胁依然是存在的，只不过这种威胁程度暂时还不能被称之为“美元克星”。这种威胁主要的体现实际是“割据”——在那个原本涵盖全世界的“美元经济圈”里搞了个“国中之国”出来，20 世纪 80 年代时的“日元经济圈”其实也是这样一种占山为王的性质。在古代，如果有什么人占山为王打出“替天行道”的旗号，那么朝廷只要实力允许肯定是要尽数剿灭的。虽然这种割据势力一时还不会推翻自己的龙椅，但是它等于是让朝廷控制的土地面积缩水了。而再长远些考虑，谁也不敢担保未来什么时候你这堆“星星之火”会不会真的可以“燎原”了。欧元之于美元同样是这样一个道理：欧洲形成一个割据一方的货币经济圈，然后亚洲再形成这样一个货币经济圈，久而久之美国这个世界霸主就该蜕变成北美自由贸易区“区长”了。熟悉中国历史的读者应该明白，一旦形成这种局面，那后面改朝换代就只是一个时间问题了。

与之前强迫日本签《广场协议》不一样，欧盟国家在独立性上要强得多。在欧元区以外法德等国的能力有限，但在欧洲内部做“地头蛇”还是做得来的。因此美国不可能像当初直截了当收拾日本那样来打压欧元，所以还要另选地方下手。而美国人所选的那个点就是当初的南斯拉夫联盟。

在本书第一章里我们曾经提过，一直以来欧洲的政治生态其实就相当于中国的春秋时期。从地缘上说，巴尔干半岛对欧洲而言就相当于中国的中原地区——是联系亚欧的战略要冲。在中国，取天下必要取中原，而在欧洲，要统一欧洲就必要取巴尔干半岛。巴尔干半岛地形狭窄多山，一旦取得这个也就等于控制了欧洲与小亚细亚之间的咽喉——陆路可进入西亚，水路则可阻断黑海与地中海，在这个咽喉要冲的另一侧，是东方的资源与市场。 也正因为这块区域异乎寻常的重要，使得它如同金庸小说里的屠龙刀一般——谁拿到手谁就成了武林的“公敌”，因此这里得了一个欧洲火药桶的名号。

苏东剧变之后，欧洲很自然地再次动起这个咽喉之地的脑筋。从历史上说，巴尔干半岛交界地带的位置使得这里同时存在多个民族，却没有真正意义的上主体民族——塞尔维亚族只能算多数。1945 年南斯拉夫建国后之所以能够维持国家的统一和稳定，很大程度上是由于铁托是政治强人，靠他在各族民众中的威望以及平衡各族利益的手段。1980 年铁托逝世之后，南国内再无一个领导人能同时得到各个民族的信任，任何一族的领导人上台，其他民族都不会满意，南斯拉夫各民族间的矛盾随即浮出了水面。经济相对富裕的斯洛文尼亚和克罗地亚认为其他经济落后地区拖累了自己，而此时欧洲一体化带来的实惠又对这两个地区产生了深深的吸引，于是斯、克两地最先有了分家的打算。

而从欧美的角度来说，分而治之、一块一块吃掉是控制巴尔干最稳妥的方案，1990 年底，正值苏联陷于内乱前夕，美中情局突然公开一份报告称“南斯拉夫将于 18 月之内解体”，这其实等于是在暗示南国内的分裂势力。

1991 年苏东剧变期间，南共也失去了执政党的地位，南斯拉夫宣布实行多党制，各共和国纷纷独立，这期间民族、宗教冲突不断，规模最大的就是我们所熟知的波黑战争。1992 年 4 月，塞尔维亚和黑山建立了南斯拉夫联盟共和国，加上此前的斯洛文尼亚、克罗地亚、波斯尼亚和黑塞哥尼亚、马其顿，南斯拉夫仅仅25万平方公里的土地最终分裂成了五个共和国。

西方国家对南联盟的肢解并未就此罢手，1996 年起，科索沃独立势力就开始成了气候，“科索沃解放军”同时拿着美元、法郎、英镑还有马克，几方的资助使得科索沃地区的分裂势力迅速壮大。打这开始，西欧国家就几次三番要求美国出兵，以北约的名义动武，彻底解决掉南联盟——对南联盟动武，必然要面对它背后的俄罗斯。以当时西欧的武装力量，是无法对阵俄国人的，所以必须把美国也拉进来。但美国却显得非常“沉得住气”，整整等了两年多——直到欧元诞生。

1998 年下半年开始，科索沃的局势开始迅速恶化，此时欧元正呼之欲出。1999 年 1 月 1 日起欧元开始正式发行，同年 3 月 27 日科索沃战争爆发。

随着巴尔干战火的燃起，西欧在太平了六七年后再次被推到了“东西方对抗的最前沿”，当时人们对冷战的恐怖记忆还没有忘却，而这一次又是实实在在的“热战”，普通人对此的恐惧是不言而喻。潜在的风险造成了新一轮的资本外逃，欧元与美元汇率从最初的 1.1 ：1 一直跌到 0.9 ：1，截至 2000 年 3 月份，共计有超过 1 万亿美元的欧洲资本逃离欧洲进入美国资本市场。

笔者最初读到这段历史的时候，曾把科索沃战争看做是美国针对欧元的一场阴谋。而现在回过头来看看，或许我们应当称之为“阳谋”更为合适。什么叫做“阳谋”？就是你明知前面是陷阱甚至是无底的深渊，可还是必须要走过去往下跳，因为你别无选择。德法两国决策层应该不会愚蠢到在战争开始前预见不到欧元前景的程度，真正的问题是，即便他们心里一清二楚但也没有选择的余地。西欧在军事上没有能力单独应付哪怕已经大大衰弱了的俄罗斯，所以必须依靠美国。因此，打还是不打、何时打、打多久，这些问题的主动权都在美国手里，你想等欧元站稳脚跟以后再打，到时候美国就不会陪着你玩了。再直白一点说，从欧洲逃离到美国的那 1 万多亿美元资本其实就是西欧给美国的“赎身钱”。当然，关于给多还是给少的讨价还价欧洲还是搞过的——战争期间法、德曾连续几次要求投入地面进攻，这就是想宁可多死人也要尽快结束战争，因为早一天结束战争其实就是早一天结束资本流失。但这只是一个具体的定量的问题，总之“赎身钱”是必须要交的。而且最终显然西欧国家也没从美国那里“讲下价”来，北约对南联盟的轰炸不紧不慢地持续了长达 78 天。不单如此，在大量资本流入美国之后，美国政府又声称是“为了欧洲的和平，美国才打这一仗”——于是欧盟还要支付 3/4 的战争费用，而科索沃的战后重建欧盟同样也要拿大头。

欧盟愿意掏这么大一笔“赎身钱”，也证明这笔交易在欧洲人眼里其实还是合算的。流失的资本是“鸡蛋”，而换来的则是“母鸡”——在本章前面我们曾提到过，随着东欧国家的加入，欧盟内部形成了一套独立的垂直分工体系，而细一想我们会发现，这个体系其实还缺一块，就是原材料。资源特别是能源，是欧盟经济体系的一块短板，同属欧洲的俄罗斯倒是掌握着丰富的资源，但让这么一个掌握着1万多枚核弹的大块头加入进来显然是西欧国家所无法接受的——你进来了，那其他人就统统成跟班了。如果完全掌握巴尔干半岛，那么欧盟就拥有了一条完全排除俄国人影响的资源通道，如此欧元经济圈就真正完整了，欧洲的“货币割据事业”将因此向前迈出一大步，在“占山”以后就可以放心大胆地“称王”了。

除此以外，科索沃战争还有欧盟内部法德彼此斗争的背景。我们都知道，欧盟内真正的领导力量是法国和德国，法国强在政治资源，德国则是欧洲经济的核心。一直以来法国借助其在北非的影响，控制着由北非经地中海到西欧的资源通道，而地处西欧内陆的德国，如果要平衡法国的这一优势，最现实的选择就是打通巴尔干这条进入西亚的通道。于是自20世纪90年代开始，德国频频在前南地区单独行动，而为了巴尔干最终不要被德国独吞，法国则不得不在每次德国行动之后随着跟进。而最终的科索沃战争让德法两国都出了不少血。

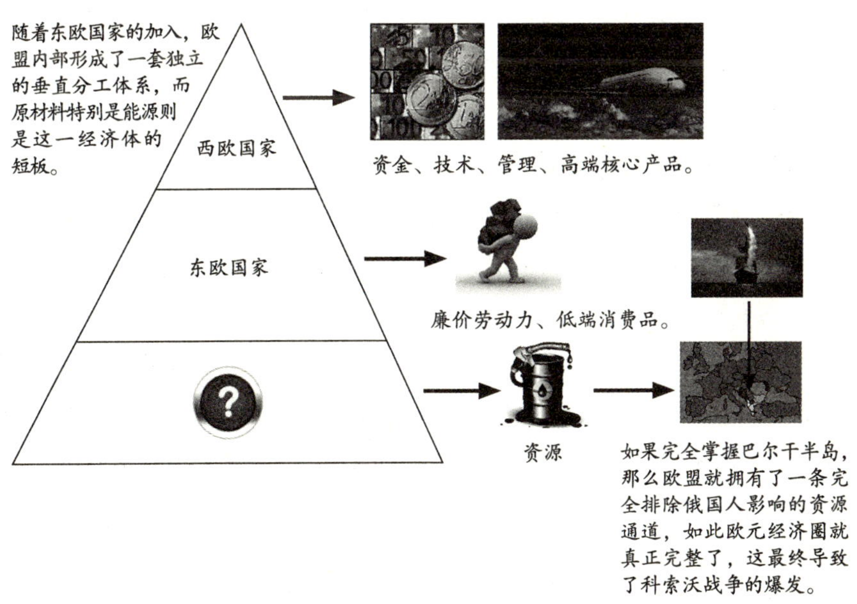


科索沃战争

1999年6月2日，米洛舍维奇最终接受了由俄罗斯特使切尔诺梅尔金、芬兰总统阿赫蒂萨里、美国副国务卿塔尔博特共同制定的和平协议，这意味着南斯拉夫最终屈服了。在美国一极独大的大背景下，处于弱者地位的南联盟做出这种屈辱的选择只能说是无奈的。之后在6月3日，南议会接受了这份协议。9日，北约代表和塞尔维亚代表在马其顿签署了关于南联盟军队撤出科索沃的具体安排协议，南联盟军队随即开始撤离科索沃。10日，北约正式宣布停战。此时在法德等国眼里所看到的是：在支付了高昂的代价之后（当然是指流失的资本，在战火南联盟伤亡的人民他们是不会计入任何成本中的），“母鸡”总算就要到手了。

而到了12日凌晨，事情发生了令人意想不到的逆转：俄空降兵近卫76师的260名士兵乘着夜色，赶在北约部队之前抢先占领了普里什蒂纳机场。从那一刻起，一切都几乎又回到了原来的位置——“钉子”还是没有完全拔掉。欧盟的“鸡蛋”已经给了美国人，可他们梦寐以求的那只“母鸡”在到手前的最后一刻却飞走了。回忆一下1991年2月28日多国部队在巴格达城下突然终止进攻，我们对普里什蒂纳机场发生的事情会不会有一种似曾相识的感觉呢？

当然，我们只能说两者的客观效果是一样的，虽然原本计划要进驻普里什蒂纳机场的英军行动异常迟缓，在波黑边境地区的美军撞见俄军之后也没有任何反应，但至少到现在为止还没有证据可以证明这是美英在故意“放水”。但能够确认的是，美国在事后对俄罗斯的这一行动确实并没有什么激烈的反应，相反在7月11日美军还主动把科索沃东部的部分防区移交给了俄军。这里未必一定有什么阴谋，不过说美国乐于见到俄罗斯继续保持在这一地区的存在，进而顺水推舟恐怕是不为过的。从利益角度说，一个要自立门户的欧盟本质上和要统一阿拉伯世界的萨达姆一样，都是不符合美国利益的。

# 冷战红利

伴随着1991年苏联解体，西方世界出现了一个词——“冷战红利”。昔日让自己睡觉都睡不踏实的红色巨人，如今不但不再是威胁，反而成了一大块肥肉，叶利钦和丘拜斯“大跃进”式的私有化最终使得数以千亿计的财富流入了欧美，大量俄国优质资产被欧美所控股，数不清的技术人才迫于生计离开俄国转投到各个西方大公司门下。包括前华约国家在内的众多苏联盟国和准盟国纷纷投入西方集团门下，大大地扩容了美国金字塔体制的“第三层”[1]。

而除此之外，20世纪70年代后期开始苏联在意识形态以及地缘安全上的威胁逐步弱化直至消失，也使得很多美国原本想干但不便干的事可以放心大胆地去做了：1985年3月戈尔巴乔夫就任苏共中央总书记，苏联对西方政策开始迅速软化，同年9月美国迫使日本签署了著名的《广场协议》，以此强迫日元在此后十年内对美元升值近50%，由此导致大量日资实体企业由于产品竞争力下降[2]，企业由此陷入不景气，不得不大举出售股份和资产，而收割者恰恰是西方资本。此后由于实体经济不景气大量资本流入日本楼市导致地产疯狂膨胀[3]，大量美资乘机进入日本楼市又捞了一笔。到了1991年，苏联已经进入解体的最后阶段，同年美资突然大举撤出日本楼市，日本房地产泡沫就此宣告破裂，至1993年日本银行坏账达6000亿美

---

[1] 见本书“‘罗马’式全球化”一节。

[2] 货币升值意味着产品出口价格上涨。

[3] 1990年仅东京的楼盘总价就已经超过全美总和。

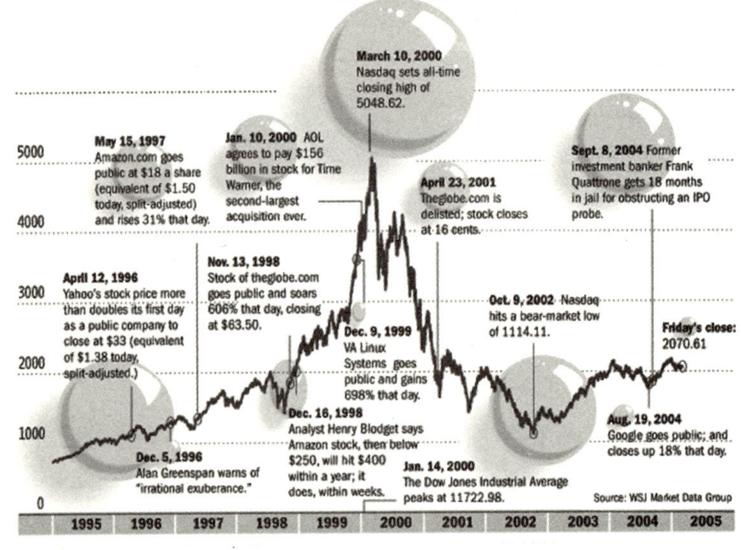


**纳斯达克综合指数日涨跌趋势图**

纳斯达克蒸发掉了大量海外资金，把IT巨头们则都留给了美国。

元，这之后日本迎来了长达15年的经济停滞。这就是历史上著名的“平成不况”[1]。而伴随着经济的失败，日本政界对美国的依赖也日益增强，由此导致日本右翼势力一度甚嚣尘上，小泉纯一郎就任首相后中日关系的恶劣程度相信读者还有印象。

此后，1992年9月索罗斯的量子基金做空英镑，导致一夜之间英镑贬值16%，连带意大利里拉贬值22%，西班牙比塞塔贬值20%，由于损失惨重英国被迫退出“欧洲汇率体系”[2]，欧洲货币一体化进程就此被大大延后。1997年7月，多支对冲基金做空泰铢由此掀起亚洲金融风暴，导致东南亚各国以及韩国经济遭遇重创，日本在东南亚的产业布局（雁型阵列）就此被击碎。

[1] 1989年1月7日(即昭和64年)，天皇裕仁去世，其子明仁继位，自1月8日起日本改元为“平成”，故始于1991年的日本经济遭遇重创通常称为“平成不况”。

[2] 1990年，英国加入西欧国家创立的新货币体系——欧洲汇率体系(简称ERM)。按照协定规定英国无法随便调整汇率，这成了索罗斯得手的重要原因。

这几件事都是针对美国昔日的盟友下的手，之所以敢如此行事，也恰恰是因为苏联的威胁已经不存在了，美国无需在地缘安全问题上求得这些国家的合作。

# 失败的“毕其功于一役”

对国家来说，富而不能转化为强，则“富”最终就只能演化成“腐”。在农业经济时代，粮食是国家的财富，国家进入盛世也就意味着仓禀丰盈，大量的粮食就那么放着的话，那除了养出一堆“八旗子弟”式的贵族之外，就只能烂掉了。此时对财富最好的处置方式应该是由富转强。具体说，一是搞基建，在当时主要就是修水利，提高土地的灌溉效能和抵御自然灾害的能力；另一个就是对外用兵，开疆扩土或是消除长久存在的外部威胁，譬如武帝战匈奴，太宗击突厥。

而在工业时代，基本原理其实没怎么变，基建的范畴更广了，除此之外就是搞产业升级，攀“科技树”。然而技术的跃进往往是波浪式的，基础性原发性的科学积累达到一定程度，然后新技术会在短时期内出现一次爆发，之后就要进入稳定期。如果恰好在这个时候没有新的技术革命，那剩下的就只有一件事了——把经济优势、政府财政优势转化为地缘战略优势，直白点说就是对外用兵，去占据全球的各个战略要冲，以此来实现以最低的成本控制全球的物流，从而左右世界经济发展。

冷战红利出现之后美国走的基本就是这样一个模式。大量财富的涌入成就了信息技术革命，然而仅仅靠这个是无法吸纳如此巨量的资本的，更多的钱事实上都流入了纳斯达克，打着“攀科技树”的旗号做钱生钱的炒作生意，于是在 20 世纪 90 年代末就出现了信息产业泡沫，虚拟经济开始恶性膨胀，人们兜里有钱或者脑子里有智慧的，都一股脑去玩这个不费时费力的游戏去了，实体经济因此开始萎缩，这也为 2008 年开始的金融海啸拉开了帷幕。这就是上面所说的由富而腐的例证。

2001 年信息产业泡沫破裂，大量资本外溢给美国造成了严重的通胀压力。这也促成了当年中国入世谈判完成。前面章节里我们说过，货币问题说到底就是要保持一个“钱物相平”，如今大量的“钱”即将涌入市场，那最好的应对就是让它们投资海外，既然如此再阻止中国加入世贸组织就没有理由。一直有种说法是“本·拉登给中国争取了十年的发展时间”，其实考虑这个背景我们就会发现，根本原因并不在这。

2001 年小布什就任美国总统以后美国借“9·11”袭击事件连续发动了两场战争：阿富汗战争和伊拉克战争。其中利益集团的中、短期利益考虑肯定是存在的，但长远的战略规划也是一以贯之的——美国的权力结构下，总统会换、议员会换，但几个大财团的当家的是不会换的，这其实也决定了它的政策制定其实非常有延续性。

早在“9 · 11 事件”发生半年之前，就有媒体曾曝光过美国政府有对伊拉克和阿富汗的作战计划，显然这不能解释为美国政府为自己将在几个月之后遇难的同胞提前准备复仇计划。而过去在美西战争爆发前，美国曾自编自导过“缅因”号战舰被炸事件并因此为借口向西班牙宣战，考虑到美国的这个“前科”，不少人怀疑“9·11”背后另有什么隐情也就不足为奇了。

借助“9·11”的舆论优势，美国于 2001 年 10 月 7 日发动了阿富汗战争，并在几周之内打垮了塔利班政权，取得了对阿富汗的控制，再加上美国在吉尔吉斯斯坦的驻军，美国的势力深深地楔入了中亚地区。这之后美国媒体又大造舆论，本 · 拉登得到了伊拉克政府的庇护,2003 年 3 月 20 日，美军对伊拉克开战。

从地缘上说，美国这一系列举动绝不是胡来的。不妨摊开一张世界地图来看，2001 年美国拿下了阿富汗，2003 年是伊拉克，2003 年、2004 年和 2005 年格鲁吉亚、乌克兰和吉尔吉斯斯坦分别爆发颜色革命使得亲美政权上台。如此一来，自 1979 年开始脱离美国控制的伊朗，此时已经处于一个被四面包围的态势。而伊朗核问题也在那段时期被炒了起来，一时间伊朗战云密布，期间伊朗总统大选时[1]伊国内也出现了大规模骚乱的迹象，只是由于军方提前介入，事态才得以平息。在伊拉克战争后美国还抛出了“大中东民主”计划，矛头竟然指向了沙特王室这个一直以来的“老朋友”。

如果这一系列举动最终都得以成功，位于东亚与欧洲之间的那批弧形地带将在美国的主导下连成一片，这意味着世界上三分之二的石油储量以及西欧至东亚所有可能的陆上通道[2]都将处于美国人的控制之下（海上通道原本就被美国掌握着）。那样的话，亚欧大陆区域内的任何经济整合都将是不可能实现的，美国可以利用能源和物流通道来任意打压现在的几个主要经济体，现在常常提及的“新丝绸之路”将永远都只能停留在纸面上，届时美国的霸主地位即便说不上千秋万代，但在可预见的时期内也将很难有来自外部的势力能够撼动。

但是，事情并没有布什政府所预计的那样简单。2001年的阿富汗战争，截止到“北方联盟”打败塔利班攻占首都喀布尔之前，美国及北约盟国除了出钱出装备外，基本就是搞搞空袭，地面作战都是“北方联盟”在打。

2003年的伊拉克战争，3月20日美英军队发起攻击，至4月15日就基本控制了伊拉克全境——萨达姆自其发迹起就与美国过从甚密，而他手下的亲信将领们同样与美国有着“亲密”的关系，伊军中最精锐也是萨最信任的共和国卫队里，师以上级别的军官几乎都被美国情报部门所收买。战争爆发后伊军精锐部队竟未做任何成规模的抵抗，军官们一面不断给巴格达发去虚假的战报，一面拿了钱之后就远走高飞了，士兵们也全作鸟兽散。原本被边缘化的“杂牌军”在乌姆盖茨尔等几个战场倒是做了顽强的抵抗，但少数部队的最后抗争并不能挽回大局，二十多天的战事，美军只

[1] 艾哈迈迪•内贾德第二次连任总统的那次选举。

[2] 对中国而言，到达西欧的陆上通道只能选择向西经中亚、西亚的路径。从技术上说经俄罗斯远东地区同样可以到达西欧，但这条路径是绝不能选的。一直以来俄罗斯（苏联）西欧部分和远东部分的联系都并不是非常紧密——仅有一条铁路连接，这一点在苏联解体后表现得尤为突出，俄远东地区在经济上更多的是在和中日韩发生着联系，与国内中央政府的联系仅仅限于行政方面。

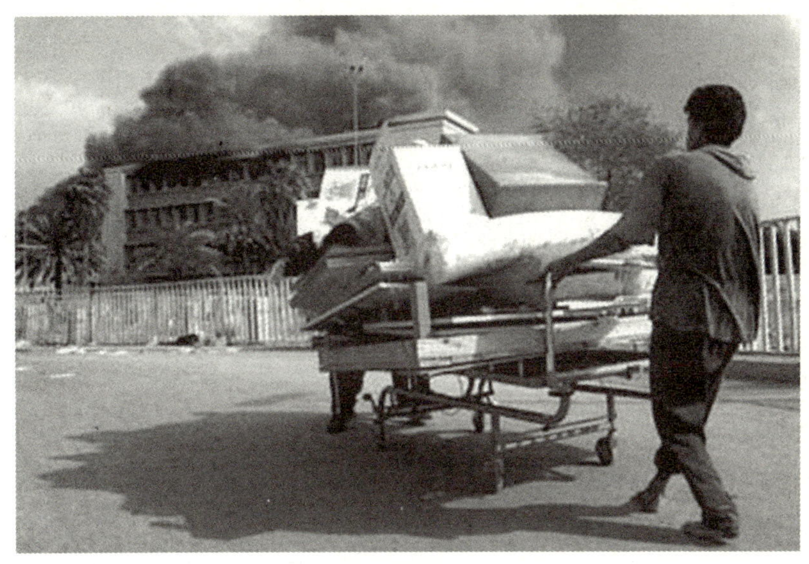

**伊拉克街头**

萨达姆政权一夜倒台，许多伊拉克人趁机到处洗劫，其中包括政府大楼、宫殿、学校、医院和博物馆，社会一片混乱。

死亡 128 人，其中 110 人阵亡，18 人死于事故，另有英军士兵死亡 31 人。战争消耗仅约 200 亿美元。

两场战争到此为止都挺轻松，但后面就不好办了。传统的阿拉伯社会中，对教派、对部族的认同感远要强于世俗的国家概念，你打掉他们的政府不等于说就可以控制人家的基层。事实证明对比苏军在阿富汗，美国对于长期军事占领一个国家并不在行——基层管理归结起来就是要管住老百姓的三件事：吃饭（就业）、上学、看病。在阿富汗和伊拉克广大农村地区要掌握基层经济运行也不是不可能，只要在当地进行土改就行，但对美国人而言这显然是不可能的。或者输出工业，让美资企业的石油开采给当地提供就业机会，这一点同样不可能。至于“上学”和“看病”两项，美军在驻地周围小规模地搞一搞，上上电视顺便改善一下和当地人的关系倒是不难，之前也确实有这么干的。但美军和我们解放军不一样，他们是极纯粹的作战部队，这就决定了他们不可能大规模搞这种维持工作——其实西方国家原本是非常善于通过教育和医疗援助渗透他国基层的，但做这个的都是教会或者基督教背景的NGO，在穆斯林地区显然是没法用的。

原本强势国家管理者被美国人打掉了，他自己又建立不起新的基层管理体系，和他们合作的当地部族势力又压根没心思去管，于是就只有社会动乱一条路了——这就是为什么巴格达被美军占领后巴格达博物馆以及其他设施会被哄抢一空。

阿富汗和伊拉克人缺少国家概念但不等于缺少仇恨的基因，对大多数民众而言，美国人给了他们每人一张选票，然后毁掉了他们生活中的一切，美元只能拿来收买少数随时可以跑路的上层，但你没法花钱收买整个一个国家的人。这最终使得美军在阿富汗和伊拉克同时陷于两场无休止的“大象追老鼠”的战争游戏当中——21 世纪最先进的武器装备所干的活和 20 世纪 60 年代越战时期的装备比毫无区别，除了价格也再没什么高过那时的古董。由于威胁方向极不确定，误伤平民时有发生，这就又进一步加剧了美军的窘境。除此之外，前面说过，伊拉克原本处于什叶派新月地带之上，是一个什叶派占多数的国家，而作为统治者的萨达姆及阿拉伯复兴党都属于逊尼派——美国人当初扶植他们就是为了压制作为什叶派大本营的伊朗的影响力。如今伊拉克国内的平衡被打破，占人口多数的什叶派可以主导国家的走向，而他们首先想到的就是向伊朗寻求支持，如此一来，等于一场针对伊朗的战争反倒成全了它——两伊战争没达到的战略目标反倒让美国人代劳了。

一个比越战更糟糕的战争泥潭就此形成了。克林顿时期留下的 2 541 亿美元的预算盈余被耗尽了，紧随其后的是一次又一次向国会要求追加战争开支，2004 年 9 月联邦政府的预算赤字纪录达到 4 130 亿美元，比 2003 年高出约 360 亿美元。与此同时伊拉克的石油产量却由于局势动荡不升反降，靠伊拉克的石油来补贴在那里的花销成了一件不可能完成的任务，美国在伊拉克和阿富汗成了只投入无产出。

一方面军工—石油集团打仗融资需要印钞票，一方面金融集团炒作金融衍生品也要印钞票，两边一“会师”，截至 2007 年 4 月 25 日，美国联储总资产 8 834.61 亿美元，其中美国政府债务为 7 871.49 亿美元，即美国中央银行资产近 90% 是政府债务。联储总债务为 8 508.07 亿美元，少于总资产，流动性资金有 326.54 亿美元过剩。至此已经没有任何经济体可以再继续吸纳涨得上天的流动性了，而这之后就是我们熟悉的 2008 年“金融海啸”。

# 2008 年金融危机

用最简单的话概述一下始于 2008 年的金融危机。这个可以从次级贷款说起，有人开玩笑说次贷其实就是“次品级贷款”，其实这么说还真挑不出什么错来——次贷标准定义本来就是贷款给还款能力不佳、信誉度不高的客户，当然利息也要更高。

银行当然不是傻子[1],2000 年以后随着信息产业泡沫的破裂，很多资金流入地产行业使得美国的房价一直持续稳步上涨，这样的背景下如果次贷客户能还款自然就是银行的优质资产，如果有朝一日还不了，那把作为抵押的房子收回了，因为房子是一直增值的，所以银行也照样赚了。而“两房”放贷的钱又从哪来了？通俗说就是“借”，好听点就是发行房贷抵押债券(MBS)，让各个投资机构来购买。借的越多，贷出的也就越多，那么银行赚的也就越多。

为了吸纳更多投资者购买 MBS 债券（或者说借钱给银行），这些债券被分类（金融机构叫它是“结构化”）成了从 AAA、AA、A、BBB……一直到 B 若干风险等级，风险逐次升高，当然，债券利率也就逐次升高。一旦房贷里有违约的情况出现，那么首先受损的是高风险债券购买者，但低风险债券的购买者依然可以兑现。这样一来，最“安全”的 AAA 级债券被

[1] 确切说是房利美 (Fannie Mae)与房地美 (Freddie Mac)——两家带有政府性质的、两个联邦住房贷款抵押融资公司，也就是新闻里常说到的“两房”，最初是大萧条时期美国政府解决老百姓的住房问题而组织的两个福利性质住房贷款公司。一开始是国有的，后来变成私有的了，但享受很多优惠的政策。

社保等机构投资者买下，其余高风险债券被对冲基金吃下，大伙各取所需。

持有两房债券的投资人往往还会购买一份保险[1]以保护他们的投资——理论上如果最后赔了，那保险公司就会赔付客户的本钱。而保险机构同样会像“两房”一样把手里的这些保险合同“结构化”成不同风险级别的债券[2]，然后卖出去迅速变现，而购买者也不会让这些金融衍生债券留在手里，而是转手再把它们“打包、结构化”之后卖出去……

其中的细节其实读者们无需细究，只要明白一个问题就行：一颗豆子进入一个“黑箱子”里面，一转眼出来的时候就有西瓜那么大。这显然是不符合物理常识——除非这颗“西瓜”里面是“虚”的。同样的道理，一笔最初风险颇高的贷款业务，在一个击鼓传花式的游戏下让人人都赚钱，那显而易见，只能是泡沫化，如果一直发展下去，最终的结果和当初日本地产泡沫比并不会有多大区别。

2008年美联储持续加息，本质上是在主动挑破这个泡沫。虽然由此在美国国内导致大量金融机构融资困难最终破产倒闭，连带实体经济由于需求不足导致就业形势困难。但经济泡沫化毕竟就此而至了。最重要的是，美元依旧是世界通行的货币。

美联储以救市的名义连续狂印钞票（量化宽松），而这些印出来的票子多数并没有在美国国内流通，而是被投资者拿去投资海外市场。这样一来美国国内始终没有出现大幅度的通胀，但其他国家由于大量美元涌入，导致物价暴涨，虚拟经济泡沫化严重。这其实也就等于是让其他国家为美国的经济衰退买单。而日后一旦美国经济开始复苏，海外的资本赚足了钱开始回流，也就解决了美国国内经济发展的资金问题，而由于大量外资被

[1] 也就是CDS，Credit Default Swap，信贷违约掉期，或者称作信贷违约交换，即通过定期交付预定的息费，在违约事件发生的时候，投资者将手中的债券移交给CDS的买家，第一时间换取债券的面值（这是很重要的，因为企业真正的清盘偿付过程是漫长的，作为债权人即使完全收回本金，也要等待很长的时间），从而在根本上消除了违约风险。从实质上看，CDS应该接近保险的概念。

[2] CDO，准确说属于Cash Flow CDO——现金型CDO。

抽离，相关国家的经济泡沫就会破裂，这样美国资本返回头又可以去抄底——低价收购这些国家的企业，如此一来，日本“平成不况”的局面就将在这些国家重演。

这中间唯一的麻烦就是这一切的前提是这只是站在美国精英阶层的角度来考虑问题，由于国内就业形势紧张，美国的老百姓们肯定会被波及，所以后来会有占领华尔街运动。好在对此其实在小布什时代就已经有了应对的布局：“9·11 事件”后借助反恐这个旗号，美国情报机构在国内的权限大幅扩张，实力大大增强，对基层的管控能力也就大大强化了。举个例子，如果认为某个公民对国家有威胁，那么就可以直接拘押他，而拘押他的理由由于涉及国家安全，所以是保密的。著名的“棱镜门”事件所反应的其实就是美国对基层的监管能力——全民的网上活动都在情报机构的监控之下。这种情况下，出现威胁政权稳定的乱局的可能性也就微乎其微了。

# 本·拉登之死

2011年5月1日，美国政府突然宣布那个原本快被中国老百姓忘掉的本·拉登被击毙了。

消息被放出来以后，网上曾出现大量疑惑的声音：迄今为止没有一张拉登尸体的照片被公布；在被击毙后，拉登的尸体被直升机直接运到了部署在印度洋的美军航母上，随即进行了海葬。这简直就是《变形金刚》里最后处理威震天的现实翻版，而报道中击毙拉登的地方距离海岸线有一千多公里。如此大费周章之后，本·拉登从物理状态上说已经彻底消失得无影无踪了，通俗点说就是活不见人死不见尸，他的消失就和他的出现一样，从头到尾都是国外媒体在“告诉”我们。

其实更应该让人感觉疑惑的是，拉登死得的确有点太是时候了。奥巴马第一个任期即将届满，在他一连串颇具吸引力的演说背后，细琢磨会发现这位总统当初承诺的各种“change”到现在为止其实没有一件真正落实了下来，前段时间轰轰烈烈的医改在和利益集团的几番博弈之后事实上已经无果而终了，现在也不知道还有谁记得这件事。而恰恰在这个时候如此辉煌的一个政绩出来了。

而且拉登之死还很可能促使奥巴马的另一件事情落到实处——按照奥巴马此前宣称的时间表，美军应该在2011年7月开始撤出阿富汗。前段时期五角大楼和中情局的一系列人事变动其实已经在为撤军阿富汗预先铺路了。然而反对撤军的美国保守派还有一张牌可以打，那就是“9·11事件”的“元凶”本·拉登至今仍未伏诛。

大伙清楚这不过是一个托词，“9·11”之后塔利班曾经很快就服软了，当时头几天的新闻报道里，塔利班和拉登本人最初都极力声称和“9·11事件”无关，而不是像一般的恐怖组织那样在宣布对此负责（只有这样才能取得政治上的收益），之后塔利班又表示如果美国政府可以提供相关证据，他们愿意把拉登引渡到一个穆斯林国家接受审判，可是美国政府拒绝了，再之后所有媒体就把拉登是“9·11”元凶，美国出兵阿富汗是为了“反恐”作为了一个默认值。阿富汗地处中亚、东亚、南亚和西亚四个区域的交叉点上，且地势高耸，是这一区域的“制高点”，即便不考虑当地的矿产资源，仅是这个地缘位置就可以说是一件无价之宝。占据这里，向北可以渗透中亚五国进而影响俄罗斯的南北高加索地区，向东可以威胁中国西部，向南可以压制印度。当然，这个无价之宝要想发挥作用也是要有前提的，阿富汗地处内陆，美国要对驻阿美军进行后勤补给非常困难，现阶段在那里的美军数量其实根本不足以同俄罗斯或中国进行一场局部战争。按照小布什政府在2000年之后制定的战略部署，进军阿富汗其实是一个大战略的组成部分，兵进阿富汗是“中心开花”，之后占领伊拉克，然后东西夹击打败伊朗，进而再兵进利比亚和叙利亚——大伙或许还记得当初美国开列的流氓国家名单（伊朗、伊拉克、利比亚、叙利亚、朝鲜）。这样一来，北非、西亚、中亚将在美国人手里连成一片，东亚和西欧的能源命脉将完全掌握在美国手中，两个经济圈之间的陆路联系也将被美国所截断……

然而不走运的是，美国这一战略的头两步就走不下去了，从打进阿富汗算起到现在已经近十年，阿富汗和伊拉克依然无法平定，而经济危机却来了，由此美国在全球的战略性收缩几成定局，那样一来以前的“宏伟战略”也就只能被废止，而作为这一战略组成部分的阿富汗和伊拉克也就成了“不良资产”。阿富汗战场差不多每星期要花掉美国纳税人20亿美元，但即使剩下这笔钱，也远远填补不了华尔街留下的亏空。但是长达十年的战事使得美国军方事实上的权限大大增强，因为是外线作战，美国的海外战区司令部一直拥有一定范围内的外交权限，这就等于是分割掉了白宫的权力，这才是奥巴马一直以来所在意的问题——所以奥巴马与军方的关系一直不怎么好。而拉登一死，无疑给了奥巴马一个处理麻烦的绝佳时机，至于前面提到的那几点疑惑，重要吗？不重要。

很快，2011 年 6 月 22 日奥巴马宣布[1]："18 个月前增援阿富汗的 33 000 美军将在未来 15 个月内逐步撤出，其中 10 000 在 2011 年年底前撤出，其余的在 2012 年 9 月前分批撤出。"由此美军开始逐步撤离阿富汗。但事情到此远没有完，同一时间众议院发言人伯纳则宣称："美军撤出会按照战场实际情况调整，不排除重新考虑任何步骤的可能。"这其实等于是为美国政府后面可能的出尔反尔提前埋下了伏笔。

[1] 此时距离 2009 年 12月奥巴马宣布的"2011年 7月开始从阿富汗撤军只有一个多星期的时间。

# 3·11 地震与日本局势

这个世界上没有一件事情会是孤立存在的，任何一个点的变化都会或多或少地使其周围的事物也相应地发生改变，就像一块石头落到水里会产生一系列水波一样。而“水波”的大小、形状，除了取决于“石块”的大小之外，同样还取决于它落下的位置与时间……

2011 年 3 月 11 日发生在日本东北部的公海海域的那次里氏 9.0 级地震就是这样一块“石头”。一般而言，自然力所产生的地震和海啸虽然破坏力惊人[1]，但尚不足以动摇如日本这样庞大的经济基础——除了经济总量很大之外，日本的国土面积在世界范围内看其实也不小，比英国大的多，差不多是韩国的四倍。但是这次的情况和过去日本所面临的情况却是完全不同的，由地震和海啸所引发的核事故使得此前的灾难变得几乎可以忽略不计了。此次核危机所带来的冲击，完全可能动摇日本的经济基础。除了实质性的损害之外，这种影响更主要的是体现在对人心理的冲击上，普通人是无论如何不可能不能接受在距自己 XX 公里之外有一处强辐射源这样一个现实的，专家学者们云山雾罩般的“专业解释”（且不论这里面有多少水分）对缓解这种情绪而言其实没太大作用。

---

[1] 据美国有线新闻报道，3·11地震使日本当年失去了四分之一的炼油能力；丰田、日产多家汽车厂商关闭了工厂；日本主要港口全部关闭；东京以北的新干线已经停止运营；日本地铁系统停运；日本全国发电量骤降（为日本北部提供电力供应的核电站相继出现核泄漏的情况，部分地区轮流限电措施），新日铁、鹿岛钢铁、多数化工厂以及索尼等大型电子厂商都曾一度停产。

这种状况下，有钱人肯定是不会留下，不但人要走，手里的产业也必须一起搬走，即便他们本人有“信心”也没什么意义。如果继续留下来，未来几年内“核污染”这个标签将成国外对其产品搞贸易壁垒的最佳理由，不要说是和吃喝相关的东西，即便是数码相机、笔记本电脑，如果有人告诉消费者那上面可能沾染有放射性尘埃，那多数普通人肯定也要退避三舍的。企业没了，那这些企业的从业者也就不能留下了，即使辐射没事，没饭吃照样也得饿死，不但这些人要饿死，周边一圈的相关产业的从业者也都得饿死……要消化一场可能超过切尔诺贝利规模的核事故所产生的链式反应，日本的国土面积就显得太狭小了，更何况在有限的国土范围内他都形不成有效的合力。

更加不妙的是这块“石头”落下的时间正好是在一个全球生产力普遍过剩的年代，日本是一个外向型经济国家，如此重大的变故虽然惨烈，但对产业与日本重合的国家而言，这却可能是一个好消息，既然已经有一块生产力被“消灭”了，那其他的也就不用再被“消灭”了。日本的钢铁、汽车等产业要恢复产能至少需要等到半年以后，如果再考虑生产必需的电力、交通运输等基础设施的恢复的话，时间将可能更加漫长。在此期间，其他国家的企业完全可以占有这块市场——日本制造业在众多领域具有垄断地位，但要看到的是，这种垄断其实是一种基于市场的垄断，而非完全基于技术的垄断。

拿电子元器件来说，某个技术指标，日本产品能达到的，中国产品其实一样可以达到，两者之间的差距其实是成品率，一个成品率高，一个成品率低，要么平均下来国产元器件的成本就被拉高，要么用国产原件组装的产品技术稳定性就要下来。对于军工这样的特殊行业来说，以几十乃至几百、几千选一的方式来做原件是可以的，但是在市场经济条件下民用产品领域，这么做是不行的。而成品率高低决定生产工艺，这个除了管理流程监管和生产设备这些软硬件要素外，还有一点就是经验积累，很多生产中的问题单靠技术资料是解决不了的，必须要靠长时间、大规模的摸索。日本企业因为起步早，所以早已渡过了摸索的阶段，因此他们现在可以提供低成本且性能稳定的产品，且已经形成了稳定的销售网络，如果有后来者，那么他们的摸索阶段将要面对的是日本人的先发优势，在很长一段时间里必然是稳赔不赚的，因此在市场经济条件下，要打破日企的垄断是非常困难的。而这一次的连环灾害恰恰打断了日本企业的生产，为其他国家留出了一个时间窗口，如果在这段时期能够加大投入，消化摸索阶段的成本高的问题的话——这个时期所要承受的代价要远小于平时，那么在一些领域取代日本产品是完全可以做得到的。

而把目光再放的长远一些看，如前文所述，这次灾害对日本国力的影响可能将会达到“伤筋动骨”的级别。2010 年中国经济总量虽然超过了日本，但这个差距毕竟还是有限的，中日的势头虽然不一样，但光就实力而言，“均势”的成分还是占了大头。在国际政治中，“稳定”和“均势”往往是无法共存的两个词，但凡是实力差距不是很明显，鲜有哪个国家会心甘情愿地去选择“稳定”的“和平共处”而放弃“更上一层楼”的潜在机会。2010 年发生在东亚的一系列事件背后明显有美国的影子，但日本在东亚地区几方实力对比还存在一定变数的情况下，其决策层在主观上也未必就没有自己的想法。

而这次连环灾难则等于是彻底坐实了日本“亚洲老二”的地位。在遭到这次重创之后，日本在各个领域的恢复都是需要时间的，而中国在同一时期还是要继续发展的。而且如前所述，日本众多支柱产业要想恢复正常运转至少需要等到半年以后，在世界范围内产能普遍“过剩”的今天，届时日本企业原有的市场份额还能剩下多少未被瓜分，这个问题的答案恐怕是非常不乐观的。总之，亚洲“第一”与“第二”间的距离就此将被彻底拉开，中日韩之间从国力上说在不久的将来肯定会形成一个较为分明的梯级结构，也将最终促使东亚地区局势进入到一个长期稳定的阶段。

那么是否可以说，是一场地震改变了历史的走向呢？恐怕不能这么讲。我们只能说，这次大地震像催化剂一样，加速了历史进程的推进，使得一个早晚要来的局面提前出现在了世人的面前。一次地震使得日本核电系统长期存在的种种问题来了一次总爆发，其实这也是日本这个国家的缩影——这次地震只是把一些原本存在的问题提前揭了出来而已。日本曾是世界上规模第二大的经济体，但是从时间上来说，日本经济的崛起也不过是发生在上一代人的事情。日本制造业非常发达，但是各种工业产品的标准制定几乎完全由欧美国家所垄断，日本人在这个问题上绝少能插上话。从量的角度说，日本人对比欧美国家并谈不上多富足。更要命的是，这个国家的国际政治地位和它的经济总量相比严重失衡。可以说，日本在“发达国家俱乐部”中其实一直都还没有站稳脚跟。再直白一些说，这个“第二大经济体”可能并不能算作真正的发达国家。而这一系列问题都是日本战败后就已经注定——美国通过种种手段，在战后为日本打造了一个“玻璃笼子”，而这个“笼子”远比给西欧预备的那个要狭小，也更难以被冲破。

这里“笼子”不只是指经济方面，在地缘上，通过默许日本某些人把甲级战犯供奉进靖国神社、将钓鱼岛毫无道理的交付给日本等手段，美国在日本和亚洲各国特别是中国之间钉进去了一系列钉子，由此就限制了日本和周边国家的合作。在内政上，由美国为日本量身定制的《和平宪法》，其本意是为了限制日本政府的权力。通过与美国关系密切的特搜部等部门动辄对不合美国心意的政治家进行“斩首行动”，同时日本媒体不断推波助澜，使得日本多数政治家在上台后支持率都会迅速降到个位数，这导致日本政局更迭频繁，政令不通，执行力极度不足，这个问题在此次地震中表现得淋漓尽致，自卫队竟然几次拒绝执行首相的命令；此外，战后日本黑帮势力活动猖獗，各政治势力和财团鲜有不和黑帮存在瓜葛的，黑社会的存在进一步弱化了日本政府对社会资源的控制能力。

除此以外，日本政府在国内面临严重危机的情况下却在钓鱼岛问题上反复挑衅刺激中国。这样一个让人匪夷所思的举动也把一个长期被人们忽略的问题摆了出来——那就是日本社会并非是铁板一块，相反存在着严重的二元化，这就是所谓关东、关西两个派别。关东指的是首都圈，也就是东京都 23 区和周围的神奈川、琦玉，关西指京阪神（京都，大阪，神户）及周围地区。在明治维新之前，日本的政治和经济重心一直在关西地区，关东属于被边缘化的地方，所谓“明治维新”，其实也可以看做是具备资本主义特征的关东贵族集团取代了传统的关西地主贵族集团。而由关东武士集团演化而来的军国主义势力则是日本历次对外侵略的主要推手，同样主张脱亚入欧的主要也是这批人。而相对应的，日本国内所谓的“知华派”更多的则来自关西派系，也就是说，对华关系是关西集团的一个重要的外交资源。在这次连环灾难中遭受重创的是关东地区，关东压制关西的传统格局可能已经失去了经济基础，如今在日本连迁都已经开始被提出来讨论了。要知道，当初“明治维新”中最重要的一步就是国都从京都迁到了江户（东京），如今一场天灾，百十来年的经营可能就要白忙乎了，这种情况下原来居统治地位的政治势力利用时间差“内部问题外部解决”，通过破坏关西集团外交资源来打压对手也就成了再自然不过的事情——所以我们就看到如今日本政界再次右转，钓鱼岛问题一再升温。

# 商道治国之困

某种程度上说，美国的国企与私企并不存在泾渭分明的界线，起码说在战略领域是不存在的。在美国人的政治逻辑中，他们的政府主要任务不是管理国家，而是管理世界。现今的美国政府设置按照我们的角度来说，基本是围绕外交来配置的，美国务院实质就是一个权限更大的外交部，而总统的大部分工作同样是通过国家安全委员会来“管理世界”。但是这并不意味着美国的内政是失控的，在美国商界人士从政以及政界、军界要员离职后进入大财团董事会是平常不过的事情。从经济运行角度来说，它的各个大财团事实上起到了中国各个部委的作用，唯一不同的是，它们的管理者要拿高薪，董事会要拿巨额分红，因此它们对经济运行管理的前提是：必须有赢利，其他的问题都只能在满足这个前提之后才能考虑。往好处说，就是国家做到了军、政、商一体化，三个集团可以在一套统一的方案下有序行事。而从坏的一面看，美国的国政对外是在做生意，对内同样是在做生意，既然是生意，那么赚钱多少和做事好坏很多时候就未必有什么必然联系。

以基础建设而论，目前美国电网 80% 是有私人资本架设和运营的，而为了压缩成本，这些公司的供电网络大多采用了树形网状结构，也就是一条主干电路上分出许多的小枝桠对各个地区供电，而一旦干路出现哪怕是一点问题后果就是整个一个市乃至一个州大面积停电。可以说，美国电力系统在发达国家中的声名狼藉与他的国力是很不相称的，甚至比之不少发展中国家都不如。与之对应的，中国目前的电网布局是蛛网状的拓扑结构，相对于树状结构，这种结构的架设和运营成本更高，但安全冗余度也更高，多数电力事故的波及范围都可以限制在很小的范围之内。两种思路比较之下，美国的消费者确实也省了一些钱，但必须承受电力供应不稳定的巨大潜在损失，而运营商通过压缩成本可以赚到更多的利润，可电力事故于他们而言则是无损的。

相比较，对美国人生活影响更大的医疗领域受这套商道治国的思维影响更大。如今美国的医疗领域准确说应该叫做金融、医疗联合体，其盈利的核心在于医疗保险。美国所有的医保业务都是由金融大财团掌握着，医院更像一个大金融企业中的一个部门——其实许多医院本身就是。美国的医疗费用很高，而如果患者有相应的医保的话则费用可以减半，只需要花一半的钱，或者也可以说不买医保的话你的诊疗费用将要翻番——这意味如果没有任何医疗保险的话普通人根本是看不起病的。而美国的医保与中国不同，它并非上福利而是商业性质的，必须全额支付，费用高昂且规定严格——要精确到身体的特定器官和特定肢体，且一年清零。这等于说所有的美国人都必须定期给金融财团一笔“保护费”以换得一年的太平，要说垄断，恐怕没有比这更严重的垄断了。很多患者挑选治疗时间的首要因素不是医嘱，而是必须赶在自己医保到期之前或生效之后。

医疗的另一大成本在于医药，美国有着世界上最严格的药品专利保护法律，这使得美国药品价格普遍高于其他发达国家，与此同时为了进一步保障药厂的利益，即便是普通人从比如加拿大这类国家购买药品，都很可能被视作是走私犯罪。相应的，药品走私也成了美国社会的一个独特景观。金融机构剥一层皮，药厂再剥一层皮，那剩下钱是否就能落实到患者身上了呢？别忙，接下了等着你的是诉讼成本，在美国打官司不光是维权同时也是一种盈利。任何医疗失误都意味着潜在的诉讼官司，而一旦败诉则意味着医院必须拿出一大笔钱。这看似保障了患者的权益，而事实则是，任何一个患者只要进了医院，那么院方首先要做的是从头到脚做一遍过筛子似的检查，以把打官司的可能降到最低，而由此产生医疗费用也必须是患者来买单的。这样层层剥皮之下，假如你最初掏出了一百美元，那么真正和你治病有关系的恐怕只有二三十美元。由此导致了美国的医疗旅游业异常发达——美国老百姓常常会持旅游签证到古巴或印度看病，这样的花费远比在美国国内要便宜得多，而由于人数众多，这种医疗旅游也早已成为古巴、印度等国一项举足轻重的产业。

与医疗类似的是美国的教育领域，它同样是与金融捆绑之后的产物。美国大学教育的一个特点是本科的奖学金远比研究生和博士生难申请，道理很简单，后者是要为美国精英层培养高端人才甚至是接班人的，所以可以说是一种“生意”。众多私立的大学学费，即便对美国的中产阶级家庭来说也是难以承受的，学生贷款于是成了多数大学生完成学业的唯一途径，而且美国的学贷是复利模式，也就是老百姓常说的“驴打滚、利滚利”，往往在学生毕业之后马上就要背上非常沉重的经济负担。始于 2011 年的占领华尔街运动，直接诱因就是由于失业率增高使得众多年轻人失去了收入，无法继续偿还银行的学贷而被逼入绝境。

# 轮回

2 400多年前的中国，作为中原地区最大霸主的晋国被其国内韩、赵、魏三家贵族所瓜分。“三家分晋”导致一个“超级大国”土崩瓦解，由此华夏大地上出现了齐、楚、燕、韩、赵、魏、秦七个势均力敌的诸侯国，中国历史由此进入到了“大争之世”的战国时代。历时近200年的战国时代，既是一个列国相互征伐、吞并的年代，也是一个各种思想相互碰撞，各种制度相互检验的时代。除去争战，那个年代列国还有一个共同的主题——变法。秦有商鞅，魏有李悝，韩有申不害，楚有吴起，赵有武灵王胡服骑射……各个措施、手法各有不同，但基本要旨都在于压制贵族豪强，强化中央集权，以国家意志对举国资源进行统一调配。而由于内部既得利益阶层的抵制，各国变法大多不了了之，唯有西北的秦国，将法家治国一推到底，最终建立起了远远领先于东方六国的社会管理体制和法律体制，以此实现了举国一体。凭借对国内资源高效的统筹调配能力，秦最终在公元前221年统一了华夏，中国历史迎来了大一统的时代。虽然秦二世而亡，但它为后来的汉王朝打下了水利、交通基础设施、社会体制、法律体系等一系列基础——所谓汉承秦制，而2 000多年以来中国社会、政治、文化的基本框架，也就此搭建而成。

有句话叫做“形我者死，神我者生”。1840年以来，中国一直在面对来自西方文明的侵袭，也始终没断过向西方文明的学习。可偏偏是越学越挨打，历史上中国西化搞得最彻底的时候，也并未扭转这种颓势，原因何在？百余年来资本主义列强究竟强在何处？无论是西方的英国还是东方的日本，在国内出现变革之前无一不是贫弱之邦，英国在法国这样的欧洲传统大国眼里有如蛮夷，而日本在德川庆喜幕府时代曾因“黑船事件”一度被当时的朝鲜所嘲笑[1]。

权力如同财富，不可能凭空消失，只会转移。英国在资产阶级革命之前，君权与商权互不统属，国家的人口、土地、财富又因为封建领主的存在而被分割成一块一块的，弱势的国王对贵族难以节制调遣。而在资产阶级革命最终完成之后，资本家、贵族都纷纷被纳入到了议会之中（早期由于成本还比较低，干脆用法规规定参选议员的个人财富的标准要求，没钱根本没资格参与），这意味着举国的资源有了一个统一调配的平台，只不过这个“平台”的组织者不再是国王而是一群贵族与资本家，而保留下来的君主，则给这个“平台”提供了法统和道统上的保证（英国国王同时也是宗教领袖）。

日本在“明治维新”之前，权力分配同样是一片混乱，国家的治权事实上掌握在幕府军事贵族手中，而幕府对地方的大名同样没有事实上的统辖权力，名义上承袭正统的天皇成天只能弄弄诗词，而在精神领域日本人普遍信佛，于是财力和土地又被寺院分走一大块。这样一来，一国疆域内的资源非但不能形成合力，相反还会内耗不止，日本因此经历了长达140年的内部战乱。“明治维新”其实也可以称为是“明治复辟”——日本把原本有名无实的天皇扶正成真正意义上的国家元首，成为了国家法统与道统的根本保证，原本分散于大名手中的地方治权通过“奉还籍册”统归了中央政府。

资本主义在崛起之后能够永久性的保持对封建社会的优势，根本在于工业革命，而工业革命的根本前提则在于资本的集中，因为近现代大工业的建立成本远要高于过去作坊式的手工业。最先崛起的英国由于起先王权就弱，贵族和商人手里就聚拢了大量的财富——1800年欧洲三分之二的人

---

[1] 美国的几艘军舰在日本逼迫幕府政府开放港口之后，转到朝鲜提出同样的要求，结果被朝鲜人打了回来。

口是无产者，而同时期中国的无产者只占总人口的百分之十，多数人拥有土地或是土地的长期租用权，这一方面说明中国的贫富差距小于欧洲，但另一方面也意味着资本在欧洲贵族手中更为集中，这则给工业革命提供了经济基础，如今各类进口高档汽车的车标，多数其实就是由这些大家族的族徽演化而来的，这些厂商其实就是这些家族产业的一部分。日本在明治维新以后，一方面国内缺乏这样富可敌国的超级贵族，另一方面此时已经是第一次工业革命的后期，面对西方大资本业已成型的体系，即便放开让国内资本家自由竞争，那他们的最终结果要么是被国际资本所吞并，要么就是蜕变成买办资本家，而对日本而言，这都意味着国家将沦为居于国际产业链末端的“附属品”。因此日本选择了学习普鲁士的模式，搞起来政府主导的国家资本主义经济。

资本主义崛起的另一个根本要素在于国家意志、国民意志和资本意志无不是高度统一，鸦片战争中的英国、甲午战争中的日本，他们国民特别是精英阶层主体对国家的战争决策无不是全力赞成。除了民族主义这个精神层面的因素之外，从利益角度来讲，近代以来崛起的资本主义国家所奉行的无不是扩张型的经济，或和平或暴力，都是在扩张海外市场，收纳世界范围内的资源的。对他们的精英阶层而言，这简单说就是大伙合股出去抢劫外人，自身内部的利益冲突相对而言自然要居于次要的位置。

清末以来中国人练出了新军、建立了议会、成立了政党、制定了宪法，并且每一步几乎都是一板一眼比照着西方来做的。为了西化，国民政府一度连中医药都要废除。然而资本主义列强崛起的内核，那时的中国精英们却并没有学到，以当时的背景，也根本学不到。资本主义列强崛起的内核无不在于“统一”二字，国家权力集中统一、资本集中统一、国民意志集中统一。而同时期的中国又是什么样子？地方军阀、豪强割据，政令下不到基层特别是下不到农村，何谈权力统一；空有一个议会的架子，可作为议员的“社会贤达”们掌握的无非是大量的房产、田产，相比于搞工业他们更愿意拿这些资产去放贷收租，又何谈国家意志与资本意志统一；国家积贫积弱，处在被动挨打的地位，精英议会靠投票除了能统一剥削下层的决策，任何削弱自身利益的决策都必然会在无休止的扯皮中无果而至，又何谈上下一心。当时所谓中国人“一盘散沙”并非仅仅是指民心上，而是结构性的。

19 世纪末至 20 世纪初，当时作为世界霸主的英国，其扩张已经达到了极限，而与此同时，美国、普鲁士（德国）、日本等新兴资本主义国家开始崛起，1917 年又出现了苏联这个全新的社会主义国家。在后发者的一次次挑战之下，英国的霸主地位开始逐渐动摇。与此同时，自资产阶级革命以后，对外殖民扩张、对内对资本不加约束的经济运行模式也已走到了劲头。各个资本主义国家对内要面对工人阶级愈演愈烈的反抗，对外要应对其他国家的经济竞争和军事威胁。世界范围内，在战争爆发越来越频繁的同时，各国内部改革的压力也越来越迫切。俄国的沙皇贵族政权由于无法调和国内的矛盾，最终由布尔什维克取而代之，而苏联模式成功之后，英、日、美等国都曾派出考察团赴苏考察，以求得到启发；而美国政府在大萧条之下最终给逼出来了“罗斯福新政”。美苏两国的政治制度截然不同，但是在改革（革命）的基本方向上却是有相通之处的：都强调国家在生产及分配上的支配作用，都强调保证普通人的利益，都强调国家对于基层的管理，不同的更多是在“烈度”上，当时美国的资本代言人就曾指责罗斯福总统是在美国“搞社会主义”。而经历了两次世界大战的洗礼之后，能够取代英国主导世界新秩序的，恰恰就是最早完成社会变革的美、苏两国。而“走在了后面”的日本以及西欧诸国，在战后也纷纷通过强化社会福利和国家对经济运行的控制，最早完成了战后重建直到重新繁荣。而把中国革命放在这样一个世界范围内的大背景下去看，会发现以社会主义取代官僚买办资本主义、封建主义，以共产党取代国民党，这其实是大势所趋，不如此中华民族则将逆世界潮流而动，最终必然被多数国家抛在后面。

时至今日，中国以六十余年的时间走完了资本主义国家三百多年的工业化道路。而当我们再次以全球眼光来审视这个世界的时候，会发现历史可能又将迎来一个“大争之世”。随着美军在伊拉克以及阿富汗苦苦支撑十年之后最终选择撤军，我们发现美国这个年轻的世界霸主，似乎已经有了那么点“未老先衰”的迹象。2008 年以来的金融海啸、欧债危机以及占领华尔街运动，也已经明白无误地告诉世人西方的经济制度其实也并不那么完美，除了经验之外，我们可能更需要向他们去学习吸取教训（当然这取决于你站在哪个角度看）。2013 年 4 月 8 日，英国前首相撒切尔夫人去世。出人意料的是，大批英国普通民众纷纷走上街头，兴高采烈地在庆祝这个昔日新自由主义领军人物的过世。而在此之前，《资本论》早已再一次成为了欧洲各国的热销书籍，作为左翼的奥朗德赢得法国总统大选……

也许我们还无法断言未来最终会是什么样子，但可以肯定的一点是，中国正在与世界上其他国家一道，将迎来历史的又一次大考，而且他们并不比我们占优势。

# 部分参考文献


《新战国时代》，王建、乔良、李晓宁、王湘惠著

《大国游戏》，井底望天著

《新年政治经济展望》，井底望天博文

《光荣与梦想》，（美）威廉.曼彻斯特著

《李奇微回忆录》，（美）李奇微著

《大国悲剧》，（俄）雷日科夫著

《货币金融学导论》，刘明著

《毛泽东谋略学》，萧诗美著

《中美俄智慧博弈（1992—2009）》，王俊彦著

《阿富汗战争的悲剧》，（俄）利亚科夫斯基著

《海洋谋略大系：美国》，宋宜昌著，连载于《舰船知识》杂志

《中国崛起策》，刘涛著

《五百年来谁著史》，韩毓海 著

《天下，包纳四夷的中国》，韩毓海 著

《谁在统治着日本》，（日）俞天任 著

《西方文明的另类历史》，（美）理查德·扎克斯 著

《战后苏联东欧社会主义经济发展》，光明观察网，作者叶劲松

《30 年前英国“学生军”秘密潜入苏联》，《环球时报》2009 年 12 月 14 日，作者侯涛

《放诸古今皆准的权力规则》，《东方早报·上海书评》，2013 年 3 月 10 日，作者同人于野

《毛泽东、斯大林与朝鲜战争》，沈志华 著

纪录片《居安思危—苏共亡党的历史教训》，全国党的建设研究会，中国社科院课题组

纪录片《颜色革命的背后》，日本 NHK 电视台